인생 시험 열일곱 계단

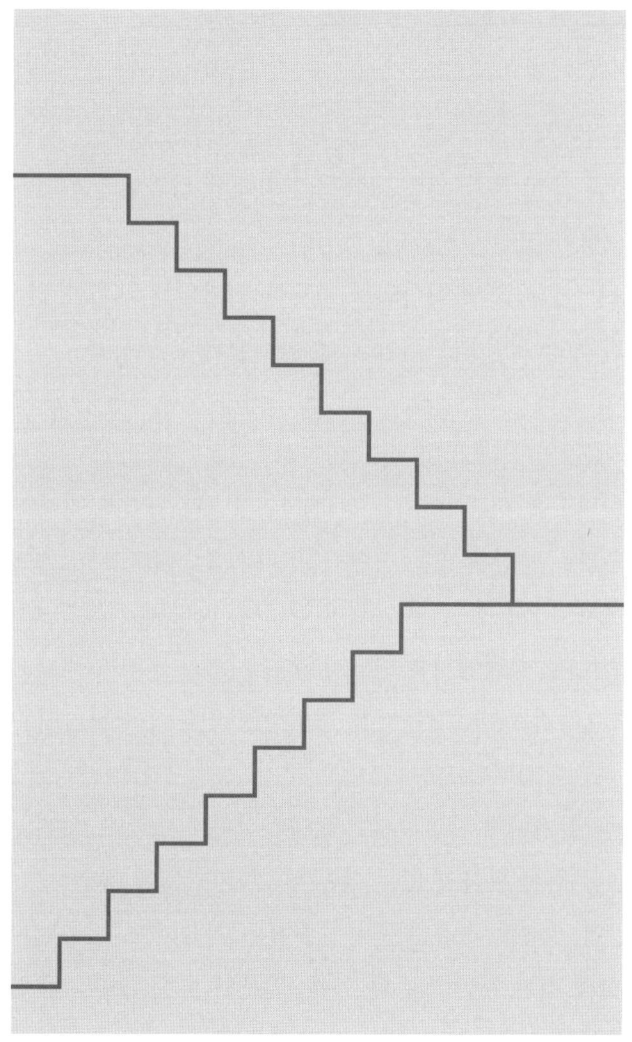

안성우

피플스북스

　안성우 목사께서 창세기를 중심하여 17단계의 크고 작은 시험을 겪은 아브라함의 삶에 관한 책을 새로운 관점에서 집필하였습니다. 원어적 해석을 포함한 정제된 석의와, 자신이 목회자로서 겪었던 시험과 아픔들과 은혜들, 그리고 목회하면서 성도들과 부딪혀 체험한 인생살이의 일을 함께 녹여 내어 아브라함의 생애를 강해해 줍니다.

　아브라함을 통해 우리 삶을 바라보는 저자는 우리가 어려운 일을 겪을 때 '시험에 들었다'라고 할 것이 아니라 '시험지를 받았다'라는 태도를 가져야 한다고 합니다. 여기서 '시험'은 실력과 능력을 평가하는 방법입니다. 우리는 살면서 많은 시험지를 받아 봤습니다. 시험지에 답을 쓸 때는 출제자의 의도를 잘 파악해야 합니다. 하나님이 기뻐하시는 답을 찾아야 합니다. 성경에서 하나님이 주신 시험은 '하나님과의 친밀한 관계로의 초대장'입니다. 하나님을 경외하고 믿음이 성장하여 마침내 복을 받게 하려함입니다. 하나님이 누군가를 쓰시기로 작정하셨다면 냉혹하리만큼 철저하게 단련하시고 검증하십니다. 오늘도 우리 삶에서 시험은 계속됩니다. 시험이 없는 삶은 없습니다. 크든 작든 그 시험은 믿음과 사랑이 실제로 작동하는지 검증하는 것입니다. 저자는 아브라함의 길을 함께 걷는 동안 치유와 회복, 믿음의 성장과 영적 훈련이 함께하여 우리로 마침내 아브라함의 자리에 서게 될 것을 기대하게 합니다.

삶의 여정 속에서 우리는 누구나 크고 작은 시험을 마주합니다. 그 시험은 때로 외적인 고난으로, 때로는 내면의 갈등이나 기다림, 혹은 결단의 순간으로 다가옵니다. 안성우 목사의 『인생 시험 열일곱 계단』은 아브라함의 175년 생애에 나타난 17가지 시험을 중심으로 그 신앙의 여정을 깊이 있게 묵상하며 오늘을 살아가는 우리에게 따뜻한 목회적 통찰을 전합니다.

이 책은 단순한 성경 해설이 아닙니다. 아브라함의 시험을 해석하는 저자의 눈은 깊고 정직하며, 목회자로서 자신이 지나온 삶의 굴곡을 담담히 되짚습니다. 전개되는 글은 설교처럼, 때로는 고백처럼 다가옵니다.

무엇보다 이 책은 하나님의 시험이 믿음을 평가하기 위한 도구가 아니라, 믿음과 소망과 사랑이 온전히 작동하고 있는지를 점검하시려는 하나님의 초청임을 일깨웁니다.

『인생 시험 열일곱 계단』은 지금 시험 중에 있거나 인생의 갈림길 앞에 선 이들에게 신앙의 나침반이 되어줄 책입니다. 이 책을 통해 독자들은 하나님이 주시는 시험의 자리에서 도망치기보다 머물고, 묻고, 다시 걸어갈 용기를 얻게 될 것입니다. 이 책이 오늘을 살아가는 모든 신앙인에게 믿음의 길을 밝히는 은혜의 동반자가 되기를 진심으로 바랍니다.

추천사 | 이 덕 한 목사(활천사 사장, 강서교회 담임목사)

오랜 시간 함께하며 애정해 마지않는 안성우 목사의 새 책을 만나보게 되었습니다. 이 책은 믿음의 여정을 계단 하나하나로 풀어내며, 하나님께서 어떻게 한 사람을 연단하시고 인도하시는지를 섬세하고 묵직하게 보여줍니다. 시험을 풀어내는 과정에서 보여주는 신학적 메시지와 실천적 통찰을 만나게 됩니다. 아브라함은 완전한 사람이 아니었습니다. 두려움에 떠는 순간도 있었고, 인간적인 계산으로 돌아설 때도 있었습니다. 그러나 하나님은 그런 그를 외면하지 않으셨습니다. 오히려 시험의 자리마다 아브라함을 부르시고, 기다리시고, 인도하셨습니다. 하나님은 아브라함이 오르기 원하셨던 열일곱 개의 인생 시험을 오늘날 우리에게도 주시며 계단을 오르며 이겨내길 바라십니다. 이 책은 단순히 아브라함의 전기가 아니라, 오늘을 살아가는 성도들에게 주는 깊은 영적 안내서입니다. 때로는 피하고 싶고 포기하고 싶은 수많은 연단의 시간이 있지만 그럼에도 어떻게 풀어가야 할지에 대한 지혜를 담고 있습니다. 각 계단은 우리 삶의 시험을 비추는 거울이며, 동시에 하나님의 은혜와 약속을 붙드는 디딤돌입니다. 삶의 광야 한가운데서 순종을 배우는 이들에게 이 책은 귀한 안내자가 될 것입니다. 성경을 더 깊이 이해하고 싶은 이들, 혹은 인생의 시험대 앞에 선 모든 분들께 이 책을 진심으로 추천합니다.

추천사 | 이 재 정 목사(복된교회 담임목사)

깍쟁이같이 세련된 외관과 달리 구수한 인생 통찰이 담긴 책입니다. 감히 인생을 정의했습니다. 유한, 위탁, 시험으로 요약되는 선언은 간결하나 깊습니다. 내가 어쩔 수 없는 유한, 위탁 두 가지를 넘어 내 삶의 반향으로 결정되는 시험의 과정을 인생의 본질로 설명해 내는 논제에는 아주 농익은 향이 납니다. 우리에게 익숙한 믿음의 용장 아브라함의 오장육부를 파헤쳐 보입니다. 덕분에 행여 신격화되기에 십상인 아브라함을 동무로 체득되게 해주니 천만다행입니다.

그 시험의 중심축에 서야 하는 목회자와 교회 시스템을 잘 설명해 내는 현실감에, 행여 목회자나 교회 까닭에 시험 든 분들의 실제적 해결책이 되리라 기대합니다. 글마다 목회에 헌신하고 그 목회를 남달리 성실하게 섬겨내고 있는 저자의 끈질긴 자기 해체의 과정이 담겨 있어 쉬 공감이 될뿐더러 행간에 깊은 공부가 읽혀서 시간이 아깝지 않은 글입니다. 주제마다 정해진 결론들이 있기 마련이지만 저자는 그 수순을 따라 예상되는 결론을 훌쩍 뛰어넘습니다. 휘몰아치고 뒤집어서 전혀 다른 자리에 독자를 인도해 줍니다. 저자와 함께 닿은 뜻밖의 자리에서 안도감, 만족감, 성취감을 공유하니 복됩니다.

시험은 들라는 게 아니랍니다. 치러서 통과하라는 과제라고 제안해 줍니다. 이 책을 읽으면 그 진지한 통과 과정에 끼어들 수 있겠습니다.

추천사 | 지 홍 구 목사(함열교회 담임목사)

사람이 세상을 살아가는 일이 인생이며, 그 모든 여정을 우리는 '인생길'이라 부릅니다. 누구에게나 차이는 있겠지만, 인생길에는 힘든 순간들이 참 많습니다. 그렇다면 언제가 가장 힘들까요? 바로 '지금'입니다. 하지만 사랑하는 사람과 함께하고, 사랑하는 이를 위해 걸어가는 길이라면 그 고단함조차 견딜 수 있습니다. 결국, 인생은 '사랑'을 깨달아 가는 여정임을 알게 됩니다.

『인생 시험 열일곱 계단』에서는 '복의 모델'로서의 아브라함이 '시험'이라는 그릇에 담겨 그 이름이 창대해지는 과정을 통해 하나님의 완전한 사랑을 이야기합니다. 175년의 인생길을 걸어간 아브라함의 이야기를 따라가다 보면 우리 역시 하나님의 사랑 안에 안기게 되고, 마침내 복이 되는 길에 서게 될 것입니다.

이 책을 읽는 동안 우리는 하나님과 아브라함의 사랑 이야기뿐만 아니라, 안성우 목사님의 하나님 사랑과 가정 사랑, 그리고 교회 사랑과 열방을 향한 한 영혼에의 사랑에도 깊이 빠져들게 될 것입니다.

이 사랑의 여정에 초대된 것만으로도 기쁘지만, 더 나아가 '오늘 나는 인생의 몇 번째 계단을 오르고 있으며, 다음에 다가올 계단은 무엇일까?'를 미리 알고 준비할 수 있음에 깊이 감사하며 이 책을 추천합니다.

하나님께서는 아브라함을 부르시면서 "너는 복이 될지라"(창세기 12:2) 라고 말씀하셨습니다. 그래서 아브라함은 복의 사람, 복의 모델이라고 만 생각했습니다. 그런데 안성우 목사님의 『인생 시험 열일곱 계단』을 통해 아브라함이 인생 시험을 통해 복의 모델이 되어간 것을 생각하니 '만약 아브라함에게 시험이 없었다면 복의 모델이 되었을까?'라는 질 문을 하게 되었습니다.

안성우 목사님은 로고스교회를 향한 하나님의 은혜가 그냥 된 것이 아니라 아브라함의 인생 시험처럼 자신의 목회적 경험 안에 녹아 있는 인생 시험의 과정이 있었음을 솔직하게 고백하셨습니다. 그래서 아브 라함의 인생 시험으로 출발하여 안 목사님의 인생 시험, 그리고 저의 인생 시험으로 다가옵니다.

군에 입대하자마자 계급장이 주어지지 않습니다. 신병교육대 교육을 수료해야만 이병이란 계급장을 달게 됩니다. 하나님의 사람을 향한 원대 한 계획 안에서 누구에게나 아브라함처럼 인생 시험이 있습니다. "한 알 의 밀이 땅에 떨어져 죽지 아니하면 한 알 그대로 있고 죽으면 많은 열매 를 맺느니라"라는 요한복음의 말씀처럼 죽는 것이 시험을 이기는 비결입 니다. 글을 읽으며, 부족한 저의 목회를 돌아보았습니다. 저에게도 어김 없이 인생 시험이 있었고, 그 시험이 지난 후에는 반드시 은혜와 성장이 뒤따랐습니다. 아브라함, 그리고 안 목사님의 인생 시험을 통해 다시 시 험을 바라보게 되었습니다. 시험은 저주가 아니라 축복입니다.

지난 28년 동안 설익은 목사의 시험과 훈련 과정에 함께한

로고스교회에 이 책을 바칩니다.

Prologue
프롤로그

"교통사고로 첫째 아이를 잃었습니다. 마중 나온 아이를 발견하지 못하고 아버지께서 후진하다 그만."

"오늘 아침, 메일로 해고 통지서를 받았어요."

"항암제가 더 이상 듣지 않는다고 합니다."

"남편에게 애인이 생겼어요. 이혼하자고 하네요."

"동업자가 다른 은행 계좌를 만들어 돈을 빼갔어요. 회사 계좌는 깡통입니다."

"중학생 아들 가방에서…, 딸 가방에서는… 이런 것이 나왔어요."

"초교 6학년 제 아이가 돌아서며 한마디 하는데 욕이었어요."

이것이 인생입니다. 아무 일이 없길 바라지만 어떤 일도 피할 수 없는 노릇이에요. 이럴 때 인생이 왜 이리 힘드냐고 묻는다면 1회전은 지고 들어가는 건데요. '어떤 일이든 생길 수 있는 것이 인생'이라 예상하고 어떻게 반응할지 그 길을 찾는다면 인생에게 만만하게 당하지 않습니다. 인생 학교를 통해 하나님이 무엇을 배우라고 하시는지를 찾는다면 마침내 모든 것이 합력해서 선을 이룹니다.

"인생이 왜 이리 힘드냐?", "그 사람이 내게 왜 이러냐?"라고 생각한다면 어리석은 겁니다. 그런 일 있는 것이 인생입니다. 그 사람은 그 사람입니다. 내가 그 사람이 그런 사람인 걸 몰랐던 거예요. 그 사람에 대해 잘 알았다 해도 상처 입을 텐데 몰랐다면 두 번째 화살까지 맞게 되는데요. 그 사람에 대해 좀 안다 해도 당할 수 있는데 모른 다면 거의 재앙 수준이죠. 알고 있으면 수습이나 만회가 빠르지만 모르고 당하면 바보가 되기 십상입니다.

윤형방황(輪形彷徨), 눈길이나 사막에서 걷고 걸었는데도 결국 제자리라는 말인데요. 눈을 가리고 걷거나 사막과 같이 사방이 똑같은 곳을 걸으면 방향 감각을 잃게 되어 발생하는 현상이죠. 열심히 살았는데 제자리라면 이보다 더 억울한 인생은 없을 겁니다.

큰딸이 미국으로 교환학생 갈 때 인천공항에 나가 환송하는데 가족을 일일이 지목합니다.

"내가 돌아올 때까지 엄마는 이거, 아빠는 저거, 강민이는 그거 해놔야 해."

가족 중에 제가 가장 큰 목소리로 "네, 얍!"

그러나 혼잣말로 "너나 잘하세요."

신나게, 당당하게, 뒤돌아보지도 않고 출국장을 나서는 뒷모습을 보니 후에 독립하면 저렇게 단숨에 가겠구나 싶었죠.

교환학생 나가고 전화가 왔는데요. 학생 네 명이 한 방을 쓰는데 습관이 다 다르고 국적이 달라 너무 힘들답니다. 자신을 제외한 세 명은 유럽에서 왔는데 역사적 반목으로 인한 팽팽함이 있답니다. 프랑스와 영국에서 온 두 아이가 가끔씩 싸우는데 정말 힘들답니다. 제가 보기엔 집 떠나 빨래, 식사, 공부, 게다가 외로움이란 심리적 요인이 더 힘들게 하는 것 같은데 원인을 외부에서만 찾는 것 같았어요.

"딸아! 그것이 당연하단다. 그런 일이 없을 것이라고 누가 말해주었니?"
"그런 일 생기는 것이 인생이란다. 사는 동안 그런 일 없을 거라 누구도 말한 적이 없다."

인생을 두 번 살 수는 없어요. 후회 없는 삶을 위해 리허설을 할 수도 없죠. 고통 없는 인생을 바란다는 것은 햇빛 없는 낮을 바라는 바보예요. 맥없는 인생을 사는 사람을 보면 인생에 대한 정의도 내리지 못합니다. 인생에 대한 이해도 낮죠. 왜 사냐고 묻기도 전에 "그냥 살지요"라고 합니다.

소비자가 스마트 제품을 제멋대로 쓸 수는 없습니다. 바르게 사용하려면 매뉴얼을 숙지해야 하는데요. 인생도 창조자가 제작한 매뉴얼 없이는 이해할 수 없어요. 철학자나 현인들이 정의한 인생관도 도움이 되지만 피조물의 한계를 인정해야 하죠. 만드신 자가 가르치는 인생관을 이해할 때 올바른 길을 갈 수 있어요.

성서는 인생을 세 가지로 정의합니다. 첫째, 유한하다는 거예요. 누구도 영원히 살 수 없어요. 시냇가에서 소꿉놀이하며 모래성도 쌓고 집도 짓지만 해질 무렵 엄마가 부르면 다 놓고 집에 가야해요. 인생의 마지막 날에는 다 두고 가야하는 나그네요 거류민입니다. 둘째, 인생은 위탁받은 것인데요. 신체, 자녀, 은사, 재능, 물질, 직위 등은 하나님이 인간에게 맡기셨어요. 청지기적 사명을 주셨습니다. 셋째, 인생은 시험이에요. 아브라함은 175년을 살았어요. 17번의 크고 작은 시험을 겪었죠. 복의 모델, 이름이 창대케 되는 복, 자손이 하늘의 별과 바다의 모래같이 많아지는 복은 시험을 이겨낸 결과물입니다. 하나님의 특별한 은혜가 그에게만 특별히 임한 것은 아니에요. 특별한 것은 시험의 과정이죠. '믿음의 조상'이란 영광이 운명론적 예정으로 주어졌다면 하나님은 공평하지 않으신 겁니다. 하나님이 선택하셨고 아브라함은 시험을 통해 믿음의 조상으로 세워져갔습니다.

이 책에서는 '복의 모델'로서의 아브라함을 '시험'이란 그릇에 담고 그 이름이 창대해 지는 과정을 보려 합니다. 아브라함의 길을 함께 걷는 동안 치유와 회복, 믿음의 성장과 영적인 훈련이 함께 할 텐데요. 이 책과 함께한 여정을 마칠 때에는 우리도 마침내 아브라함의 자리에 서게 될 것을 기대합니다.

인생 시험 열일곱 계단

The 17 Steps of Life's Trials: Abraham's Journey of Faith

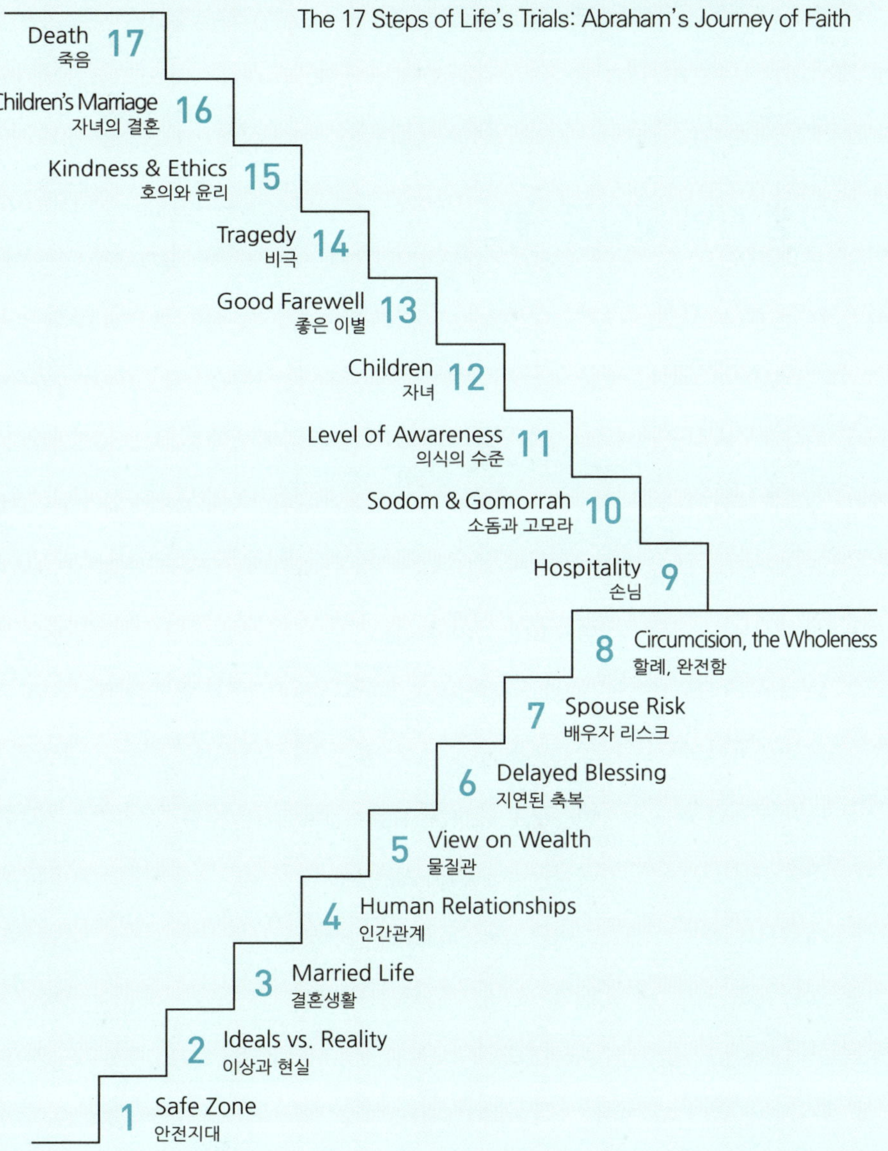

인생 시험 열일곱 계단

창세기 12:1~4

1 여호와께서 아브람에게 이르시되 너는 너의 고향과 친척과 아버지의 집을 떠나 내가 네게 보여 줄 땅으로 가라
2 내가 너로 큰 민족을 이루고 네게 복을 주어 네 이름을 창대하게 하리니 너는 복이 될지라
3 너를 축복하는 자에게는 내가 복을 내리고 너를 저주하는 자에게는 내가 저주하리니 땅의 모든 족속이 너로 말미암아 복을 얻을 것이라 하신지라
4 이에 아브람이 여호와의 말씀을 따라갔고 롯도 그와 함께 갔으며 아브람이 하란을 떠날 때에 칠십오 세였더라

안전지대

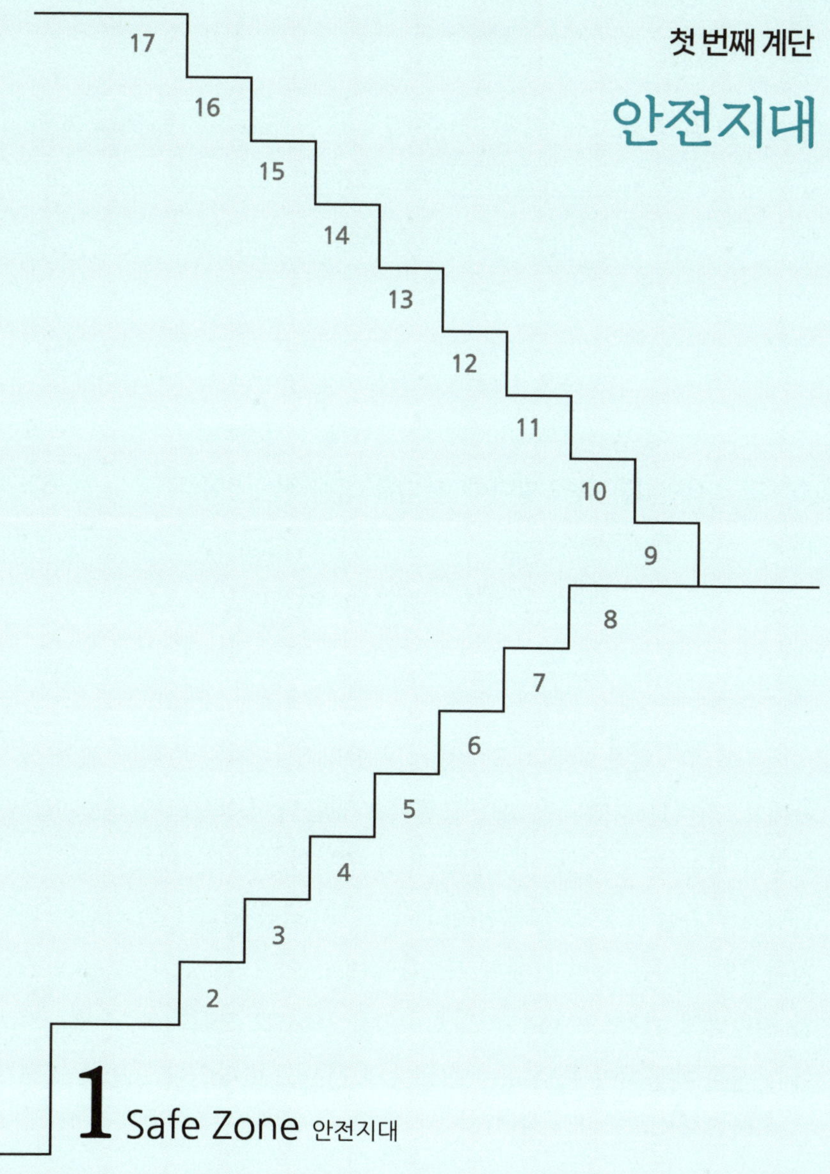

안전지대

"전략은 선택하고 절충하는 것이다.
좋은 전략은 제대로 된 목표에서 시작한다.
전략은 하지 말아야 할 일을 선택하는 것이다."

마이클 포터(Michael Eugene Porter)

대부분의 사람은 나름의 영역에서 영향력 있는 사람이 되고 싶어 하는데요. 성서를 읽었다면 복의 모델이요 믿음의 조상으로 일컫는 아브라함과 같은 복을 받고 싶은 분도 많을 겁니다. 성서는 아브라함이 하나님의 약속을 받고 고향과 친척과 아버지의 집을 떠나 복의 사람이 되기까지의 과정을 제법 상세히 서술했는데요. 아브라함 같은 복을 받기를 원한다면 먼저 그가 어떤 인생 수업을 통해 그 자리에 서게 됐는지에 관심을 기울여야 합니다. 아브라함의 서사를 따라가다 보면 우리도 그의 비결을 알 수 있을 겁니다.

창세기에서 연대 추정이 가능한 시기가 아브라함의 등장부터인데요. 질문을 내며 아브라함을 만나겠습니다.

"많은 사람 중에 아브라함을 믿음의 조상, 복의 모델로 선택하신 이유가 무엇일까요?"

전적인 은혜라면 하나님은 불공정하신 것이고 이유를 찾자니 사람이 주인공이 됩니다. 성서는 아브라함을 선택한 이유를 애써 설명하지 않는데요. 하나님이 그 이유를 밝히셔야 할 이유도 없어요.

다만 아브라함이 자신에게 '어떤 사람'이 될 것인지, '어떤 인생'을 살 것인지에 대한 진지한 질문을 내지 않았을까 짐작해 볼 수는 있죠. 하나님이 그를 택하신 이유는 확실하지 않지만 욕심과 야망이 앞섰다면 아브라함은 하나님이 부르셨어도 듣지 못했거나 들렸어도 거부했을 겁니다.

히브리어 원전에 창세기 12장은 접속사 '그리고'로 시작하는데요. 배철현 교수는 『신의 위대한 질문』에서 '아브라함이 자신의 마음을 응시하며 신의 목소리를 듣기 위해 수련한 무수한 시간'을 담아내는 '그리고'라고 해석합니다.

고대 시대에 가업을 이어받는 것은 보편적인 일인데요. 아브라함이 아버지를 따라 달의 신 '난다'를 만들며 살아가는 것은 당연하고 자연스러운 일이었을 겁니다. 아버지처럼 우상을 만들어 팔며 부를 축적하고 부유한 삶을 살 수도 있었지만 아브라함은 창조주 하나님을 찾아 그분을 예배하며 살 것인지 우매한 인생을 살 것인지를 고민했어요. 그

세월을 담은 접속사가 '그리고'입니다. 12장을 여는 접속사는 인생이 무엇인지 하나님의 음성을 듣기 위해 자신을 성찰하고 구도하는 아브라함을 말해줍니다.

안전지대에서 중간지대로

"여호와께서 아브람에게 이르시되 너는 너의 고향과 친척과 아버지의 집을 떠나 내가 네게 보여 줄 땅으로 가라 내가 너로 큰 민족을 이루고 네게 복을 주어 네 이름을 창대하게 하리니 너는 복이 될지라"(창세기 12:1~2절)

갈데아 우르는 신전 중심 사회였어요. 아브라함의 부친 데라는 우상 제조 기술자였는데요. 신상을 매일 같이 목욕시키고 옷을 입혀 제사 의례를 진행했던 시대에 썩 괜찮았던 직업인 게 분명하죠. 그들은 달의 신 '난다'를 최고의 신으로 섬겼어요.

우르는 동쪽으로 유프라테스강과 서쪽으로 티그리스강이 흐르는 당시 최고로 비옥한 땅인 메소포타미아에 위치한 무역중심지인 동시에 국제도시인데요. 아브라함 일행이 '떠나라'라는 명령을 받고 떠나기에는 너무나 큰 희생이 요구되는 곳이었죠. 갈데아 우르, 본토 친척 아비 집은 안전지대인데요. 풍요롭고 평안한 안전지대를 떠난다는 것은 쉬운 일이 아닙니다.

잠시 타임머신을 타고 고교 시절로 가봅니다. 3년 6개월 동안 병명도 치료제도 없는 질병으로 고생하며 가까스로 수업 일수를 채웠어요. 체육, 교련 시간에 교실 지킴이는 제 몫이었고 순회하듯 병원을 다니는 동안 몸과 마음이 지쳐갔죠. C.S 루이스는 고통은 '하나님의 확성기'라고 했는데요. 하나님의 음성이 들리지 않아 고통은 더했어요. 알 수 없는 질병을 감당하기에는 어린 나이였죠. 육체의 고통보다 이유라도 알고 싶었어요. 저를 창조하신 하나님의 목적을 알고자 365일간의 작정 기도를 했어요. 매일 예배당에 올라가서 기도하던 중 갈멜산이 아닌 호렙산의 하나님을 만났어요. 질병과 가난이 나를 목회자로 선택하기 위한 하나님의 확성기였다는 것을 깨달았죠. 그리고 서울신학대학에 입학했어요. 부르심을 따라 신학대학에 입학했으면 치료해 주셔야 하는데 첫 학기를 마쳤는데도 병이 낫지 않았어요. 기말고사가 끝나 갔지만 과제물도 제출하지 않고 오산리에 있는 금식기도원에서 7일간의 금식기도를 했습니다. 목회자로 부르셨고 이에 순종했으면 질병은 치료해 주실 것으로 생각했는데요. 낫지 않은 것을 보니 혹시 하나님의 뜻을 잘못 해석한 것은 아닌지 그렇다면 더 늦기 전에 진로를 달리 해야 하는지 고민하며 시작한 금식이었어요.

인생 두 번째 금식은 자발적인 금식이었는데요. 성서를 읽는데 어느 날, 예수님의 금식은 십자가를 지기 전이 아닌 사역을 시작할 때였음이 보였습니다. 목회가 쉬울 것이라 기대하진 않았죠. 힘들 것이라 단단히 마음먹고 목회 위기에 금식하기보다 시작할 때 금식을 드렸어요. 금식기도를 마치고 내려와 보호식 사흘째 되던 날이었죠. 선배님으로부터 전화가 왔는데 누군가 당진 합덕에 교회를 세우려고 시골집 한 채를 사 놓았는데 와보라고 했어요. 말이 시골집이지 기다리는 것은 흉가보다 조금 나은 집 한 채였죠. 선배님께 기도는 하겠다고 하면서도 머릿속 생각은 개척하면 안 될 이유로 넘쳐났어요.

'난 아직 신학대학원 1학년 학생이야. 공부해야 할 때야. 아직 결혼도 안 했어. 지금 맡고 있는 청소년교회 아이들은 어떻게 하고? 하나님의 특별한 응답도 없어. 시골교회 목사 만들려고 날 시골에서 서울로 올라오게 하지 않으셨을 거야. 난 시골보다 도시가 더 잘 어울리는데 하나님도 문화적 일치성을 존중하실 거야. 만리현교회 담임목사님도 아직은 때가 아니니 기다리라고 하시잖아.'

'교회를 개척했다가 실패해도 잃을 게 없지 뭐. 자발적인 고난에 참여할 기회 아닐까? 신학 공부도 중요하지만 목회 경험도 유의미하잖아. 하나님이 나를 통해 교회를 하나 세우신다는데 이보다 더한 영광이 어디 있어?'

개척을 하면 안 될 이유는 많은데 해야 할 이유는 몇 개 안 됩니다. 두 마음이 싸웁니다. 신학대학원 1차 때였고 만리현교회에서 고등부 교육전도사로 섬기던 중이었는데요. 담임목사님도 불허하셨죠. 신대원을 졸업하면 목회할만한 교회를 소개해 주겠다는 약속도 주셨어요. 1주일간 더 기도하고 찾아뵀습니다. 개척자의 길을 가겠다고 말씀드렸죠. 만리현교회는 안전지대이고 개척은 위험한 길인 게 뻔했습니다.

당진군 합덕읍 신리, 조촐한 이삿짐을 풀어 놓으니 흉가는 나름 사람 사는 집 같아 보였어요. 시골집 대청마루에서 드린 첫 번째 예배는 혼자였죠. 책을 회중 삼아 드리는 예배는 몇 주 동안 계속됐어요. 개척자의 가난은 훗날 성도들의 고통을 공감하는 자양분이 됐습니다. 목회가 무엇인지 몰랐어요. 사람도 모르고, 건물과 건축, 부동산 법도 몰랐기에 꽤 비싼 수업료를 지불했습니다.

"데라가 그 아들 아브람과 하란의 아들인 그의 손자 롯과 그의 며느리 아브람의 아내 사래를 데리고 갈대아인의 우르를 떠나 가나안 땅으로 가고자 하더니 하란에 이르러 거기 거류하였으며 데라는 나이가 이백오 세가 되어 하란에서 죽었더라"(창세기 11:31~32)

창세기 12장의 지리적인 배경은 하란인데요. 이름에 담긴 의미는 '교차로'입니다. 시리아와 터키의 국경지대에 있는 산르우르파 지역으로 지중해와 티그리스강 중부를 이어주는 무역 중심지예요. 갈데아 우르만큼 살기 좋은 도시였죠. 학자들의 계산에 의하면 아브라함이 하란에서 체류한 시간은 약 10년으로 추정하는데요. 아브라함이 하란에 거주한 이유를 성서는 침묵하지만 대략 짐작할 수는 있습니다. 지정학적인 관점에서 보면 우르에서 하란까지는 물도 있고 갈만한 길이에요. 하란에서 가나안까지가 훨씬 더 험하고 힘든 길이라서 하란에 머물렀다고 볼 수도 있겠는데요. 고고학자들이 발굴한 달의 신 '난다'를 생각하면 지정학적인 이유만으로 그가 하란에 체류했다고 단정하기는 어렵습니다. 하란에서도 데라와 아브라함은 신상을 팔아 안정적인 수입을 보장받을 수 있었죠. 아버지와 함께 하나님이 목적하신 곳으로 가다가 하란에서 머뭇거린 이유 중 하나를 추측할 수 있는 부분입니다.

창세기 11장의 족보를 보면 데라가 죽습니다. 족보는 구속사적으로 중요한 사건이나 인물의 등장을 예고하는데요. 연대기를 따지자면 좀 복잡해져요. 장례식을 마친 아브라함이 하란을 떠난 것으로 생각할 수 있지만 아버지가 죽기 전에 떠난 게 확실해 보여요. 그렇다면 아브라함이 하란을 떠난 결단과 순종의 가치는 더 소중합니다. 아브라함은 하란에서 우상 제조 명인의 대를 이을 것인지 창조주 하나님을 찾아 떠날 것인지 결정해야 했어요. 흐르는 발릭강에게 물었지만 어떤 해답도 주지 않았죠. 매일 같이 우르에서 주신 말씀이 떠나질 않았을 테죠. 하란에서 멈췄던 십여 년의 시간은 그의 생애에 잃어버린 시간입니다. 가치 있는 시간을 보냈다면 기록이 남았을 겁니다. 세 가지 질문입니다.

"약 십 년 동안 하란에서 머뭇거렸는데 하나님은 왜 침묵하셨을까요?"

"하란에서도 떠나라고 하셨는데 왜 무시했을까요?"

"안 들렸을까요?"

안전지대를 떠나는 것만으로는 충분하지 않습니다. 중간지대에서도 떠나야 했어요. 인생은 결단의 연속인데요. 망설이며 미룰 것인지 오늘 떠날 것인지 결단해야 합니다.

시골집에서 교회 설립 예배를 준비하는 중에 버려둔 동네 창고가 눈에 띄었어요. 시골집을 팔고 창고를 사려면 돈이 두 배 이상 필요했죠. 게다가 창고만 산다고 될 게 아니라 예배당으로 리모델링을 해야 하는데 계산이 서지 않았어요. 함께할 성도 한 명 없이 교회를 이전하고 공사를 한다는 것은 무모함 그 자체였기에 며칠을 중간지대에 서서 망설였어요. 그때 중간지대를 떠나지 않았다면 더 큰 고생은 면했겠지만 목회자로서 무장도 덜 됐을 겁니다.

떠나라

콜럼버스(Christopher Columbus)는 이탈리아에서 태어나 스페인에서 활동했던 탐험가인데요. 당시 유럽은 동로마를 멸망시킨 오스만 투르크 제국에 의해서 인도와 중국으로 향해 가는 길목이 막혔어요. 새로운 항로를 개척해야만 했죠. 스페인과 포르투칼은 세계 최강의 해상 국가 자리를 놓고 경쟁했는데요. 그즈음 포르투칼은 바스쿠 다 가마(Vasco da Gama)에 의해 아프리카 대륙을 둘러 인도에 가는 항로를 개척했어요. 스페인은 이에 뒤질세라 마음이 급했을 무렵인데요. 콜럼버스는 스페인 여왕의 지원을 받아 서쪽으로 돌아 인도에 가는 항로를 찾아내려 했죠. 당시 지구 둘레를 계산한 과학자는 두 명이었는데요.

프톨레마이오스는 지구의 둘레를 29,000km,
에라토스테네스는 지구의 둘레를 40,000km로 계산했어요.

둘의 계산법이 달랐어요. 누가 옳은지 검증하지는 못했던 때라 그는 믿고 싶은 것을 믿었어요. 에라토스테네스의 계산법을 믿었던 지인은 콜럼버스의 출항을 말렸지만 콜럼버스는 모험을 합니다. 프톨레마이오스의 계산은 실제 인도와의 거리 1/6에 불과했어요. 에라토스테네스의 계산법을 믿었다면 출발조차 못 했을 테죠. 게다가 선원 중 인도까지

가본 사람도 없었어요. 그가 키를 잡았던 산타마리아호의 크기는 선원들이 먹을 식량을 싣기도 충분하지 않았죠. 떠났기에 발견했지 계산했다면 떠나지도 못했을 거예요. 해서 이런 말이 나왔나 봅니다.

"확실성을 추구한 자의 미래는 불확실하고 불확실성을 추구한 자의 미래는 확실하다."

하나님이 아브라함에게 주신 첫 번째 명령어는 '떠나라'였어요. 연관 검색어는 '버리라'입니다. 다른 단어지만 같은 의미입니다. '버리라'는 베드로에게 주신 말씀으로 신구약을 꿰뚫는 단어인데요. 베드로가 버려야 할 배와 그물이 아브라함에게는 본토, 친척, 아버지 집이었죠. 모세가 이스라엘 민족의 지도가가 된 것도 애굽을 떠났기 때문이에요.

"믿음으로 애굽을 떠나 왕의 노함을 무서워하지 아니하고 곧 보이지 아니하는 자를 보는 것 같이 하여 참았으며"(히브리서 11:27)

모두가 그런 것은 아닌데요. 때때로 사람들의 열정적인 기도를 보면 뭔가 잘못됐다는 생각이 들 때가 있어요. 채울 것을 구하죠. 부족한 것을 주시고 그저 달라고만 합니다. 아직 주님이 주시지 않는 이유가 무엇인지는 찾지 않아요. 비우지 않고는 채울 수 없는데요. 자기 생각과 방법, 의로 가득 채워놓고는 욕심으로 구합니다. 버리지 않고는 시작할 수 없어요. 하나님 아닌 다른 것으로 가득 채워놓고 하나님께 채워달라는 기도는 기도가 아니에요. 기도는 하나님의 말씀을 듣고 구체적인 길을 여쭙는 것이죠. 마음속에 설계한 인생의 목적지로 나를 실어 나르시기를 구하는 것은 기도가 아니에요. 하나님의 섭리, 법칙, 일하심에 우리가 굴복하는 것이 기도인데요. 하나님으로 채우기 위해서 버리고 떠나야 할 것을 여쭙고 찾아야 합니다.

"하나님 제가 믿음의 길을 가기 위해 무엇으로부터 떠나고 무엇을 버려야 할까요?"

하나님의 사람이며 경건한 자로 어딘가 자리 잡고 있더라도 떠나라 하실 때에는 떠나야 하는데요. 안전지대를 떠났으니 이제 됐다고 생각하면 큰 착각이에요. 중간지대도 떠나야 합니다. 아브라함은 믿음의 조상이 되기까지 열여섯 번을 이사하죠. 과거의 습관, 익숙한 것, 현재의 안정, 평안함으로부터 떠나야 해요. 죄와 무책임, 게으름, 교만과 이기로부터 떠나야 합니다.

창업을 미루는 분에게 이유를 물으면 대부분이 '준비를 한 다음'이라고 답하십니다. 좀 더 확실성을 가지고 시작하겠다는 것이겠죠. 이해는 하지만 동의하진 않습니다. 준비할 때 준비되는 게 아니라 시작해야 준비가 되거든요. 지금 시작하는 것보다 더 좋은 준비는 없어요. 수억 원을 모아 창업했다가 실패하면 일어서기가 어렵지만 맨땅에 헤딩하다 피 흘리면 닦고 다시 시작하면 그만이에요. 잃을 게 없거든요. 몇 번 실패하고 나면 경험이 쌓여서 성공을 쉽게 생각하지 않게 되고 위기 대처 능력도 생깁니다. 그래서 떠나야 하죠. 준비해서 떠나려 하면 떠나도 떠난 게 아닙니다.

　사업에 큰 실패를 보고 약 7년의 시간이 흐른 후 재기 카운트다운에 들어간 분이 기도를 받으러 오셨어요. 크게 축복하고 믿음의 확신을 주면 그만인데 오지랖 넓게 질문을 냈습니다.

　"첫 번째 사업에서 실패한 가장 결정적인 이유 하나만 말해주세요."

　두 가지 이유를 들었어요. 나름 타당한 두 가지 이유를 설명하는데 무슨 말을 하는 건지 이해할 수가 없었죠. 조심스레 말했어요.

　"두 번째 사업도 실패할 확률이 높아 보입니다. 결정적인 이유 하나를 물었는데 결정적이지 않은 이유를 두 개나 말씀하셨습니다. 게다가 뭔가 말씀을 하시는데 이해가 안 됩니다."

　그 분은 겸손하게 다시 답했습니다.

　"첫 번째 사업 실패의 이유는 정직하지 않은 겁니다."
　"그렇습니다. 정직하지 않은 거예요. 성공을 쉽게 생각한 것이 정직하지 않은 겁니다. 수고보다 더 많은 수익, 과정보다 더 많은 결과를 노리는 것이 정직하지 않은 겁니다."

　대답이 몇 초 늦었지만 아직 늦지 않았죠. 무엇으로부터 떠나야 할지 평생 모르고 살다 간 사람도 많거든요. 열심히 한다고 되는 게 아닙니다. 시간과 힘을 낭비하고 자신이 만든 쓰레기를 치우느라 인생을 허비하기 일쑤예요. 떠남이 어려운 이유는 무엇으로부터 떠나야 하는지 타이밍이 언제인지 알기가 어렵기 때문입니다.

지금은 순종의 날

　12년 동안 직장생활을 했던 처남이 사업 구상을 마쳤어요. 마지막 관문인 장인어른의 지원을 넘어야 했습니다. 그동안 세 번 실패했기에 이번에도 실패하면 장인 장모님의 노년, 안정적인 삶을 기대할 수 없다고 반대하셨죠. 두 분께서는 아들이 직장생활 전에 도전한 사업의 실패를 '망한 것'으로 읽으셨고 착한 아들은 두 분의 반대에 도전을 포기하려 했습니다. 처남께 질문했습니다.

"평생 사업 안 할 건가요?"
"할 것입니다."
"언제 시작할 건데요?"
"부모님 도움 안 받고 돈 모아서 하겠습니다."
"사업 초기 비용이 얼마나 필요합니까?"
"1억 정도요."
"직장생활하며 매년 마이너스 삶을 사는데 1억을 모으려면 10년이 걸려도 어려울 겁니다. 앞으로 사업 안 할 거라면 몰라도 언젠가 할 거라면 지금 하세요."
"저렇게 반대하시는데 전들 어떻게 합니까?"
"설득하십시오."
"저토록 강하게 반대하시는데 제가 어떻게 설득합니까?"

"장인어른께서 가장 신뢰하는 분의 도움을 받으십시오."
"그럼, 그분이 목사님입니다."
"저라고요?"

먼저 장모님 동의를 득했는데요. 장인께서 강한 반대를 하시니 장모님은 "아이고 나는 모르겠네!"하고 슬쩍 빠지셨습니다. 장인어른을 설득하는데 사업에 세 번 실패한 아들의 과거사를 한참 동안 말씀하시며 되레 저를 설득하셨죠. 아들을 사랑하기에 위험한 길을 말리고 싶은 아버지의 마음에 공감했어요. 하마터면 제가 설득당할 뻔했죠. 아들이 평범하고 안전하게 살길 바라셨어요. 세 번의 실패를 세 번의 경험으로 읽고, 그땐 혼자 결정했지만 지금은 하나님이 앞에 계시고 제가 뒤에 있음을 말씀드렸더니 어렵게 허락하셨어요.

준비해서 떠나려 하면 떠날 수 없어요. 많은 것을 준비했다 할지라도 실전 경험이 없으면 준비는 이론일 뿐이죠. 용기를 가진 자의 떠남이 믿음이지 믿는다고 고백만 하는 게 믿음은 아니에요. 떠났다가 그 길이 아니면 어떻게 하냐고 염려하는 사람은 떠날 수 없어요. 길이 아니면 좌표를 수정하고 잘못 갔으면 다시 가면 됩니다. 떠나면서 떠날 것을 찾는 겁니다.

"나의 유리함을 주께서 계수하셨사오니 나의 눈물을 주의 병에 담으소서 이것이 주의 책에 기록되지 아니하였나이까"(시편 56:8)

'실패 정량 보존의 법칙'이 있는데요. 한 사람이 성공에 이르기 위해 지불해야 하는 눈물의 정량은 동일합니다. 실패를 통해 배우고 성장하면 성공합니다. 지금 실패를 경험 중이라면 성공한 사람이 갔던 그 길을 가는 게 확실한 거예요. 그들이 채웠던 실패의 정량을 채워 가다 보면 성공에 이르게 될 테니까요. 길이 아닐 것 같은 의심이 들기도 할 테지만 그 길을 실패로 읽지 않고 '배움'으로 읽으면 됩니다.

아브라함 링컨도 많은 실패를 거듭하던 때마다 사탄의 소리를 들었어요.

"너는 끝장이다."

기도했습니다. 하나님의 음성이 들렸죠.

"더 큰 기회에 도전하라, 지금."

제 삶에서 최고의 떠남은 두 번의 교회 개척인데요. 첫 번째 개척에서 배운 것이 참으로 큽니다. 첫 번째 개척이 없었다면 오늘은 없었을 겁니다. 안전지대를 떠나 길을 가다 보면 중간지대의 유혹을 받게 되죠. '이만하면 됐지' 하는 자리예요. 첫 번째 개척이 고난의 길이었기에 두 번째 개척을 결단하기가 쉽지 않았어요. '한 번 했으면 됐지' 하는 마음이 컸어요. 도전 없이는 실패 없고, 실패 없이는 배움 없기에 한 번뿐인 사역자의 길에서 안전지대나 중간지대에서 시간을 허비하고 싶지 않아 결단했어요.

둘째 아이가 대학에 입학했을 때 이야깁니다. 고교 시절 공부에 최선을 다하지 않은 게 후회가 됐던지 첫 학기에 가문에 없던 학점을 받아왔어요. 2학년을 마치고 학교를 떠나 창업을 하겠다고 했는데요. 그대로 가면 석박사 통합 과정을 마치고 병역면제도 받는 보장된 '갈데아 우르'를 버리겠답니다. '대장금(대통령 과학 장학생)'에도 선정돼 다른 장학금과 상관없이 연간 500만 원씩 졸업할 때까지 수령 가능했거든요. 말리는 엄마, 찬성하는 아빠, 그해 두 남자가 집에서 쫓겨나지 않고 밥을 얻어먹은 것은 전적으로 주님의 은혜였어요. 용기있는 호기로운 도전에 박수를 보냈죠. 둘째는 어린 나이에 벤처라는 정글에 뛰어들어 눈물 젖은 빵을 먹었습니다. 횟수로 따지자면 벌써 세 번이나 실패했는데요. 성장과 경험으로 읽습니다. 지켜보는 아비의 마음은 시리지만 젊은 날의 고생은 인생을 쉽게 생각하지 않을 재산을 쌓기에 박수를 보냅니다.

확실성에서 불확실성으로
애굽에서 광야로
이기에서 이타로
보이는 것에서 보이지 않는 것으로
비본질에서 본질로
전통에서 정통으로
이상에서 일상으로
일에서 사람으로
자아에서 하나님으로

지금입니다.

떠나지 않고는 갈 수 없어요. 하란을 떠나 가나안으로 가는 길이 쉽지 않죠. 불확실성을 향해 순종했기에 복의 모델이 된 겁니다. 아브라함의 순종은 가문의 판도를 가릅니다. 불순종했다면 아브라함, 이삭, 야곱을 성서에서 볼 수 없었을 테죠. 갈데아 우르의 한 가족 묘지에 누군지 모를 유골로 남았을 거예요. 떠남의 순종을 위해서는 두 가지 두려움을 극복해야 합니다.

"믿음으로 아브라함은 부르심을 받았을 때에 순종하여 장래의 유업으로 받을 땅에 나아갈새 갈 바를 알지 못하고 나아갔으며"(히브리서 11:8)

떠나기 어려운 이유는 불확실성이 주는 두려움 때문인데요. 언제쯤 끝날지, 언제 도착할지, 어디로 가야 할지 모른다는 것이고 확실히 아는 것은 불확실하다는 것뿐입니다. 확실성에는 순종이 필요치 않아요. 불확실성을 향한 떠남만이 순종입니다.

두 번째는 죽음에 대한 두려움이에요. 안전지대를 떠나 중간지대인 하란을 떠난다는 것은 죽음을 각오해야 했어요. 고대시대에 자기 동네를 지나는 나그네는 상인이나 범죄자 중 하나였죠. 아브라함 일행을 상인으로 봐 줄 사람은 없었습니다. 죽음에 이르는 추방형을 언도받은 범죄자로 이해하고 죽여도 문제를 제기할 사람은 없었어요. 적으로 간주한다면 명예살인이 가능했죠. 아브라함의 입장에서 보면 매일 죽음에 대한 두려움을 극복해야만 떠남의 순종이 가능했습니다.

말씀에 순종한 자발적인 떠남도 고통을 수반하지만 비자발적인 떠남으로 인한 고통은 상처까지 남습니다. 드리는 것과 빼앗기는 것의 편차만큼이나 큰 차이인데요. 인생의 수많은 고통을 어떻게 읽고 해석해야 할지 알 수 없을 때가 많습니다. 고통은 떠나지 않는 자에게 떠나라고 재촉하시는 하나님의 '큰 소리'로 보고 싶습니다.

'떠나라'는 명령어가 히브리어로는 '레크 르카'로 '르카'는 '너를 위해서', '레크'는 '걸으라, 어떤 삶을 살다, 떠나다'라는 의미입니다. 공간적인 떠남과 함께 새로운 삶을 위한 새로운 인생, 하나님과 동행하는 삶을 위한 초청장이죠. 우리를 위해 떠나라 하신 것이기에 하나님이 '떠남'으로 인한 우리의 고통을 기뻐하실 리 만무합니다.

지금 떠나야 할 것을 하나님께 묻는 것이 기도입니다. 떠나야 할 것을 못 찾고 우르나 하란에서 복을 구하는 기도는 기도가 아니에요. '떠남'으로의 초대장에 적힌 버려야 할 것에 집중해야 하죠. 초대장은 떠날 것에 대한 체크 리스트인데요. 떠나야 할 것의 리스트(Stop Doing List)를 적어보고 의지적으로 실천해야 합니다. 결단을 가볍게 여기지도 족쇄처럼 무겁게 여기지도 말아야 합니다. 결단을 한 후 지금, 성령의 도우심을 구해야 하죠. 떠남으로 인한 고통은 장차 주어질 보상과 견줄 수 없는데요. 자기 결박 계약서와 유지 계약서를 쓰고 떠날 수밖에 없도록 자신만의 실천 시스템을 만드는 것은 지혜입니다.

Q1 지금 당장 버릴 것(Stop Doing List)은 무엇인가요?

1.   2.

3.   4.

5.

Q2 지금 버릴 것을 버리지 않는다면 예측되는 고통은 무엇인가요?

Q3 지금 버릴 것을 버린다면 예측되는 유익은 무엇인가요?

Q4 버려야 할 것 다섯 가지를 선정하고 자기 결박 계약서를 쓰세요.

1.

2.

3.

4.

5.

1. 체중 10kg, 6개월 후까지 감량을 못 하면 주일날 수영복을 입고 예배당에 갈 것을
   만천하에 선포한다.

5 아브람이 그의 아내 사래와 조카 롯과 하란에서 모은 모든 소유와 얻은 사람들을 이끌고 가나안 땅으로 가려고 떠나서 마침내 가나안 땅에 들어갔더라

6 아브람이 그 땅을 지나 세겜 땅 모레 상수리나무에 이르니 그 때에 가나안 사람이 그 땅에 거주하였더라

7 여호와께서 아브람에게 나타나 이르시되 내가 이 땅을 네 자손에게 주리라 하신지라 자기에게 나타나신 여호와께 그가 그 곳에서 제단을 쌓고

8 거기서 벧엘 동쪽 산으로 옮겨 장막을 치니 서쪽은 벧엘이요 동쪽은 아이라 그가 그 곳에서 여호와께 제단을 쌓고 여호와의 이름을 부르더니

9 점점 남방으로 옮겨갔더라

이상과 현실

2 Ideals vs. Reality 이상과 현실

이상과 현실

"인생 최고의 유혹은
바라지 말아야 할 것을 바라는 것이다."

사람의 인격과 능력을 성장하게 하는 중요한 요소 중 하나가 일인데요. 직업, 혹은 사업이 사람을 성장하게 하는 이유는 현실을 냉혹하게 직시하게 하기 때문입니다. 신학대학원을 졸업하고 첫 사역지는 누구나 적응이 어려운데요. 첫 직장, 첫 사업, 첫 만남이 그렇습니다. 첫째 아이는 첫 직장에서 6년을 넘게 근무하며 혹독한 관계의 시험을 겪었는데요. 신경정신과의 치료가 필요해 보일 정도였어요. 이직으로 탈출구를 찾았는데요. 두 번째 직장에서도 유사한 관계의 환경이 딸을 맞이했지만 이상이 깨진 터라 적응이 수월했습니다.

부목사로 사역을 할 때, 매일이 힘들었습니다. 담임목사님과 맞지 않는 코드, 동역자들의 속도와 관점의 차이, 서열 1위보다 더 무서운 서열 2위, 어디로 튈지 모르는 막내, 6개월 만에 폭발할 지경이었죠. 스승을 찾아뵙고 새벽 두시까지 넋두리를 했더니 다 듣고 말씀을 주십니다.

"그랬구나! 정말 힘들었구나!"
"그간 어떻게 참았니!"
"나도 경험해 봤는데 어디를 가든지 똑같더라. 네가 내성을 키우는 수밖에, 사흘만 참거라 부활의 아침이 너를 기다린단다."

인생을 가장 불행하게 하는 요인 중 하나가 이상주의입니다. 이상주의는 인생의 의의를 오로지 이상, 특히 도덕적 사회적 이상 실현에 두는 태도인데요. 극단적일 경우 현실 가능성을 무시하고 공상적, 광신적인 태도나 경향을 보이기도 합니다. 긍정적인 면도 약간은 주어지는데요. 도전 정신과 노력을 중요시하고 결과보다는 동기와 신념을 우선시하죠. 현실주의에 비해 사고와 행동의 양상이 다양한데요. 진보와 보수, 개인주의와 공동체주의처럼 상반되는 이념이 모두 이상주의적 성향을 보이기도 합니다.

이상을 갖는다는 것이 부정적인 것만은 아니지만 이상도 높고 현실에서 기대감도 높은 사람은 위험성이 생각보다 큽니다. 사회, 목회, 결혼 초년생의 최대 문제는 이상주의입니다.

이상이 깨질 때

고대시대에는 식량 저장에 기술적인 한계가 있었기에 기근은 죽음으로 이어질 가능성이 컸어요. 아브라함도 기근을 버티다가 극한 상황에서 애굽으로 내려갔겠지만 잘한 선택이라고 할 수는 없어요. 모든 것이 하나님의 섭리 안에 있다고 할 때 기근을 통해 말씀하시는 하나님의 음성을 들었어야 했는데요. 광야와 가난은 하나님이 극대화되고 인간이 극소화되는 자리예요. 결핍은 하나님을 만날 최고의 기회로 패러다임을 전환하고 강하고 단단한 사람으로 무장할 훈련장인 셈이죠. 약할 때 강하게 하신다는 역설적 가르침을 받아들일 자리이기도 합니다.

아브라함은 가나안에서의 기근을 더 단단하고 능력 있는 사람이 될 기회로 읽지 못했어요. 가나안에서 죽음을 불사했다면 하나님이 개입하셨을 거예요. 하나님의 개입은 하나님의 임재인데요. 아브라함은 기근을 이겨내지 못하고 가나안을 떠납니다.

안전지대를 떠나 가까스로 가나안에 도착한 아브라함은 약속의 땅을 밟으며 안도했을 겁니다. 이제 꽃길만 걸을 거라 생각하진 않았겠지만 먹을 것으로 생존이 위협당할 거라 상상하진 못했을 거예요. 과도한 기대였을까요? 하나님께 항복하고 모든 것을 버리고 가나안에 들어갔는데 아브라함은 여기서 인생 시험 두 번째 계단을 만납니다. 이상이 깨지는 시험인데요. 가나안은 약속과 축복의 땅이었지만 아브라함을 기다렸던 것은 기근이었죠. 구약시대에는 전쟁, 전염병, 기근을 하나님의 3대 심판으로 봤습니다. 약속과 축복의 땅 가나안이 심판과 저주의 땅이 된 거예요. 첫 번째 계단을 오르기까지 10여 년이란 시간을 보냈는데 두 번째 계단은 앞에서 되레 후퇴하는 것처럼 보입니다.

"그 땅에 기근이 들었으므로 아브람이 애굽에 거류하려고 그리로 내

려갔으니 이는 그 땅에 기근이 심하였음이라"(창세기 12:10)

기근은 믿음에 관한 시험입니다. 아브라함은 기근을 피해 애굽으로 내려갔죠. 본토 친척 아비집을 떠난 위대한 결단과 헌신을 했다고 모든 것이 순조로운 건 아닌가 봅니다. 믿음을 지킨다는 것이 이렇게 어려워요. 본토 친척 아버지 집은 떠났지만 배고픔은 견디지 못합니다. 우르에서 가나안까지 1,650km, 목숨을 건 순종의 여정이었지만 기근은 이기지 못해요. 큰 시험을 이겼다고 모든 시험을 이길 것이라고 생각하면 어리석은 건데요. 위대한 헌신을 했다고 곧 복을 받을 것이라 기대한다면 무너지기 십상입니다.

엘리야는 갈멜산에서 850명의 우상 숭배자와의 영적인 전투에서 큰 승리를 거뒀지만 "내일 이맘 때 죽이겠다."라는 이세벨의 한 마디에 두려움에 휩싸입니다. 정녕 죽이려 했다면 조용히 자객을 보내 암살을 시도했겠죠. 이세벨은 대단히 정치적인 여인이었기에 갈멜산의 기적 다음날 엘리야를 죽일 만큼 무모하지 않았을 텐데요. 이세벨의 한 마디에 무너집니다. 어쩐 일인지 이세벨을 피해 도망간 것으로 읽히지 않고 하나님께 실망해서 사명으로부터 도망, 하나님께로부터 도망친 것으로 보여요. 그러더니 이젠 자신을 죽여 달라고 하나님께 막 나갑니다.

모세가 호렙산에서 들고 내려온 하나님의 계명이 새겨진 거룩한 돌판을 내동댕이친 것도 선뜻 이해가 되지 않는 부분이에요. 큰 인물이 어처구니없는 행동을 하는 것을 말로 다 설명할 수는 없는데요. 아브라함, 엘리야, 모세의 경우는 기대감이 무너질 때로 보입니다. 아브라함이 두 번째 계단을 오르지 못하고 애굽으로 내려간 것은 신앙의 측면으로는 부정적이지만 과도한 이상이 조율되는 긍정의 측면도 있었어요.

실패, 가난, 우울함이 닥치면 애굽에 내려갈 수도 있어요. 그러나 그럴 수밖에 없었다고 포장하며 동정을 구한다면 어떤 변화도 기대할 수 없죠. 어쩔 수 없는 선택이 아니라 작지만 치명적인 유혹에 넘어진 겁니다. 아무것도 하고 싶지 않은 유혹, 눈에 보이는 쉬운 길에 영혼을 팔아버린 유혹이에요. 아브라함에게 애굽은 매력덩어리였어요. 나일강은 극한 가뭄에도 잘 마르지 않고 아프리카에서부터 떠내려 온 퇴적물이 강의 범람을 통해 토지를 비옥하게 하거든요.

가나안에서의 기근은 축복으로 이어지는 길이었지만 기근을 맞닥뜨린 아브라함에게 헤쳐나가야 할 길은 너무 험해 보이네요. 많은 식솔을 거느린 수장으로서 느끼는 압박도 심했을 겁니다.

에이브러햄 메슬로(Abraham Harold Maslow)는 의식주의 문제를 일차적인 욕구라 했는데요. 기본적인 욕구는 삶의 기초이며 생명 유지의 숭고함입니다.

과수원집 아들로 태어나 제법 풍요롭게 자랐지만 서울로 전학 와서 극심한 가난을 경험했습니다. 가난이 오랜 시간 지속되는 것도 힘든 일이지만 부유하게 태어났다가 가난해지면 더 힘든 법인데요. 회복탄력성이 낮으면 우울감이나 반사회성으로 발전하기도 합니다. 가난이 길어지면 피해의식이 자라고 더 깊어지면 노예근성까지 생길 수 있어요. 죄악으로부터 구원 받았지만 피해의식으로부터 구원 받기까지는 삼십년 이상 눈물로 기도했고 현재도 진행형입니다.

격차 인식과 실천 의도

뛰어난 성취를 이루는 사람들은 자신이 원하는 미래와 처한 현실의 격차를 분명히 인식하고 차이를 줄이기 위해 집중하는 습관을 지닌 사람인데요. 이상주의자는 격차 인식 지능이 떨어지고 이상 인식 지능만 앞섭니다. 이상을 이루기 위한 과정을 치밀하게 계획하기 어렵다는 단점이 있죠. 성과를 내는 사람은 원하는 바를 이루었을 때의 긍정적인 결과를 생생하게 그리는데요. 동시에 목표를 이루기 위해 넘어서야 할 장애와 어려움에 대해서도 분명하게 인식합니다. 미래와 현실을 동시에 연결시켜 생각하고 결과를 이끌어 냅니다.

가브리엘레 외팅겐(Gabriele Oettingen) 교수는 현실과 이상과의 격차를 줄여 원하는 것을 이룰 수 있는 방법을 '격차 인식과 실천 의도(Mental Contrasting with Implementation Intentions)'라고 했는데요. 4단계로 정의합니다.

1단계는 바라는 목표를 이뤘을 때의 기분을 생생하게 상상하는 겁니다. 2단계는 목표를 이루기 위해 현실적으로 해야 할 일, 어렵고 힘든 과정, 참아내야 할 일이 무엇인지 생각합니다. 현실과 꿈과의 격차를 분명히 인식한 후에 그 격차를 줄이기 위해 해야 할 일의 목록을 작성합니다. 3단계는 이러한 목록을 바탕으로 구체적인 실행계획을 세우는데요. 자신만의 특정한 행동 규칙들을 만들어 일상생활에서 실행계획의 상당 부분을 습관적으로 실천합니다. 4단계는 꾸준한 실천인데요. 월별, 주별 계획뿐 아니라 일별 계획이 반드시 필요하죠. 감당해야 할 진도나 업무 계획서를 구체적으로 준비하고 잠자리에 들기 전에는 그

날 지킨 계획들을 줄을 그으며 지워갑니다. 일차적으로 계획을 달성했다는 사실에서 기쁨을 느끼면 과정 자체를 즐기며 꾸준히 실천해 나갈 수 있게 된다고 합니다.

아브라함은 복의 모델이 된다는 언약을 받았어요. 그 약속을 믿고 가나안에 들어갔다가 기근을 만났는데요. 하나님은 아브라함 일행에게 그 이유를 설명하지 않으세요. 기근으로 죽게 된 그를 위로하지 않으시죠. 언제쯤 기근이 끝날 것이라고 안내하지도 않으세요. 참고 이겨내라는 격려도 없이 침묵하세요. 하나님은 모든 것이 가능하시지만 아브라함이 생각하는 방법, 바라는 방향으로 역사하실 의향은 없어 보입니다. 아브라함이 복의 모델이 되는 과정에서 그의 생각과 하나님의 생각의 격차가 줄어야하기 때문입니다.

스톡데일(James Bond Stockdale)은 1946년 해군사관학교에 입학했지만 제2차 세계대전의 영향으로 교과과정이 짧아져 1947년에 졸업과 함께 임관했습니다. 베트남 전쟁에 참전했는데요. 1965년에 가로 90cm, 세로 275cm의 독방에 포로로 감금됐다가 1973년 풀려났습니다. 짐 콜린스(Jim Collins)가 그에게 포로 생활을 한 사람 중에 이겨내지 못하고 죽음을 맞은 사람들의 이유를 무엇이라 생각하는지 묻자 답을 했는데요. 이것을 '스톡데일 패러독스(Stockdale Paradox)'라고 합니다.

"불필요하게 상황을 낙관한 사람들이었습니다. 그런 사람은 크리스마스 전에는 나갈 수 있을 거라고 믿다가 크리스마스가 지나면 부활절이 되기 전에는 석방될 거라고 믿었죠. 부활절이 지나고 나면 추수감사절이 되기 전엔 나가게 될 거라고 또 믿지만 그렇게 다시 크리스마스를 맞이하며 반복되는 상실감에 결국 죽었어요. 당신이 절대 잃을 수 없는, 마침내 이기겠다는 믿음과 그것이 무엇이든 지금 현실 속에서 가장 가혹한 사실을 직시하는 훈련을 절대로 혼동하면 안 됩니다. 저는 언젠가 그곳을 나갈 수 있을 거라는 믿음을 버리지 않았을 뿐만 아니라 더 나아가 당시의 상황이 무엇과도 바꿔지지 않을 제 삶의 소중한 경험이 될 것임을 의심한 적도 없습니다."

이상적인 기대를 믿음으로 착각하면 누구도 말릴 수 없습니다. 믿음은 이상주의자의 현실도피처가 아니에요. 믿음에 관한 올바른 이해가 필요하죠. 하나님을 신뢰하는 무형의 믿음과 말씀에 대한 순종, 실천하는 유형의 믿음이 존재합니다. 믿음으로 사는 것은 하나님을 신뢰하기 때문에 가능하지만 사망의 음침한 골짜기를 지나기도 합니다. 무형의 믿음만 가지고 믿는다고 외치면서 유형의 믿음을 놓치면 믿음의 배신을 맛봅니다. 어디서부터 무엇이 잘못됐는지도 모르고 영적인 떠돌이로 전락하기 쉬워요.

"예수께서 그들의 믿음을 보시고 이르시되 이 사람아 네 죄 사함을 받았느니라 하시니"(누가복음 5:20)

중풍병자의 친구는 예수님이 오셔서 고쳐주실 것을 믿고 기다리지 않았어요. 몰려든 인파로 예수님께 접근이 불가한 것을 알고 지붕을 뜯고 침상을 내렸죠. 예수님에 대한 믿음으로 장애물을 넘어 나아갔더니 예수님은 그들의 '믿음을 보시고' 고치셨어요. 신뢰하는 믿음과 행동하는 믿음의 격차를 줄인 결과입니다.

아브라함은 175년 동안 16번의 이사와 17번의 시험을 통해 복이 모델이 됐는데요. 이제 두 번째 계단입니다. 아브라함이 '마침내' 가나안에 들어간 겁니다. 첫 번째 계단을 오르기까지 얼마나 많은 시간과 과정을 지나왔는지 차분하게 되짚어 봐야 합니다.

"아브람이 그의 아내 사래와 조카 롯과 하란에서 모은 모든 소유와 얻은 사람들을 이끌고 가나안 땅으로 가려고 떠나서 마침내 가나안 땅에 들어갔더라"(창세기 12:5)

어쩌다 보니 가나안에 도착한 게 아니에요. 우여곡절, '마침내'입니다. 이삭은 온유한 사람이라 비교적 평탄한 여정을 보낸 것 같지만 그가 복을 받은 것도 쉽지 않은 길이었습니다.

"그 사람이 창대하고 왕성하여 마침내 거부가 되어"(창세기 26:13)

'마침내' 거부가 됐는데요. 이 단어 하나에 그의 땀, 눈물, 인내, 인생이 담겼습니다. 눈물, 땀, 기도의 잔을 채워도 어디서든 인생 시험은 다시 시작되지만 그렇게 시험을 만나서 이겨내다 보면 세상을 만만하지 않게 봅니다. 늘 새로운 시험의 장이 열릴 뿐 그 어떤 것도 저절로 주어지지 않는다는 것을 알고 겸허해지죠. 가나안에서의 두 번째 시험이 열 번째쯤의 계단이었다면 이상과 현실의 격차를 이해하고 좀 더 단단히 준비하고 빈손으로 들어가지 않았을 텐데요.

자녀에게 좋은 직장이 어디인가요? 군에 가는 아들에게 좋은 부대는 어떤 곳인가요? 훈련 쉽고 편하게 군 생활 할 수 있는 곳인가요? 여기에 생각이 머물러 있다면 아직 멀었습니다. 기도를 이렇게 바꾼다면 이상 간격은 줄고 계단은 가팔라 보이지 않을 겁니다.

"하나님, 아들이 군에 입대합니다. 쉬운 보직 받기를 기대하지 않고 어떤 보직을 받든지 하나님이 나를 훈련하신다고 믿고 자신에게 부끄럽지 않은 군 생활하고 나오려는 결단을 주시옵소서. 100km 행군을 할 때 자발적인 선택에 의해 국토대장정에 참여한 것으로 무대를 설정하는 지혜를 주십시오. 사격 훈련장에서의 PT체조는 무료 체력 단련 기회로 읽게 해 주십시오. 따름과 섬김의 리더십을 배우는 소중한 시간으로 받아들이는 마음을 주옵소서."

믿음의 조상 아브라함이 두 번째 계단을 오르지 못하고 애굽으로 피해 간 것은 안타까운 일이지만 다행이에요. 아브라함이 그랬다면 우리에게도 기회가 있어 보입니다. 두 번째 계단을 오르지 못하면 인생 시험 열일곱 계단 중에 반도 못 오르고 마칠 수도 있는데요. 이상을 깨뜨리는 가장 지혜로운 방법은 자발적으로 광야에 들어가는 겁니다.

자발적인 광야 행

큰 애가 대학에 입학했을 때 미리 4년 후를 준비했어요. 좋은 직장 입사하면 좋겠지만 어떤 직장에 들어가도 버거워하지 않는 사람으로 키우고 싶었죠. 방법은 '부모에게 용돈 타지 않고 대학 생활 마쳐보기' 프로젝트였는데요. 용돈만은 벌어서 쓰고 부족하면 손 내밀기로 합의했어요. 대학 마지막 학기 때 백만 원만 도와달라고 한 것이 전부였죠. 딸을 볼 때마다 귀하게 키우고 싶은 아비의 마음을 십자가에 못 박았습니다. 4년 동안 아르바이트를 달고 살았는데 많을 땐 세 개씩 했습니다. 마지막 학기에는 취업을 하면서 학업과 직장생활을 병행하느라 두 달 반을 힘겨워했죠. 대한민국에서 업무량 많기로 소문난 기업에 취업했는데 거뜬하게 다닙니다. 가끔은 '일이 가벼워서 고민'이란 말을 들을 때 너무 혹독하게 키웠나 싶습니다.

둘째가 대학에 합격했는데 경기과학영재학교를 졸업하고 카이스트에 입학했기에 고액 수학 과외가 들어왔는데요. 수학 과외는 언제든지 할 수 있으니 지금 아니면 경험하지 못할 일을 해 보자고 권했어요. 인생 스토리는 경험으로 만들어진다고 설득했죠. 그땐 아빠에 대한 신뢰도가 높았던 터라 수용했어요. 돼지갈비집 알바였는데 알고 지내는 사장님이라 어려운 일 맡겨주시라고 비밀리에 주문했어요. 하루는 퇴근길에 삼겹살 한 봉지를 들고 들어왔는데 사연인즉 손님 떠난 빈상에 남긴 고기 몇 점이 그렇게 먹고 싶었는데 참고 아르바이트 비용에서 가불해서 사왔다고 합니다. 입이 짧아 고깃집에 가족 회식을 가도 몇 점밖에 안 먹던 녀석인데 인생 수업 단단히 받은 모양입니다. 구워달라고 봉지를 내미는데 애잔함과 동시에 기특함이 몰려옵니다. 며칠 후에는 아르바이트 마치고 축 쳐진 어깨로 들어오더니 퉁명스럽게 내뱉습니다.

"아빠, 고깃집 가면 불판 하나만 쓰세요."

이유를 들어봤더니 그날은 불판 닦는 혹독한 알바를 했답니다. 사장님이 저와의 약속을 지킨 겁니다. 불판을 닦고 나니 어깨와 팔이 빠질 것같이 아팠지만 통증을 참고 저녁 손님을 받았는데요. 쓸 만한 불판을 세 번째 바꿔 달라던 까다로운 손님에게 불판을 건네는 순간 그 불판으로 뒤통수를 한 대 치고 싶었답니다. 약속한 기간의 아르바이트가 끝나고 잔인하게 그 식당에 가족 회식을 갔는데요. 아들은 양파가 떨어지자 서비스를 요청하지 않고 직접 가져왔습니다.

1962년에 발표되었지만 지금도 유의미하다는 생각이 드는 자료가 있습니다. 빅터(Victor)와 밀드레드 괴르첼(Mildred Goertzel) 부부는 세계적으로 성공한 413명의 삶을 연구했습니다. 413명 중에서 95%에 달하는 392명이 엄청난 장애, 상상할 수 없는 가난, 극심한 고난을 극복한 사람이라는 것을 발견했습니다. 이들은 고난이 장애물이 아니라는 사실을 삶의 결과로 증명했는데요. '나는 실패를 믿지 않는다.'라고 했던 오프라 윈프리(Oprah Winfrey)도 사생아로 태어났죠. 성폭력을 비롯한 수많은 아픔에 노출됐지만 고통은 오히려 그를 강하고 담대하게 했습니다. 그는 고통을 아픔으로 읽지 않고 훈련으로 해석했어요.

자식에게 부모가 남길 수 있는 최고의 유산은 신앙입니다. 탄탄한 신앙은 말로 되는 게 아닌데요. 가나안의 가난을 경험할 수 있게 해야 하는데 한 해라도 어릴 때 경험하는 것이 세상과 사람에 대한 이해에 큰 도움이 됩니다. 비자발적으로 가나안에 들어가게 되면 동일한 시간을 보내도 더 힘들죠. 자발적으로 들어가면 훨씬 빨리 수료증을 받습니다. 게다가 길을 잃지 않습니다.

아브라함이 가나안에 들어가서 바로 복을 받았다면 복의 모델이 될 수 없었을 겁니다. 그 땅에 금은보화가 굴러다녔다면 이삭, 야곱은 폐인이 될 가능성이 높습니다. 광야가 주는 보너스, 결핍이 주는 보상, 기근을 통해 받는 연단은 귀공자 아브라함에게는 필수 학습 코스였어요. 가나안에서의 고난과 기근 앞에서도 하나님의 신실함을 믿는 것이 믿음입니다. 가나안에서 어떤 어려움도 없기를 믿는 것은 믿음이 아니에요.

스웨덴 출신 데이비드 플러드(David Flood)는 선교사로 헌신했는데요. 아내 스베아(Svea)와 두 살 된 아들을 데리고 1921년 아프리카의 콩고로 떠나 정글 중간에 진흙 오두막을 짓고 외로움과 생명 위협에 대한 두려움, 말라리아와 영양실조로 하루하루 힘겨운 나날을 보냈죠. 굶주림과 질병으로 인한 고통 속에서도 적대적인 부족 사람들 속에서 사역을 이어가던 중 드디어 사역의 열매를 얻었어요. 마을의 한 소년에게 주일마다 성경을 가르치게 된 겁니다. 그런데 얼마 후 아내가 딸을 출산한 지 칠 일 만에 세상을 떠났어요. 지칠 대로 지친 플러드는 아내가 죽자 하나님께 폭발했습니다.

"하나님, 우리는 복음을 위해 생명을 바치러 이곳에 왔는데 저희 가족에게 도대체 왜 이러시나요? 왜 스물일곱 밖에 안 된 아내를 데려가시나요? 제가 여기에서 한 사역이라고는 말도 잘 알아듣지 못하는 한 소년뿐입니다."

순교까지 각오했던 그는 현지 선교본부에 딸을 맡기고 아들만 데리고 고국으로 돌아갑니다. 일흔세 살이 된 해, 그는 40년 만에 처음으로 만난 딸에게 놀라운 소식을 듣게 되죠. 그 딸이 아버지를 만나기 위해서 오는 길에 런던에서 집회하는 흑인 목사님을 만났는데요. 콩고 출신이었어요. 그 흑인 목사님은 플러드가 전도해서 성경을 가르친 그 한 소년이었죠.

"복음의 불모지였던 콩고는 아버지의 헌신과 어머니의 순교로 지금 32개국에 선교사를 보내고, 11만 명의 그리스도인을 자랑하는 국가가 됐어요. 아버지가 한 일은 아무것도 아닌 게 아니었어요."

딸의 말을 듣는 순간, 성령이 플러드에게 임했고 뜨거운 눈물로 회개와 감사를 드렸어요. 비록 플러드는 끝까지 선교지를 지키지 못했지만 한 알의 밀알이 썩어 많은 열매를 맺었던 거예요. 하나님은 우리를 가나안에 몰아넣어 고통스럽게 하는 취미를 가진 분이 아니에요. 사도 바울에게 질병은 주님의 능력이 임할 자리였듯이 가나안은 하나님의 극대화를 경험할 자리입니다.

Q1 당신의 지인 중에 이상주의자는 누구이며 그의 삶의 현주소와 인
   생 성적표를 보고 무엇을 배웠나요?

Q2 당신이 신앙생활 초기에 가진 이상은 무엇이었고 깨졌다면 계기는
   무엇인가요? 이를 통해 배운 것은 무엇인가요?

Q3 현실과 이상과의 격차를 줄여 원하는 것을 이룰 수 있는 방법을
   '격차 인식과 실천 의도'라고 했는데요. 당신이 오늘 집중해야 할
   '격차 인식과 실천 의도'는 4단계 중 몇 단계이며 그 이유는 무엇인
   가요?

Q4 당신이 오늘 결단해야 할 자발적인 광야행은 무엇이며 어떻게 구
체화 할 것인지 적용점 하나만 말씀해 주세요.

10 그 땅에 기근이 들었으므로 아브람이 애굽에 거류하려고 그리로 내려갔으니 이는 그 땅에 기근이 심하였음이라

11 그가 애굽에 가까이 이르렀을 때에 그의 아내 사래에게 말하되 내가 알기에 그대는 아리따운 여인이라

12 애굽 사람이 그대를 볼 때에 이르기를 이는 그의 아내라 하여 나는 죽이고 그대는 살리리니

13 원하건대 그대는 나의 누이라 하라 그러면 내가 그대로 말미암아 안전하고 내 목숨이 그대로 말미암아 보존되리라 하니라

14 아브람이 애굽에 이르렀을 때에 애굽 사람들이 그 여인이 심히 아리따움을 보았고

15 바로의 고관들도 그를 보고 바로 앞에서 칭찬하므로 그 여인을 바로의 궁으로 이끌어들인지라

16 이에 바로가 그로 말미암아 아브람을 후대하므로 아브람이 양과 소와 노비와 암수 나귀와 낙타를 얻었더라

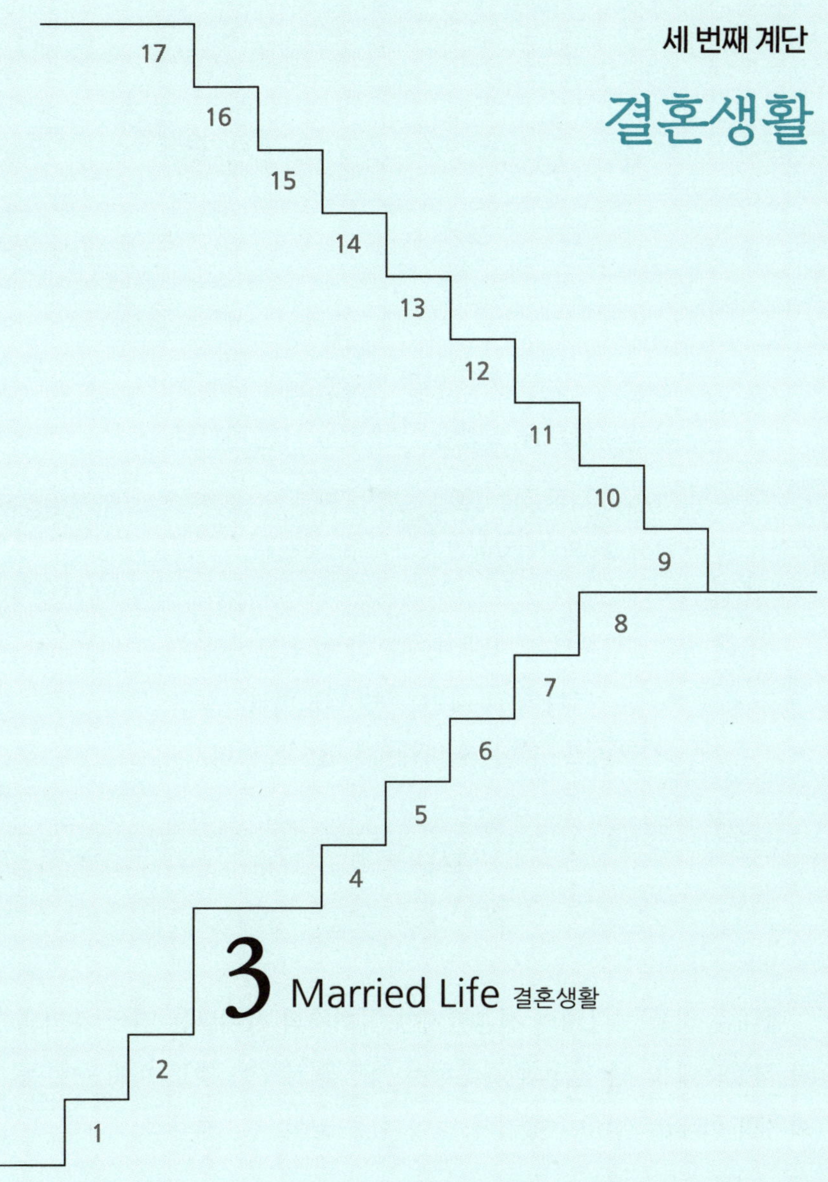

17
16
15
14
13
12
11
10
9
8
7
6
5
4
3 Married Life 결혼생활
2
1
세 번째 계단
결혼생활

결혼생활

"결혼은 어떤 나침반도
일찍이 항로를 발견한 적이 없는 거친 바다다."

하인리히 하이네(Heinrich Heine)

"싸움터에 나갈 때에는 한 번 기도하라.
바다에 갈 때는 두 번 기도하라.
그리고 결혼을 할 때는 세 번 기도하라."

(러시아 속담)

아내는 저를 사랑해서 결혼했지만 목회자의 아내로는 전혀 준비되
지 않았는데요. 한 남성과 결혼해서 가정을 세우는 것도 버거운데 목
회자의 아내로 살아야 했기에 많이 힘들어했어요. 게다가 개척을 두

번이나 했으니 더 말할 필요가 없었죠. 그런 아내와 보폭을 맞추려니 저도 힘들었습니다. 목회자이기에 감당해야 했던 포기와 희생 때문만은 아니었어요. 목회자의 아내로 정체성을 가지고 동역하기까지 13년이 필요했습니다. 기다릴 수 있었던 이유는 믿음이에요. 아내가 변화될 것을 믿는 게 아니라 하나님이 아내를 통해 일하고 이루실 것을 믿었습니다.

누구든지 결혼생활은 처음 가는 길입니다. 재혼을 해도 그 사람과는 처음 가는 길이죠. 장애물을 만날 것이라 예상은 하지만 대비를 한다 한들 늘 뜻밖의 사건을 만나죠. 예측하지 못한 일과 시간에 굶주린 사자처럼 달려드는 결혼생활의 시험에는 무방비가 됩니다. 저희 부부는 성장 배경이 비슷한데도 힘들었어요. 부모 직업, 서울로 유학, 1대 신앙인입니다. 준비 안 된 채 목회자의 아내로 살아내려고 처연하게 자신과 교회, 하나님 앞에 섰는데요. 눈물이 마를 날이 없었어요. 그때마다 기도로 승부를 봤는데요. 백일 작정 기도를 열 번은 한 것 같습니다. 사랑해서 결혼하면 모든 것이 저절로 잘 될 것이라 생각했던 이상주의자가 아니었는데도 힘들었습니다.

아브라함의 인생 시험 세 번째 계단은 결혼생활인데요. 결혼은 해도, 안 해도 후회한다고 하잖아요. 넬슨 만델라는 남아공에서 27년간 구타와 고문, 감옥생활도 견뎠습니다. 40도가 넘는 아프리카 사막에서 강제 노역도 이겨냈지만 두 번이나 이혼했어요. 행복한 결혼생활만큼 힘들고 어려운 인생 시험이 있을까요?

결혼은 현실

마크 드리스콜(Mark Driscoll)과 그레이스 드리스콜(Grace Driscoll)은 『결혼은 현실이다』에서 결혼을 하면 열 가지 환상에 노출된다고 했는데요. 일곱 가지만 옮겨왔습니다. "첫 번째, '결혼만 하면 모든 문제가 문제가 아닌 게 될 것이다.'라고 생각하지만 현실은 결혼해도 모든 문제는 계속 쌓인다. 두 번째, 결혼하면 매일매일 달달한 연애를 하며 살 것이라 생각하지만 현실은 '사업 파트너'처럼 산다. 세 번째, 내 아내는 내가 어떻게 해도 '가정의 머리'로 나를 대할 것이라 기대하지만 책임감을 갖고 아내를 존중해야 '가정의 머리'가 된다. 네 번째, 내 남편은 평생 내가 존경할 만한 행동만 할 것이라 생각하지만 예수님을 날마다 바라봐야 남편을 존경할 수 있다. 다섯 번째, 금슬 좋은 부부는 결코 싸울 일이 없을 것 같지만 부부 싸움을 '잘' 할수록 결혼생활의 질이 높아진다. 여섯 번째, 결혼하는 순간 환상적인 성생활이 저절로 펼쳐질 것이라 기대하지만 부부에게 성(性)을 선물하신 하나님 뜻을 모르면 서로 재앙이다. 일곱 번째, 혼전에 있던 모든 일은 나만 조용히 하면 아무도 모를 거라 단정하지만 정리 안 된 과거사를 묻어 두면 두고두고 가정의 병이 된다."

결혼은 해도 후회하고 안 해도 후회한다는 말에 동의하지 않습니다. 안 하면 안 하는 것을 후회하는 것이지 결혼생활을 모르면서 후회한다고 할 수는 없어요. 결혼의 신비와 아름다움을 경험할 수도 없을뿐더러 노년에 홀로 외로운 다음 후회해도 때는 늦은 겁니다.

행복의 인과관계를 규명하기 위해 통계학자들이 독신자와 기혼자를 대상으로 그들이 느끼는 행복감의 진행 과정을 수년간 연구했는데요. 거의 전 연령층에서 결혼한 사람의 행복지수가 하지 않았거나 뒤늦은 사람의 행복지수보다 더 높게 나타났어요. 서로 비슷한 부부가 격차가 큰 부부보다 생활 만족지수가 더 높았죠. 결혼이 반드시 행복을 가져다 주지는 않더라도 적어도 건강을 향상시키고 수명을 연장시키는 데는 일조한다고 합니다.

'연애할 때는 안 그랬는데 배우자가 왜 이럴까?'라고 생각하면 지는 겁니다. 연애할 땐 그 사람을 어쭙잖게 알았지만 살을 맞대고 살다 보면 그가 누구인지 신랄하게 경험하죠. 연애할 땐 어느 정도 가면을 쓰게 되는데요. 신혼을 지나 결혼생활이 시작되면 가면이 벗겨질 때 혼란스러워요. 이게 현실인데 극단적 이상주의자는 초기에 결혼생활을 포기하고 이혼을 선택하기도 합니다. 결혼생활을 포기하는 것은 계약 위반이고 도피이면서 무서운 유혹이에요. 정면 대응해서 싸워야 하는데요. 싸워야 할 적은 배우자가 아닌 자신의 이상주의입니다. 그 사람은 원래 그런 사람이었어요. 이상을 깨고 현실감을 가지고 살아가려면 결혼에 대한 개념 설정부터 다르게 해야 하죠. 사랑하기 때문에 결혼하는 게 아니라 사랑하기 위해 결혼하는 겁니다. 배우자의 약점과 죄를 보는 관점이 구원받아야 가정이 유지됩니다. 이상주의자는 '결혼생활이 왜 이렇게 힘드냐?'라고 하지만 현실을 받아들이면 그런 것이 결혼생활이라는 것을 아는데요. 누구도 당신에게 결혼생활이 어렵지 않을 것이라 말한 적이 없었어요. 힘들 거라 했지만 들리지 않았던 거죠. 부모가 전쟁터 같은 결혼생활에서 책임감과 의무감으로 무장하고 숱한 일들을 이겨냈음에도 보지 못했던 거예요. 그것도 남의 일이었던 겁니다.

　결혼생활이 힘들어도 이겨낼 수 있는 비결은 현실을 냉혹하게 직시하는 것인데요. 서로를 향한 뜨거운 감정이 사그라지면 필요에 의한 '동업자' 관계로 발전합니다. 이상하게 생각할 게 아니라 동업자 관계를 잘 발전시키면 신뢰가 쌓이죠. 신뢰는 고수익을 보장합니다. 이렇게는 살 수 없다고 하지만 감정이란 놈은 믿을 게 못 됩니다. 좋았다가도 나빠지고 나빴다가도 좋아지기 때문이에요. 인생의 동반자가 동업자가 되면 더없이 좋습니다. 동업자로 잘 살아가다 보면 깊은 정과 사랑이 다시 피어오릅니다. 다음 단계의 결혼생활로 넘어가죠. 사업 파트너처럼 사는 것을 권하는 것이 아니라 동업자처럼이라도 살아야 한다는 말입니다. 죽어도 그렇게는 살 수 없다고 생각 할 때 '죽어도'의 수준이 죽음보단 낮습니다. 조정, 숙려, 회복, 치유 기간을 거치지 않고 포기하면 더 후회할 수도 있습니다.

사라의 선택

인터넷에 떠도는 블랙 유머를 퍼왔습니다.

　아내: "내가 신문이었다면, 언제나 당신 손안에 있을 수 있어 좋았을 텐데 말이야."
　남편: "나도 당신이 신문이었으면 좋겠어. 그럼 매일 새로운 게 왔을 텐데."

　질문: "아내의 생일을 가장 잘 기억할 수 있는 방법은 무엇입니까?"

답변: "한번 까먹는 겁니다. 그러면 아내가 두 번 다시 잊지 못하도록 무슨 짓이든 할 것입니다."

아들: "아빠, 결혼하는 순간까지 상대방 여성에 대해 전혀 모르고 결혼하는 나라가 있다는데 사실이야?"
아빠: "그건 어느 나라, 누구나 그렇단다."

세 번째 시험 '결혼생활'을 아브라함의 아내, 사라의 관점에서 보겠습니다.

"원하건대 그대는 나의 누이라 하라 그러면 내가 그대로 말미암아 안전하고 내 목숨이 그대로 말미암아 보존되리라 하니라"(창세기 12:13)

남편의 요구가 무엇을 의미하는지 알았기에 순종하기 쉽지 않았을 텐데요. 아무리 고대시대라지만 주종 관계도 아니고 아브라함이 해도 너무했죠.
창세기에서 부부 관계를 '돕는 배필'로 정의했는데요. 히브리어로 '에제르 케네그도'입니다. '그의 마주 봄과 같은 도움'이란 의미입니다. 도움은 마주 볼 때 가능한데요. 마주 본다는 것은 동등함을 말합니다. 창세기에서 부부 관계를 동등하게 설정했다면 아브라함이 사라에게 한 요구는 범죄입니다. 부부 관계가 동등이 아닌 상하 관계라 해도 이럴 수는 없는 겁니다. 아브라함이 사라에게 무엇을 말하고 어떤 요구를 할지 사라가 결정할 수는 없지만 어떻게 반응할지는 사라의 선택에 달린 건데요. 사라가 그 상황에서 침묵한 것을 보면 결혼생활에 대한 이상주의자가 아닌 게 분명합니다. 안 된다고 이럴 순 없다고 하지 않고 남편을 따릅니다. 사라가 저항했다면 그 가정은 두 번째 화살을 맞았을 거예요. 사라는 그 순간 자신의 과제에 집중했어요. 원망한다고 남편이 달라질 일도 아니에요. 화낸다고 얻을 것도 없어요. 그저 담담히 도살장에 끌려가는 어린 양처럼 그 길을 갑니다. 결혼생활이 무언지, 위기 속에서 어떻게 가정을 세워가야 하는지 사라에게 배우면 유익이 큽니다. 사라는 경건함과 침착함으로 남편보다 하나님께 집중하며 순종합니다.

과도한 이상주의, 건강하지 않은 가정환경에서의 성장, 조혼 부부는 위기에 더 쉽게 노출되는데요. 20대 초반에 연애하느라 이성에 매이면 사람 수업에 제한이 있게 됩니다. 지연된 다양한 경험은 호기심으로 자리하는데요. 관계의 편협함으로 남죠. 수많은 관계나 상황을 접하지 못하면 권태기가 올 때 쉬 지칩니다. 쉽게 이룬 건 쉽게 포기하죠. 인생 수업 중 경제, 건강, 직업, 상실보다 어려운 것이 사람이고 그 중에 제일은 배우자와 함께 사는 시험입니다.

백운교회 류정호 목사님은 며느릿감을 구할 때 큰 교회 목사의 딸이 아닌 작은 교회 목사의 딸을 구하며 찾았어요. 개척이란 고통을 통과하고 그 과정을 지켜본 가정에서 화목하게 자란 자매면 더 좋겠다고 했는데요. 기도대로 응답받았습니다. 이상주의자가 아닌 현실을 아는 며느릿감 구한 겁니다.

결혼생활에서 갈등은 선택이 아닌 필수인데요. 혼자서 잘 산다고 잘 살아지는 게 아니거든요. 소가 없으면 외양간은 깨끗하지만 소로 인하여 얻을 것은 없습니다. 결혼을 하지 않으면 편안하겠지만 잃을 것도 많아요. 배우자로 인해 힘든 일도 많겠지만 갈등을 통해 배우고 성숙해집니다. 배우자는 하나님이 인간에게 주신 최고의 선물이에요. 선물이 폭탄이 되지 않게 하려면 이상을 깨뜨리고 배우자를 있는 모습 그대로 받아들여야 합니다.

둘째 아이가 사춘기 때 엄마에게 불만이 컸어요. 아내는 요리를 잘하는데 그날따라 반찬이 좀 부실했어요. 애꿎은 식탁에서 사춘기임을 증명합니다.

"엄마, 반찬이 이게 뭐예요."
"네 아빤 지금까지 반찬 문제로 엄마에게 단 한 번도 말한 적이 없단다. 근데 엄마가 너한테 이런 말을 들어야 하겠니?"

엄마와 아들의 팽팽한 관계가 심각해질 수도 있다고 생각했어요. 번개 같은 속도로 개입했습니다.

"아들아! 아빤 요리사와 결혼한 게 아니란다."
"아, 네. 그러세요? 엄만 집 청소도 잘 안 하잖아요."

"아들아! 집 청소는 엄마가 매일 하거든. 네 방이나 좀 보고 그런 말을 해라."라고 말하고 싶었지만 꾹 참고 차분하고 부드럽게 작은 목소리로 말했습니다.

“아빠는 청소부와 결혼한 게 아니란다.”
“아니 그럼 엄마는 도대체 하는 일이 뭐예요?”

“엄마의 일상이 그렇단다. 종일 뭘 해도 안 해도 아무것도 달라질 게 없는 것이 엄마의 일이란다.”
“아빠는 맨날 엄마 편만 드세요? 요리도 안 하고 청소도 안 하고. 그럼 엄마는 하는 일이 도대체 뭐예요?”

계속 아내 편을 들면 안 될 것 같아 이쯤에서 아들에게 동조하듯 말합니다.
“그렇지? 네 생각도 그러냐?”

아들에게 윙크, 아내에겐 미소를 보냈어요.

식사를 마친 후 조용히 아들에게 예비 신랑 교육을 시켰습니다.

“아빠는 결혼 후, 단 한 번도 반찬 가지고 엄마에게 말한 적이 없단다. 청소와 관련된 말을 꺼낸 적도 없어. 엄마는 늘 엄마가 할 일을 알아서 하셨단다. 아빠는 엄마와 결혼했지 엄마의 기능과 결혼한 게 아니란다. 네가 결혼해서 아내에게 그렇게 말한다면 네 아내는 많이 속상해할 거야. 부족한 것을 고치기 위해 결혼하는 게 아니라 도와주고 보충하기 위해 결혼하는 거란다. 아빠는 단 한 번도 엄마를 고치려 한 적이 없단다. 하나님도 아직 못 고친 엄마를 아빠가 어떻게 할 수 있겠니? 배우자란 하나님이 주신 선물이기에 단지 감사함으로 받는 것이란다.

배우자에 대해 불만을 가지는 것은 하나님께 불경죄를 짓는 것이란다. 배우자를 고치려 하면 더 고장이 나서 평생 고장 난 배우자와 살 수도 있단다. 나의 배우자지만 너의 엄마라 쉽게 버리지도 못해. 감사함으로 받으면 버릴 것이 없단다.”

결혼은 하나님의 섭리 안에서 배우자를 선택하는 것으로 시작합니다. 서로의 언어, 습관, 의식, 인격에 어떻게 반응할지의 선택이 행복의 조건이죠. 만나고 서로에게 사랑의 감정이 익어서 결혼하는데요. 하나님이 짝지어 주셨다고 믿습니다. 살면서 무슨 일이 벌어지는지, 배우자가 어떤 사람으로 돌변할지 알 수 없지만, 그 사람을 주님으로 생각하고 반응하는 것은 서로의 몫입니다.

데드 포인트(Dead Point)

결혼생활을 마라톤에 비유하곤 하는데요. 달리다 보면 숨이 막혀 죽을 것 같은 때를 만납니다. 개인차가 크지만 골인 지점을 1km 정도 남겨두면 누구나 할 것 없이 숨이 막히고 가슴이 타들어 갑니다. 온몸이 조여들어 죽을 것 같은 고통에 포기하는 사람도 나오죠. 그래서 훈련 중의 훈련은 데드 포인트를 이겨내는 훈련입니다. 육체적인 한계만이 아닌 정신적인 한계도 넘어서야 하는데요. 데드 포인트를 넘어서면 어디선가 에너지가 보충되고 마음이 평안해지는데요. 경험한 사람에 의하면 날아가는 것 같다고 합니다. 이런 생명의 순간(living point)을 만난다면 기록 단축을 경험합니다.

행복한 결혼생활을 허무는 주범은 이상주의에 이어 죄악입니다. 죄가 가정을 흔드는 일이 없기를 바라지만 쉬운 일은 아니에요. 죄를 짓기 때문에 죄인이 아니라 죄인이기에 죄를 범하는 거예요. 모든 사람이 죄를 범하고 하나님의 영광으로부터 멀어지죠. 해서, 은혜 없이는 가정을 세울 수 없어요. 율법은 죄를 알게 하지만 은혜는 죄인을 치유합니다. 배우자 중 한 사람이 흔들리거나 타락해도 하나님의 은혜가 그 사람에게 임할 것을 믿어야 하죠. 십자가의 보혈로 죄인을 씻으시고 치유하실 것을 믿어야 합니다. 주님이 죽으신 것을 생각할 때 한 가정을 세우려면 한 사람이 죽어야 하고 그 '사점'을 통과하면 '살리는 가정'이 됩니다.

처녀가 아내가 되고, 아내가 어머니가 됩니다. 어머니가 사모가 되더니 희생으로 무장을 합니다. 아내는 대학에서 영문학을 전공하고 석사 과정까지 마치고 외국인 기업을 다니다가 자신의 꿈을 접으며 한마디 했습니다.

"한 사람 희생하고 세 사람 성공시키겠다."

교회에서 주님의 은혜를 설교하노라면 가정을 지키기 위해 사점을 지나는 분들의 눈물이 보입니다. 구석진 자리에 앉아 홀로 가정을 지키려 기도의 잔을 눈물로 채웁니다. 배우자로 인해 받은 상처와 앙금을 씻어 내기 위해 십자가 앞에 빚진 자로 섭니다. 십자가 앞에 서기 전엔 내가 피해자이지만 십자가 앞에 서면 내가 가해자가 됩니다. 해서, 은혜로 용서함 받은 구원이 나를 높이지만 십자가에 진 빚으로 인해 한없이 낮아집니다.

사라가 그 길을 갑니다. 자신을 죽여 남편을 살리려는 희생, 구원자의 길을 갔어요. 결혼생활에서 한쪽이 행복하다면 한쪽은 불행한 법인데요. 서로를 바라보며 서로의 행복을 위해 자신을 희생해야만 균형 잡힌 건강한 가정이 됩니다. 아브라함처럼 자기만 살자고 칼춤 추는 사람이라면 그 배우자는 죽을 맛일 테죠. 그 사람이 직원이면 발령을 내거나 부드러운 압력으로 떠나게 하면 되죠. 옆집 사람이면 이사하면 그만인데요. 가족이라면 난처합니다. 최악의 배우자이지만 자녀에게는 누구로도 대신할 수 없는 단 한 명의 어머니요 아버지입니다.

배우자를 떠나 다시 시작하고 싶지만 자식을 생각하지 않을 수 없어요. 책임감으로 무장해서 자식을 위해 자신을 희생하신 분과 '가족사진'이란 곡을 함께 듣고 싶습니다. 아브라함은 살고자 하고 사라는 죽으려 할 때 하나님이 사라와 그 가정을 살리셨어요. 고대시대에 왕이 한 여인을 간택해도 하루아침에 왕의 여자가 되지 않죠. 왕의 여인으로 준비시키는 시간이 필요했는데요. 사라가 아브라함을 떠난 날 왕이 사라를 취한 게 아니었어요. 그날이 가까이 다가오자 하나님이 개입하십니다.

"여호와께서 아브람의 아내 사래의 일로 바로와 그 집에 큰 재앙을 내리신지라"(창세기 12:17)

재앙의 원인을 알게 된 바로가 아브라함을 부르고 책망을 합니다.

“네가 어찌하여 나에게 이렇게 행하였느냐?”

“어찌하여 그를 네 아내라고 내게 말하지 아니하였느냐?”

“네가 어찌 그를 누이라 하여 내가 그를 데려다가 아내를 삼게 하였느냐?”

세 개의 질문이 쏟아내는데요. 하나님의 개입에 대한 두려움이 커 보입니다. “네 아내가 여기 있으니 이제 데려가라”라고 합니다. 바로가 사라와 그의 모든 소유를 보내죠. 결말은 나쁘지 않지만 과정에는 사라의 죽음에 이르는 희생이 있습니다. 결혼생활에서 사라가 넘은 첫 번째 ‘사점’입니다. 첫 번째라 함은 사점이 한 번으로 끝나지 않기 때문이에요. 사라가 가정과 배우자를 향한 죽음의 길을 선택하니 하나님이 사라를 살리시고 애굽 왕 바로가 죽을 뻔했다가 삽니다.

결혼 초기 남편의 불륜을 알고 이혼한 지 약 20년 된 자매와 상담했는데요. 자매는 지금 새로운 사람을 만나는 것이 두렵다고 하네요. 그렇다고 혼자 살고 싶지도 않다고 합니다. 영적인 상태를 점검하기 위해 질문을 했습니다.

“20년이 지난 지금, 남편의 불륜을 알았다면 그때처럼 이혼을 하겠습니까?”

“아닙니다. 한 번은 더 기도하고 남편에게 한 번은 기회를 주었을 것 같아요. 조정과 숙려의 기간을 거치지 않고 이혼한 것이 후회가 됩니다.”

배우자의 불륜을 인정하자는 말이 아니에요. 충분한 조정 기간과 회복 시간을 거치고 의사 결정을 해도 늦지 않습니다. 이 시간을 갖는 게 힘들다고 바로 내려놓으면 더 힘들어집니다. 다음에 다른 사점을 통과하기도 어렵습니다. 회복 과정을 거친다고 모든 가정이 회복되는 것은 아닌데요. 기회는 서로에게 주는 게 좋습니다. 후회가 덜 남거든요. 회복이 될 수도 있어요. 그것은 배우자에게만 주는 기회가 아니라 자신에게도 주는 기회입니다.

성서는 자신이 죽고 남편을 살리려는 사라의 죽음 결단을 행간에 담았어요. 세상 죄를 지고 가는 어린양의 모습을 사라에게서 봅니다. 예수님은 하나님이셨지만 인간으로 오셨어요. 하나님의 자기 포기와 희생은 닮으려 하지 않고 권리만 주장하는 죄인이 많은데요. 하나님은 내려오셨는데 인간은 올라가려 합니다. 사라는 결단하고 죽음의 자리로 내려갔습니다. 아브라함보다 사라가 먼저 인생 시험 세 번째 계단을 오릅니다. 아브라함은 한 게 없지만 사라가 오르니 함께 오른 셈입니다.

Q1 당신의 부모의 결혼 생활은 당신에게 어떤 영향을 미쳤다고 생각
하나요?

Q2 당신의 결혼 생활에서의 '사점'은 언제, 무엇이었고 어떻게 넘으셨
나요?

Q3 당신의 결혼생활에서 부부간의 친밀감을 위해 당신이 먼저 개선하
거나 노력해야 할 것은 무엇인가요?

Q4 아브라함의 '인생 시험 세 번째 계단'을 통해 배우고 적용할 것은
무엇인가요?

1 아브람이 애굽에서 그와 그의 아내와 모든 소유와 롯과 함께 네게브로 올라
   가니
2 아브람에게 가축과 은과 금이 풍부하였더라
3 그가 네게브에서부터 길을 떠나 벧엘에 이르며 벧엘과 아이 사이 곧 전에 장
   막 쳤던 곳에 이르니
4 그가 처음으로 제단을 쌓은 곳이라 그가 거기서 여호와의 이름을 불렀더라
5 아브람의 일행 롯도 양과 소와 장막이 있으므로
6 그 땅이 그들이 동거하기에 넉넉하지 못하였으니 이는 그들의 소유가 많아서
   동거할 수 없었음이니라
7 그러므로 아브람의 가축의 목자와 롯의 가축의 목자가 서로 다투고 또 가나
   안 사람과 브리스 사람도 그 땅에 거주하였는지라
8 아브람이 롯에게 이르되 우리는 한 친족이라 나나 너나 내 목자나 네 목자나
   서로 다투게 하지 말자
9 네 앞에 온 땅이 있지 아니하냐 나를 떠나가라 네가 좌하면 나는 우하고 네가
   우하면 나는 좌하리라

네 번째 계단

인간관계

4 Human Relationships
인간관계

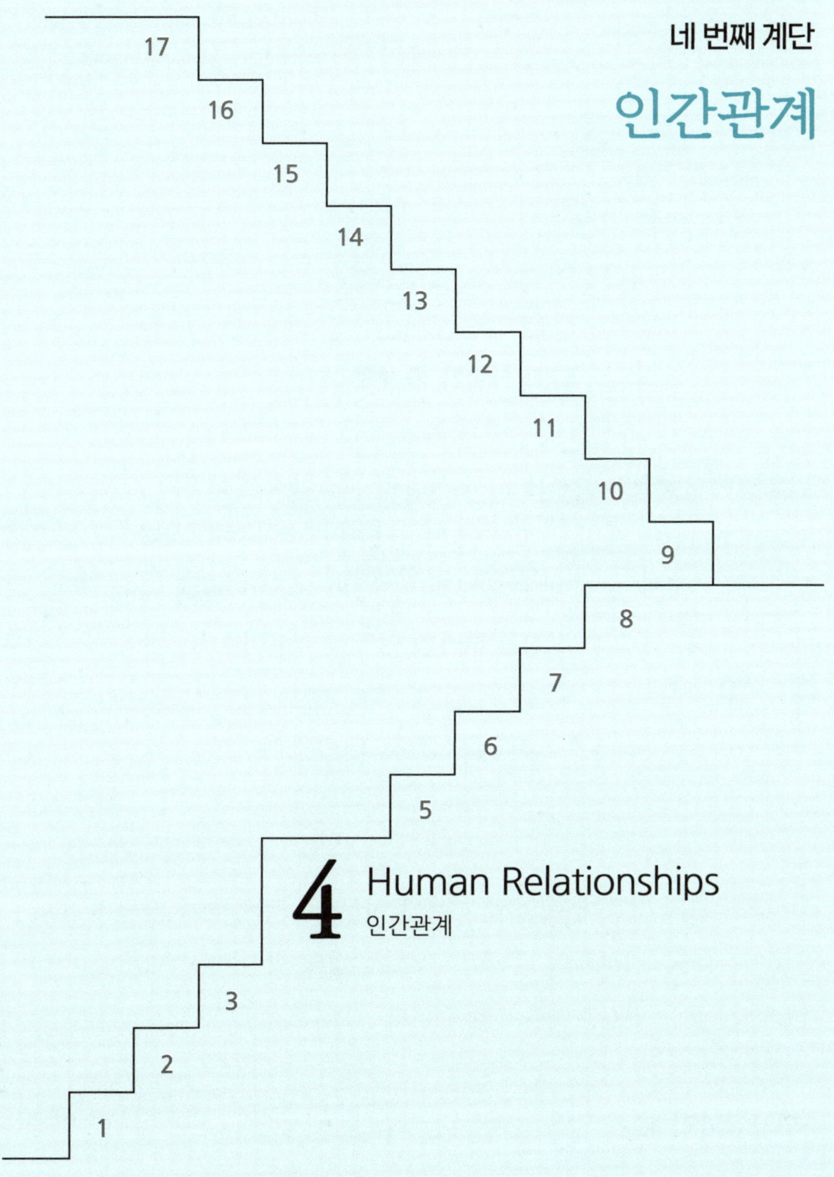

인간관계

“남과 사이가 좋지 못하거나
그 사람이 당신과 있는 것을 싫어하거나
당신이 옳은데도 그 사람이 동조하지 않으면,
그 사람이 책망 받을 것이 아니라 책망 받아야 할 사람은
바로 당신이다. 왜냐하면 당신이 그 사람에게
마음과 정성을 다하지 않았기 때문이다.”

톨스토이(Lev Nicolayevich Tolstoy)

미국의 카네기 공대 졸업생 가운데 성공한 사람들에게 성공의 비결을 물었는데요. 전문적인 지식이나 기술이라고 답한 사람은 15%, 나머지 85%는 좋은 인간관계라고 했습니다.

아브라함이 받은 시험 열일곱 가지를 두 과목으로 정리한다면 믿음

과 사랑이라고 말씀드렸는데요. 아브라함은 이제 네 번째 시험, 인간관계라 이름하는 계단 앞에 섰습니다. 인간관계의 시험은 사랑에 관한 시험으로 어떤 계단보다 높고 험합니다. 관계의 계단은 한 번 오른다고될 일이 아니라 계속 더 높고 험한 시험이 기다리는데요. 내용과 깊이를 달리하며 반복하죠. 개인에서 공동체, 공동체의 크기와 영향력이 갈수록 커집니다.

탈무드에서 "남을 이롭게 하는 것은 나를 이롭게 하는 밑거름이다."라고 했어요. 이롭게 하는 것도 수준의 차이가 큰데요. 몇 번 이롭게 하다가 포기하는 사람이 있는가 하면, 내 수준의 한계가 드러난 걸 알고 그릇을 키우기도 합니다. 그런가 하면 아예 관계를 끊는 사람도 있죠. 관계를끊기 전에 거리 두기를 먼저 생각해야 하는데요. 거리 두기를 위해서는관계의 갈등을 보는 관점이 구원받아야 합니다.

관계의 갈등과 관점

애굽에서 가까스로 살아남은 아브라함과 사라는 네게브로 갑니다.모든 소유를 싣고 롯과 함께 올라갔는데요. 그곳엔 은과 금이 풍부했어요. '풍부했다'라고 말하는 것이 뭔가 불길함의 예고편 같습니다. 이윽고 아브라함과 롯, 두 사람의 소유가 많아져서 동거할 수 없게 됩니다.

"그 땅이 그들이 동거하기에 넉넉하지 못하였으니 이는 그들의 소유가 많아서 동거할 수 없었음이니라 그러므로 아브람의 가축의 목자와 롯의 가축의 목자가 서로 다투고 또 가나안 사람과 브리스 사람도 그 땅에 거주하였는지라"(창세기 13:6~7)

행간을 읽어 볼까요? 첫째, "아브라함은 서로가 부유해질 때 롯과 동거할 수 없게 될 것을 예상하고 좋은 이별을 제안하더라." 둘째, "갈등을 예상했으나 어떤 조치도 취하지 않았더라."

아브라함의 경우는 두 번째, 예측 가능한 관계의 갈등에서 선제적 조치를 취하지 않았어요. 갈등은 풍요의 정오에서 먹잇감을 찾습니다. 외면하거나 회피한다고 될 게 아니죠. 애써 무시하면 작은 갈등도 커지기 일쑤인데요. 묻어 두면 흑암을 먹고 자라 크고 독한 놈이 되어 감당하기가 더 어렵습니다. 관계의 갈등을 다룰 능력이 부족하면 두 번째 화살을 맞는데요. 예측 방어 시스템을 갖춰야 합니다. 갈등이 없는 관계는 없어요. 예측하면 적어도 '그 사람이 내게 왜 이러지?'라기 보다는 '그럴 수도 있겠구나.'라고 반응하며 깊은 늪에 빠지지 않습니다. 갈등은 그 사람을 몰라서 오는 경우가 태반이에요. 그가 누구인지 알면 갈등할 필요도 없죠. 그는 내가 만나기 전부터 그런 사람이었어요. 그가 누구인지 알면 그 사람 때문에 걸려 넘어지지 않지요. 거리 두기를 하거나 부드러운 이별로 관계를 설정합니다.

인간관계에서 갈등은 누구도 피할 수 없는데요. 필연적인 관계일수록 관계의 갈등은 더 크고 깊습니다. 갈등은 가장 가까이에서 두 얼굴로 다가옵니다. 때문에 갈등에 대한 이해 부족은 더 큰 갈등을 야기합니다. 관계의 갈등을 풀어가는 기본은 갈등의 필연성을 이해하는 겁니다.

창세기의 첫 번째 전쟁에서 소돔 왕 연합군과 그돌라오멜 왕 연합군 간의 전쟁에서 소돔 왕 연합군이 패했어요. 소돔에는 롯이 살았고 아브라함은 롯의 가정이 포로로 끌려간다는 말을 들었죠. 일전에 롯은 소돔으로 이주하며 아브라함과의 관계를 무시하고 제 살길만을 찾아 삼촌에게 무례를 범했어요. 고대사회 관계의 질서를 생각할 때 롯은 삼촌에게 악을 행한 겁니다. 고향을 떠난 아브라함에게 아들 같은 조카 롯의 태도는 가볍게 넘길 일이 아니었죠. 아브라함은 롯에게 선택권을 주고 양보하는 아량을 베풀었어요.

아브라함에게 하나뿐인 조카 롯이 포로가 됐다는 소식이 들립니다. 통 큰 양보를 통해 롯과의 관계에서 첫 번째 시험을 이겼더니 같은 사람으로 인해 두 번째 시험이 찾아옵니다. 내게 무례를 범한 불편한 사람이 당한 고통을 보는 몇 가지 관점입니다.

첫 번째는 율법적인 관점인데요. '삼촌에게 잘못해서 벌 받았다.', '복의 모델 아브라함에게 잘못해서 벌 받았다.', '하나님의 종에게 잘못해서 벌 받았다.' 어디서 많이 들어봄직한 말인 것 같습니다. 율법적인 관점은 사람을 두 번 죽이는 데다 더 위험한 것은 자신이 율법자라는 것을 알기 어렵다는 거예요. 누군가 율법적인 사고의 위험을 말해 주어도 잘 듣지 않아요.

두 번째는 방관자 관점으로 '너는 네 길을 가고 나는 내 길을 간다.', '먼저 호의를 베풀었기에 할 만큼 했다.'라고 치부하는 겁니다. 무관심도 죄란 것을 인정하지 않아요.

세 번째는 운명론적인 관점으로 '어려움 당하는 사람은 다 이유가 있다. 세상에 우연은 없다.', '네 삶에 무슨 일이 생길지 하나님은 알고 계신다.' 이렇게 말하는 운명론자는 율법주의자와 손잡을 가능성이 대단히 높습니다. 인간은 정해진 운명대로 살아가는 게 아니라 믿음으로 미래를 열어갑니다.

네 번째는 교육자 관점으로 질문보다는 답을 내는 것을 좋아합니다. 매사에 가르치려 달려듭니다. '삼촌에게 잘못해서 그런거니 사과해라.', '다시는 그런 무례를 범치 말아라.'하며 가르쳐 들려고 해요.

다섯 번째는 구속의 관점으로 아버지 어머니의 마음으로 품는 거예요. 그럼에도 불구하고 저 사람을 어떻게 살릴 것인가를 먼저 고민합니다. 당장 살려놓고 봅니다.

"네 형제가 죄를 범하거든 가서 너와 그 사람과만 상대하여 권고하라 만일 들으면 네가 네 형제를 얻은 것이요 만일 듣지 않거든 한두 사람을 데리고 가서 두세 증인의 입으로 말마다 확증하게 하라 만일 그들의 말도 듣지 않거든 교회에 말하고 교회의 말도 듣지 않거든 이방인과 세리와 같이 여기라"(마태복음 18:15~17)

형제 중에 누군가 죄를 범했습니다. 교회로 치면 함께 신앙생활 하는 성도고 아브라함에게는 조카인데요. '1:3:10의 법칙'입니다. 형제 중에 죄를 범한 자를 알게 되면 발설해서는 안 됩니다. 일대일로 만나서 권면하고 그래도 안 되면 한두 사람, 셋이 가서 권하고 그래도 말을 듣지 않으면 목회자나 당회가 권면합니다. 당회의 권면도 듣지 않으면 치리를 해야 합니다. 치리의 목적은 공동체를 지키기 위함인데요. 누군가가 죄를 짓는 현장을 목격했다면 그 영혼을 살리라고 내게 먼저 보여 주신 것이라 해석해야 합니다. 하나님의 눈으로 죄인을 보고 회복을 도와야 하는데요. 이 과정을 거치지 않고 발설하면 그 사람을 죽이는 거예요. 용서와 치유가 필요하지 않은 사람은 없어요. 죄인, 불편한 사람, 무례한 사람을 보는 관점은 자신의 죄를 보고 인정하며 회개하는 관점의 구원으로 이어져야 합니다. 죄인도 아닌 단지 무례한 사람을 보는 관점이 닫혀 버리면 그 사람은 하나님이 쓰시기 어렵습니다. 롯을 보는 아브라함의 관점은 심판이 아닌 구원이었습니다.

방어기제와 분별력

관계를 맺기 전에 상대의 방어기제를 읽어내는 분별력은 중요한 능력인데요. 집착과 사랑도 분별하지 못하면 건강한 자아상을 소유하지 못했거나 어리석거나 둘 중 하나일 겁니다. 처음에는 모르지만 관계의 시간이 흐를수록 방어기제가 드러나는데요. 그 사람을 감당할 수 없으면 관계는 깨집니다. 지금 멀리하는 게 좋은데 상처받는 게 싫어서 더 상처받을 관계를 선택하는 자에게는 약이 없어요. 그가 정신 차리고 나면 이미 관계가 깨졌을 때인데요. 관계의 저울에 달아봤을 때 서로의 방어기제를 감당할 수 있으면 장기적인 관계를 맺습니다. 장기적인 관계 맺기를 위해선 먼저 자신과 타인의 방어기제를 파악해야 하는데요. 하버드 의대 정신과 교수 조지 E. 베일런트(George Eman Vaillant)는 연구대상 724명의 남자와 여자를 60년 이상 관찰했습니다. 세계에서 가장 장시간 진행된 성인 발달 연구로 심리적 방어기제를 크게는 자기중심적 방어(narcissistic), 미숙한 방어(immature), 신경증적 방어(neurotic), 성숙한 방어(mature)로 나눴습니다.

"너희는 이 세대를 본받지 말고 오직 마음을 새롭게 함으로 변화를 받아 하나님의 선하시고 기뻐하시고 온전하신 뜻이 무엇인지 분별하도록 하라"(로마서 12:2)

하나님의 선하심, 기쁨, 온전하신 뜻을 삶의 전 영역에서 분별하라고 하시는데요. 건강한 관계를 위해 분별력은 필수입니다. 먼저 주변을 봅니다. 당신 주변에 있는 사람의 일반적인 수준이 당신의 수준인데요. 누구에게 배우고 성장해야 할지 분별력을 발휘해야 합니다.

"범사에 헤아려 좋은 것을 취하고"(데살로니가전서 5:21)

바울은 데살로니가에 보내는 첫 번째 편지 제2장에서 '범사에 헤아리라.'라고 했는데요. 여기서 '헤아림'은 검사, 조사, 입증, 시험하라는 겁니다. 무턱대고 받아들일 일이 아니라 감당할 만한 사람인지 함께 할 사람인지 검증하고 시험해 보라고 하십니다.

상처가 큰 사람은 극단적인 냉소로 고립을 선택하든지 모든 사람과 잘 지내려고 과도하게 애를 쓰든지 합니다. 관계가 깊어질수록 숨겼던 상처가 서로를 찌르면 고슴도치처럼 감당할 수 없는 수준의 방어기제가 발동하는데요. 급기야 관계를 끊습니다. 상처 입혔다고 생각하기보다 상처받았다고 생각하겠지만 분명한 것은 상처가 더 깊어진다는 거예요. 사람에 대한 분별뿐 아니라 거리 두기의 간격에 관한 분별력도 함께 요구되는데요. 직장, 사업, 인생에서는 나름 거리 두기가 가능하겠지만 결혼 관계에서는 여러모로 복잡해집니다. 결혼생활에서 상처를 주고받는 게 일상이 될 때 누군가 먼저 거리를 두자고 하면 이혼으로 해석하는 상대가 많습니다. 해서 자신의 방어기제와 타인의 방어기제를 잘 관찰해야 하죠. 혼인을 결정하기 전에 감정적인 뜨거움만이 아닌 그 사람의 방어기제를 감당할 만한 수준인지는 냉정한 객관화 단계를 거쳐야 합니다.

교회에서 흔히 목격하는 경우는 한 분이 누군가를 전도했는데 서로의 방어기제를 모른 채 필요 이상으로 자주 만날 때입니다. 거리 두기가 필요한 만남으로 보여서 부드럽게 거리 두기를 권하지만 수용하는 경우를 보지 못했어요. 되레, '떨어지면 죽는다. 뭉쳐야 산다.'는 식으로 과도하게 가까이 지내죠. 결국에는 상처를 주고 서로를 원망하면서 공동체를 떠납니다. 성숙한 사람은 섣부르게 친밀한 관계를 맺지 않아요. 관계에 있어 우선돼야 할 것과 필수적으로 거쳐야 할 과정을 알기 때문에 방어기제가 드러나면 상대를 긍휼히 여기고 품습니다.

전도를 잘하는 사람을 보면 분별력의 수준이 높은데요. 예수님을 받아들일 마음의 준비가 된 사람인지 아닌지가 보입니다. 시간이 더 많이 필요한지, 가끔 만나야 할지, 부드럽지만 강력하게 초청해야 할 사람인지 분별하죠. 전도 리스트를 가지고 수시로 에너지를 집중할 사람을 찾아냅니다. 덜 익은 사람이라서 전도를 못 하는 게 아니라 안 한 겁니다. 막무가내로 복음을 전하고 억지로 교회 출석을 권하다가 먼지 지치는 자는 초보인데요. 마음의 상처를 받고 아예 전도를 포기합니다. 전도는 하나님께 영광이고 개인에게는 대인관계 지능을 키우는 지름길인데요. 감당할 수 없는 방어기제를 가진 자의 갈등을 지켜볼 뿐 도움을 드리기 어렵다는 게 목회 딜레마입니다.

"거룩한 것을 개에게 주지 말며 너희 진주를 돼지 앞에 던지지 말라
그들이 그것을 발로 밟고 돌이켜 너희를 찢어 상하게 할까 염려하라"
(마태복음 7:6)

돼지에게 진주는 단지 식사를 방해하는 돌일 뿐입니다. 사도 바울도
구리 세공업자 알렉산더는 멀리했습니다. 디모데에게도 그를 주의하라
고 당부했어요. 크게 네 가지 거리 두기를 해야 합니다.

멀리할 사람
가까이 할 사람
적절한 관계를 유지할 사람
친밀한 관계를 유지할 사람

거리 두기를 위한 설정을 했다면 관계의 종류에 따라 이해를 달리해
야 합니다. 필연적 관계의 갈등은 피할 수 없는데요. 관계의 상처 때문
에 사람을 피하면 그림자가 일생을 따라다니죠. 필연적인 관계의 건강
지수는 선택적 관계의 건강 지수에 유의미한 영향을 줍니다. 건강한 가
정에서 성장한 사람은 건강한 사람을 만난다는 뜻입니다.

선택한 관계는 선택에 대한 책임을 져야 하는데요. 책임 의식이 낮은
사람은 회피하려고만 하기 때문에 관계를 지속시키기 어려워요. 선택
에 대한 책임 의식은 인격입니다.

다음으로는 우연한 관계인데요. 우연한 관계를 하나님의 필연으로
이해하느냐 아니면 우연에 담긴 하나님의 섭리를 부정하느냐가 관계를
좌우합니다. 다만 우연으로 끝나야 하는 관계를 분별하는 영적인 섬세

함이 필요한데요. 우연적인 만남이 선택적인 관계로 발전할 때, 하나님의 섭리인지를 알기 위해선 신중함이 필요하기 때문입니다.

관계의 일곱 계단 오르기

앨버트 허버드(Elbert Hubbard)는 "설명하지 마라. 친구라면 설명할 필요가 없고 적이라면 어차피 당신을 믿으려 하지 않을 테니까"라고 말했습니다. 관계의 분별력을 키우려면 거리 두기의 기술이 필요합니다.

거리 두기의 기술은 관계인데요. 멀리해도 될 사람은 멀리하면 그만이지만 필연적인 관계나 끊을 수 없는 관계에는 기술이 필요합니다. 한번에 한 계단씩 긴 호흡으로 올라야 하죠. 관계의 일곱 계단은 오르다가 내려올 수 있는 게 아니라 잘못되면 와르르 무너지기 때문입니다.

첫 번째 계단은 '관계의 슬픔 머금기'인데요. 내가 섭섭하면 됩니다. 주님은 우리에게 "남에게 바라는 대로 해 주어라"라고 하셨죠. 주님 자신도 섬기기 위해 오셨다고 하셨어요. 나 홀로 슬프다고 생각하면 지치는데요. 주님의 십자가와 나를 향한 주님의 슬픔을 묵상하면 답이 보입니다. 반드시 웃을 날이 올 것을 믿고 타인보다는 내가 좀 섭섭한 편을 택하면 됩니다. 애통하는 자가 복된 것이 아니라 구원이 최고의 복이기에 복 받은 자는 애통함을 피하지 않습니다. 부친께서 임종할 때 남기신 말씀입니다.

"안 목사, 사람은 말이야. 아흔아홉 번 잘해주고 한 번 섭섭하게 하면 아흔아홉 번 베푼 호의는 다 잊고 한 번의 섭섭함만 기억하더라. 그래도 그것이 사람이려니 하고 호의를 베푸는 사람이 돼라. 너는 한 번 받은 호의를 백번으로 기억해라. 만사에 네가 좀 섭섭하면 된다."

엘리자베스 퀴블러 로스(Elizabeth Kubler Ross)는 『인생 수업』에서 "아직 죽지 않은 사람으로 살지 마십시오."라고 했어요. 탈무드에서는 "남을 이롭게 하는 것은 나를 이롭게 하는 밑거름이다."라고 합니다.

두 번째 계단은 질문인데요. 상대를 판단하지 말고 느낌을 전하는 질문을 하는 게 좋습니다. 스튜어트 다이아몬드(Stuart Diamond)는 『어떻게 원하는 것을 얻는가』에서 상대방의 잘못된 점을 지적하고 싶을 때는 단정적 어조를 활용하는 대신 스스로 생각할 수 있는 기회를 주라고 했는데요. 이유는 질문은 상대를 생각하게 만들기 때문입니다. 비난받기를 좋아하는 사람은 없어요. 삼촌에게 결례한 롯이라 할지라도 그래요. 이기적인 사람은 더 비판받기를 싫어하죠. 미워서 감정을 실어 나르면 되돌아오는 그의 무례함은 더 클 텐데요. 내 영혼이 상처를 입고 깊어지면 더러워집니다. 차분하고 친절하게 대한다고 그 사람이 날 쉽게 보는 게 아니에요. 울림이 더 크고 깁니다. 생각이 짧거나 생각의 힘이 약한 사람에게는 생각거리를 던져 주는 것만으로도 생각의 탄생이 일어납니다.

세 번째 계단은 강요가 아닌 부드러운 부탁인데요. 질문을 했는데도 깨닫지 못하면 부드러운 부탁을 하는 것으로 대신해야 합니다. 친구라 할지라도 부탁을 넘어 강요를 하면 관계가 소원해지죠. 부탁은 거절당해도 불쾌하지 않습니다. 거절당했다고 불쾌하다면 부탁이 아닌 강요입니다. 부탁하기 전에 준비해야 할 것은 상대에게 거절할 자유를 주고 자신은 거절당할 용기와 평정심을 잃지 않는 인격입니다.

네 번째 계단은 타이밍인데요. 상황, 기분을 고려하면 상대가 인격적인 대우를 받는다고 생각하게 되죠. 오랜 기다림 가운데 말을 열었다고 생각하면 묵직한 울림이 됩니다. 바른말도 타이밍이 적합하지 않으면 저항에 부딪히는데요. 유익한 말도 적합한 타이밍을 따라 강요가 아닌 부탁으로 접근해야 수용할 가능성이 높아집니다.

다섯 번째 계단은 일대일로 말하는 건데요. 관계를 끊을 수 없기에 때론 부드럽고 단호하게 원하는 것을 말해야 해요. 일대일이 좋습니다. 형이 잘못했어도 동생 앞에서는 피해야 합니다. 남편이 잘못해도 자식 앞에서는 절대 안 됩니다. 일대일로 해야 할 말을 소수 혹은 다수가 있을 때 하는 건 무식의 극치고 상대의 깊은 곳에 잠자는 악한 이리를 깨우는 꼴이에요.

여섯 번째 계단은 다양한 관계의 경험과 필요를 채워주는 건데요. 책으로 얻는 것은 지식이고 관계의 경험이 많을수록 지혜로 깊어지죠. 여섯 번째 계단에서 위험한 것은 관계의 상처 때문에 관계를 포기한 경우입니다. 관계를 끊어야 할 사람에게 끌려 다니는 건 어리석음인데요. 끊을 수 없는 관계를 단절하려 하면 상대는 독사처럼 물고 늘어집니다. 장기적이며 깊은 관계를 유지하지 못하고 새로운 만남을 적극적으로 찾아다니는 것도 방어기제지만 그저 피하기만 하는 것도 해결책은 아니에요. 새롭거나 약간 불편한 만남은 관계의 그릇을 넓힐 기회로 해석하면 좋습니다. 다양한 문화 체험이 사람을 성장하게 하는데요. 다양한 관계 체험은 성숙으로 인도합니다. 데일 카네기(Dale Carnegie)의 『인간관계론』에서는 관계의 지혜를 이렇게 묘사합니다.

"매년 여름 메인(Maine) 지역에서 낚시를 한다. 나는 개인적으로 딸기 빙수를 굉장히 좋아한다. 물고기는 지렁이를 좋아한다. 낚시 갈 때, 내가 좋아하는 것은 생각하지 않는다. 그저 물고기가 좋아하는 것만 생각한다. 낚싯바늘에 딸기 빙수를 미끼로 쓰는 일은 없다. 오히려, 지렁이나 메뚜기를 매달고 물고기가 물도록 드리우고선 '이 미끼가 먹고 싶지 않니? 어서 물어라.' 이렇게 말한다."

자신의 욕구만 주장하면 폭군, 타인의 욕구만 채워주면 바보, 자신의 욕구를 말하며 타인의 욕구도 채워주면 복의 모델인데요. 내가 얻는 유익보다 그가 얻는 유익이 크면 관계는 깊어집니다.

마지막 계단은 경청입니다. 관계의 분별력이 부족하면 인생 고수의 분별력을 빌려 오면 좋습니다. 관계의 진행 여부를 주님께 여쭙지만 특별한 경우를 제외하고는 침묵하세요. 선택의 자유를 주셨기 때문이에요. 전쟁에서 장군 곁에 책사를 두는 이유입니다. 급하면 서두르게 되고 이기고 싶은 간절함에 판단이 흐려지기 때문입니다. 방어기제를 걸러낼 인생 고수가 필요하죠. 한 번만, 한 분에게라도 더 여쭙는 것이 겸손이고 지혜입니다.

"하나님께서 나를 공평한 저울에 달아보시고 그가 나의 온전함을 아시기를 바라노라"(욥기 31:6)

세상의 관계의 기술과 성서적인 관계가 다른 것은 기술 이전에 마음의 동기입니다. 하나님은 자신의 유익을 구하기 위해 관계에서 사용하는 기술을 기뻐하지 않으세요. 아브라함이 롯에게 무엇인가를 기대하고 호의를 베풀지 않았어요. 그랬다면 그를 향한 인생 시험은 더 혹독했을 테죠. 아브라함은 마음의 그릇이 참 깨끗했어요. 누군가를 도와주기 전에 말씀의 저울에 마음의 동기를 달아봐야 해요. 동기의 순수함은 하나님의 마음이요 성결인데요. 행위가 이타적이어도 주님의 기쁨을 위한 순수한 동기가 없다면 주님은 그의 희생을 받지 않으세요. 제물이 흠 없고 온전해야 하듯이 우리 삶이 산 제물이 되려면 그리해야 합니다. 아브라함은 롯을 돕겠다는 의지적 결단 전에 하나님의 종으로 살아야 함을 알고 있었어요. 종은 대가를 바라지 않고 충성합니다. 불편한 사람도 평가하지 않고 사랑으로 대하면서 주인의 기쁨만 생각하죠. 호의를 베푸는 것에 대한 보상은 호의를 베푸는 삶 그 자체입니다. 관계는 사랑에 관한 시험이고 마음의 동기에 대한 시험을 이겨냈다면 관계의 그릇을 키워야 합니다.

사람을 담아내는 크기를 관계의 그릇이라 정의하는데요. 인생 시험은 늘 사람과 함께 옵니다. 때마다 관계의 그릇을 키울 기회로 읽을지 계단을 내려가 동굴에 숨을지는 자신의 선택이에요. 이기적이고 무례한 자와 거리 두기를 하는 것은 전염성 때문이죠. 주님도 바리새인, 서

기관, 율법주의자는 멀리하셨어요. 제자, 군중, 가난한 자, 다양한 관계에서 다양한 거리 두기를 했지만 긍휼히 여기는 마음은 잃지 않으셨어요. 롯을 넘고 나면 또 다른 롯을 만납니다. 소돔 왕도 만납니다. 뜨거운 날, 길 가는 나그네도 넘어야 해요. 계단 너머 계단입니다.

모든 사람이 원하는 것을 다 도와줄 수는 없어도 최선을 다할 수는 있어요. 도와주는 것이 그 사람에게 무익하다고 판단하면 절제해야겠죠. 작은 힘이라도 보탤 수 있다면 도와줘야 합니다. 한 번 양보하고 그 이후, 그 사람이 당한 고통을 보며 외면한다면 더 큰 사람으로 쓰임받기 어려워요. 도와주고자 하는 마음이 있어도 능력이 없다면 불가능하죠. 아브라함은 집에서 기른 318명의 사병이 있었어요. 하나님의 저울에 능력과 역량을 달아봅니다. 능력 없는 사람이 누군가를 살린다고 덤비면 다 죽어요. 오늘 누군가를 돕는 것이 결과가 아니고 능력을 키우는 과정임을 알아야 합니다. 우리 삶은 '얼마나 오래 사느냐?'의 문제가 아니라 '얼마나 사랑했느냐?'로 기억됩니다. 이것은 관계를 하나님 나라의 가치로 보는 거예요. 하나님 나라에는 소유가 아닌 나눔만 쌓입니다. 마지막 날은 들고 갈 수 없으니 가장 안전하고 확실한 하나님의 나라에 쌓는 거예요. 하나님의 저울에 사랑의 분량을 올려 보면 설렘과 두려움이 공존할 겁니다.

존 스토트(John R. W. Stott)는 『리더가 리더에게』에서 관계의 두 기둥을 말하는데요. 첫 번째 기둥은 "내가 예수님이 되어 예수님의 마음으로 모든 사람을 대할 것"이고 두 번째 기둥은 "그 사람을 예수님이라 생각하고 예수님처럼 대하는 것"이라고 합니다.

"네 앞에 온 땅이 있지 아니하냐 나를 떠나가라 네가 좌하면 나는 우하고 네가 우하면 나는 좌하리라"(창세기 13:9)

아브라함은 좋은 땅을 선택할 권리가 있었지만 롯에게 선택권을 양보했어요. 아브라함의 입장에선 양보를 넘어선 권리포기와 다름없었죠. 선택권 포기는 하나님에 대한 절대 믿음이 있을 때 가능한데요. 무엇을 하든지, 어디를 가든지 하나님이 함께 하신다면 그것이 복이라는 믿음입니다. 아무리 잘해줘도 갈 사람은 가고, 아무것도 안 해 줘도 남을 사람은 남죠. 자기 옳음을 주장하고 떠난 사람을 향한 최고의 선물은 주님 안에서 그를 넘어서는 건데요. 배반의 장미를 씹으며 복수의 칼을 가는 것은 영혼에 해롭습니다. 떠난 사람을 마음에 두지 말고 함께하는 사람에게 마음을 내주면 됩니다.

"즐거워하는 자들과 함께 즐거워하고 우는 자들과 함께 울라"(로마서 12:15)

관계의 시험은 살아있는 동안 끝나지 않습니다. 살려주었더니 보따리 찾아내란 사람에게 섭섭해 하면 복의 모델이 되긴 아직 멀었어요. 관계의 시험은 양보나 사랑 이후 더 크게 찾아옵니다. 그 또한 시험입니다.

Q1 당신의 방어기제는 무엇이고 당신이 감당할 만한 방어기제는 누구
   의 무엇까지인가요?

Q2 거리 두기를 하거나 만나지 말아야 할 사람은 누구인가요?(별명이
   나 애칭을 적어주세요)

   1.   2.   3.   4.

Q3 관계의 깊이를 더하고 친근한 관계를 유지할 사람은 누구인가요?

   1.   2.   3.   4.

Q4 친근한 관계를 유지할 사람에게 함께할 시간, 나눌 선물, 그를 위
해 봉사할 것은 무엇이고 어떻게 적용할지 구체적으로 적어 주세
요.

1.

2.

3.

Q5 건강하고 장기적인 관계를 위해 버려야 할 것은 무엇인가요?

1.

2.

3.

17 아브람이 그돌라오멜과 그와 함께 한 왕들을 쳐부수고 돌아올 때에 소돔 왕이 사웨 골짜기 곧 왕의 골짜기로 나와 그를 영접하였고

18 살렘 왕 멜기세덱이 떡과 포도주를 가지고 나왔으니 그는 지극히 높으신 하나님의 제사장이었더라

19 그가 아브람에게 축복하여 이르되 천지의 주재이시요 지극히 높으신 하나님이여 아브람에게 복을 주옵소서

20 너희 대적을 네 손에 붙이신 지극히 높으신 하나님을 찬송할지로다 하매 아브람이 그 얻은 것에서 십분의 일을 멜기세덱에게 주었더라

21 소돔 왕이 아브람에게 이르되 사람은 내게 보내고 물품은 네가 가지라

22 아브람이 소돔 왕에게 이르되 천지의 주재이시요 지극히 높으신 하나님 여호와께 내가 손을 들어 맹세하노니

23 네 말이 내가 아브람으로 치부하게 하였다 할까 하여 네게 속한 것은 실 한 오라기나 들메끈 한 가닥도 내가 가지지 아니하리라

24 오직 젊은이들이 먹은 것과 나와 동행한 아넬과 에스골과 마므레의 분깃을 제할지니 그들이 그 분깃을 가질 것이니라

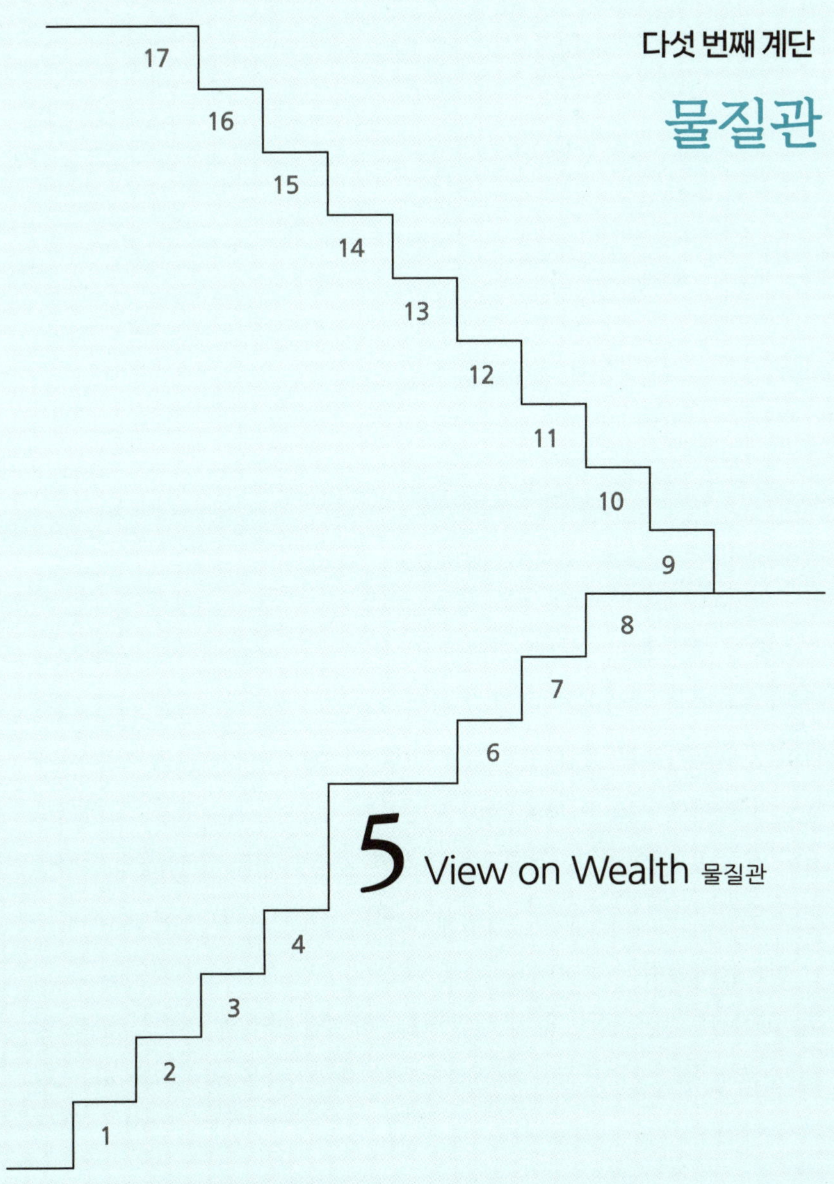

다섯 번째 계단
물질관
5 View on Wealth 물질관
1
2
3
4
6
7
8
9
10
11
12
13
14
15
16
17

물질관

"지갑이 구원받아야 진짜 구원받은 것이다."

요한 웨슬레(John Wesley)

중학생 때 서울로 전학을 갔는데요. 부모님은 서울에 사는 둘째 누님과 약속하기를 매형에게 소정의 사업자금을 지원하는 대신 저를 대학까지 공부시키기로 했답니다. 그런데 몇 개월이 지나지 않아 매형의 사업장이 파산했어요. 이사를 하고 단칸방에 4인이 자야 했죠. 고향으로 전학 갈 수도 없었어요. 등록금은 밀리기 일쑤였고요. 누님에게 말하면 돈이 없다고 미안해하셨죠. 어머니께 전화하면 지원할 만큼 했으니 누님에게 요청하라고 하셨어요. 저를 책임져야 할 사람은 저뿐이었죠. 이후, 비상금이 바닥나지 않게 살았어요. 하지만 죽음에 이르는 병을 앓고 나선 돈을 보는 관점이 바뀌었습니다. 돈은 모을 일이 아니라 쓰라고 주어진 것으로 이해합니다. 나, 타인, 공동체를 위해 남김없이, 아낌

없이, 후회없이 쓰려고 하는데요. 내 이름이 아닌 주님의 이름으로 써야 합니다.

성경은 돈을 사랑함이 일만 악의 뿌리가 된다고 말씀하는데요. 돈 자체를 죄악시한 게 아니라 물질이 하나님보다 우선할 수 없다는 것을 강조하는 말이죠. 가난을 부끄러워할 필요는 없지만 자랑스럽게 여길 것도 아닙니다. 물질로 시험을 받아 본 사람이라면 가난보다 풍요로 인한 시험이 더 무서운 것을 알죠. 돈의 속성은 다가가면 도망가고 무시하면 화를 냅니다. 태양에 가까이 가면 뜨거운 열기로 죽고 멀어지면 얼어 죽습니다. 적절한 거리를 유지하는 게 중요한데요. 돈은 물물교환의 갈등과 편차를 줄이기 위해 발명했지만 본래 실체는 없습니다. 노년에 손 벌리지 않고 살 만큼이면 자족하겠지만 이 또한 쉬운 일이 아니에요. 욕심을 부린다고 될 일도 아니기에 잘못 쫓다가는 되레 고통이 큽니다. 먹기 위해 나는 갈매기와 날기 위해 먹는 갈매기의 날개 짓은 같지만 질은 다른데요. 먹기 위해 나는 갈매기는 일을 하지만 날기 위해 먹는 갈매기의 인생은 놀이요 소풍입니다. 인생 시험 다섯 번째 계단, 물질관에 섰는데요. 물질관은 노동과 직접적인 관계를 갖습니다.

너무나 당연한 십일조

아브라함과 롯의 소유가 많아져 서로의 목자가 다투었어요. 아브라함은 목초지 선택권을 롯에게 주어 먼저 땅을 선택하도록 양보했죠. 그런데 롯이 선택한 소돔 지역에 전쟁이 나서 가족 공동체가 포로로 잡혀간다는 소식을 듣습니다. 이에 아브라함은 사병 318명을 데리고 롯을 구하기 위해 출격을 하죠. 승리한 연합군의 후미를 개인의 사병이 친다는 것은 누가 봐도 무모한 짓인데요. 머뭇거림 없이 추격을 한 끝에 작전명 '조카 롯 구하기'는 대승을 거둡니다. 아브라함이 롯을 구하고 포로와 전리품을 챙겨서 돌아오는 길에 뜬금없이 멜기세덱이 등장하는데요. 소돔 왕이 궁을 나와 아브라함을 환영하기도 전에 멜기세덱을 먼저 만납니다.

"살렘 왕 멜기세덱이 떡과 포도주를 가지고 나왔으니 그는 지극히 높으신 하나님의 제사장이었더라 그가 아브람에게 축복하여 이르되 천지의 주재이시요 지극히 높으신 하나님이여 아브람에게 복을 주옵소서 너희 대적을 네 손에 붙이신 지극히 높으신 하나님을 찬송할지로다 하매 아브람이 그 얻은 것에서 십분의 일을 멜기세덱에게 주었더라"(창세기 14:18~20)

성경에서 생소한 등장인물을 소개할 때는 족보, 아버지, 출신 지역 중 하나 정도는 알리는데요. 멜기세덱에 대해서는 침묵합니다. 별 의미 없는 사람이든지 설명이 필요 없든지 둘 중 하나일 텐데 흔하지 않습니다. 그가 '떡과 포도주'를 가지고 나왔다고 하는데 승전 선물 치고는 좀 약소해 보이네요. 승전 축하품이 아니라면 뭘까요? 왜 이걸 가지고 나온 걸까요? 떡과 포도주가 함께 등장하면 바로 연상 되는 게 성만찬입니다. 멜기세덱의 일화를 '승전 감사 제사'로 가설을 세우고 해석에 들어가면 몇 가지 의문이 풀립니다. 살렘 왕은 우리말로 '평강의 왕'이고 그는 지극히 높으신 하나님의 제사장이라 했어요. 게다가 제사장의 손에 떡과 포도주가 들렸으면 제사가 확실합니다. 그런데 그 제사장이 '지극히 높으신 제사장'이랍니다. 평강의 왕이요 지극히 높으신 제사장은 예수님 한 분뿐이에요. 예수님은 태초부터 계셨기에 아브라함 시대에도 일하셨습니다. 십자가를 지기 위해 인간의 몸을 입고 이 땅에 오시기 전에 어떤 일도 하지 않으셨을 리가 없어요. 아브라함에게 나타나지 못할 이유가 없습니다. 고대 어떤 자료에도 살렘 왕국은 존재하지 않습니다. 구약에서 등장하는 살렘 왕은 여기가 처음이자 마지막이에요. 그분이 예수님이라 해도 반론을 제기하기는 어려울 것으로 보입니다.

그분은 아브라함에게 복을 빌어 줍니다. "천지의 주재이시요 지극히 높으신 하나님이여 아브람에게 복을 주옵소서." 일반적인 인사를 마치고 아브라함에게 찾아오신 의도를 펼칩니다.

"너희 대적을 네 손에 붙이신 지극히 높으신 하나님을 찬송할지로다 하매 아브람이 그 얻은 것에서 십분의 일을 멜기세덱에게 주었더라"(창세기 14:20)

"너희 대적을 네 손에 붙이신 지극히 높으신 하나님을 찬송할지로다."라는 말씀이 너는 승리에 취하지 말라는 말씀으로 들립니다. 소돔 왕을 만나기 전에 하나님께 먼저 영광을 돌리라는 가르침으로 해석되는데요. 이때 아브라함은 멜기세덱에게 어떻게 하는 게 지극히 높으신 하나님을 찬송하는 건지 묻지 않았어요. 얻은 것에서 십분의 일을 멜기세덱에게 드리죠. 지체하지 않고 십일조를 드리는 것을 보면 십일조를 처음 드린 사람 같지 않아요. 하나님을 찬송하라고 할 때 입술로 찬양을 드린 게 아니라 십일조를 드렸어요. 승전의 영광을 하나님께 올려

드리는 제물이 십일조였어요. 아브라함은 어떻게 해야 할지를 알았고 행했던 사람입니다.

"십일조는 구약의 제도이니 지금은 하지 않아도 된다."

과연 그럴까요? 십일조를 강조하지 않겠다는 교회도 봤어요. 십일조가 수입의 10퍼센트인 것은 분명하지만 중요한 것은 '열의 하나'가 아니라 '첫 것'입니다. 시간의 우선순위는 주일성수이고 물질의 우선순위는 십일조예요. 첫 단추를 잘못 잠그면 다 풀어서 처음부터 다시 채워야 하듯이 하나님과의 관계에서 물질은 우선순위죠. 하나님께는 우리의 약간이든 모든 것이든 필요치 않으세요. 모든 것이 하나님의 것일 따름입니다. 십일조가 정액이 아닌 이유는 분배의 정의를 위해서입니다.

52일 만에 예루살렘 성벽을 재건한 느헤미야는 지도자와 백성에게 서명 날인을 받습니다. 이방인과 통혼을 하지 않고, 안식일과 안식년을 지키며, 세겔의 삼분의 일을 수납해 하나님의 전을 위해 쓰게 하죠. 진설병, 소제, 번제, 안식일과 초하루와 정한 절기에 쓸 것, 성물을 하나님의 전의 모든 일을 위하여 쓰게 했어요. 정한 시기에 나무를 하나님의 전에 바치게 했어요. 해마다 토지소산의 맏물과 각종 과목의 첫 열매를 여호와의 전에 드리기로 언약했죠. 또 맏아들, 가축의 처음 난 것, 소와 양의 처음 난 것을 율법에 기록된 대로 하나님의 전으로 가져갔어요. 하나님의 전에서 섬기는 제사장에게 드리게 했어요. 처음 익은 밀의 가루, 거제물, 각종 과목의 열매와 새 포도주, 기름을 제사장에게로 가져갔죠. 하나님의 전의 여러 방에 두고 또 산물의 십일조를 레위 사람에게 주리라고 친필 사인을 하게 했습니다.

70여 년 전, 성전이 불타고 성벽이 무너졌어요. 성전에 레위인과 제사장은 떠나고 풀만 무성했어요. 교회가 완전하지 않아도 교회는 교회입니다. 교회 마당에 풀이 나고 목회자가 떠나는 일은 없어야 해요. 그 많은 물질과 제물을 드리게 하면서 반복해서 등장하는 것은 '하나님의 전'을 위한다는 필연적 이유입니다.

하나님이 교회를 만드셨고 교회의 존립을 위해 십일조를 허락하셨어요. 하나님은 우리가 드리는 십일조 보다 우리의 중심을 먼저 보시는데요. 십일조 신앙은 모든 물질과 소유가 하나님의 것임을 고백하는 겁니다. 나머지 것도 하나님의 것임을 인정하는 게 십일조 헌금이죠. 십일조는 인생의 주인, 물질의 주인이 하나님이시란 고백이고 주님을 사랑한다는 신앙고백입니다.

아이들이 어릴 때 세뱃돈을 좀 과하게 받았어요. 성도들이 가난한 개척교회 목사를 향한 배려를 아이들 세뱃돈에 담으셨죠. 총액이 백만 원이 넘었어요. 절반은 어려운 이웃을 위해 쓰자고 했더니 아까워 죽는 표정을 지었어요. 마지못해 가져와서 식탁에 던지며 "십일조는 그쪽에서 떼세요."라고 합니다. 귀여워서 수용하려 했더니 성령께서 세미한 소리로 말씀합니다.

"어릴 때 세뱃돈의 십일조도 아까워하면, 노동의 십일조를 어떻게 드리겠니?"

설득해서 자기 몫에서 십일조를 드리게 했어요. 한 걸음 더 들어가서 연 수입이 1억을 넘으면 하나님께 30%를 드리자고 했다니 싫다고 합니다.

"네가 연 3천만 원 벌어서 십일조 드리고 사는 삶을 위해 아빠가 기도할까? 1억 이상 벌어서 십삼조 드리는 삶을 위해 기도할까?"

애들은 후자를 선택했습니다. 최근 직장생활을 하는 딸의 고백입니다.

"아빠! 십일조를 드릴 때 제일 좋은 것은 내가 열심히 일해서 번 돈이지만 '하나님이 내게 주신 것이구나!' 매달 생각하게 돼서 더 좋아요."

십일조에 대해 약간이라도 불편하거나 억울한 맘을 품은 분이 계시다면 여쭙겠습니다.

"천지 만물을 누가 만들었나요?"
"자원해서 십일조를 드린다면 그 사람을 하나님이 기뻐하지 않으실까요?"
"수입의 90%를 드린 사람도 봤는데 그 사람이 잘못된 걸까요? 90%를 드리고도 넉넉히 살 정도라면 얼마나 큰 복을 받은 걸까요?"
"매월 십일조를 아까워하는 사람에게 하나님도 사람도 매력을 느낄까요?"

"모든 걸 주시고 십일조를 요구하시는 이유가 뭐라고 생각하세요?"

"하나님께 십일조를 드리면 누구에게 유익할까요?"

하나님은 우리를 통해 영광 받기를 원하십니다. 찬송도 하나님을 높이는 것이므로 예배이고 십일조도 예배예요. 멜기세덱이 하나님을 찬송하라고 했을 때 아브라함은 지체 없이 십일조를 드렸는데요. 십일조가 하나님께 영광을 돌린다는 것을 알았기 때문입니다. 말라기에서 십일조로 하나님을 시험하라고 하셨는데요. 문맥과 정황을 보면 십일조라도 하면서 나를 사랑한다고 말하라는 메시지예요. 선지자가 회개를 촉구할 때 그 시대 백성은 하나님을 사랑한다고 생각했습니다. 그렇다면, 사랑한다면, 십일조라도 하라고 하셨어요. 30년 넘는 목회를 했지만 십일조를 아까워하는 사람 중에 복 받은 사람을 아직 보지 못했습니다.

거절할 용기

멜기세덱에게 십일조를 드리는 것으로 물질에 관한 시험이 끝난 게 아니었어요. 두 번째 훈련 조교가 등장합니다. 아브라함은 소돔 왕이 빼앗긴 모든 것을 되찾아서 돌아왔죠. 그가 아브라함 일행을 환영하기 위해 사웨 벌판까지 나왔어요. 사웨는 왕의 벌판인데요. 왕이 궁을 떠나 여기까지 나온 것은 이례적으로 보입니다. 의전 수칙에도 격이 맞지 않아요. 그런데 딱 거기까지였어요.

"소돔 왕이 아브람에게 이르되 사람은 내게 보내고 물품은 네가 가지라"(창세기 14:21)

다섯 번째 물질관에 관한 시험이 복잡한 이유는 복합적이기 때문인데요. 물질관만이 아니라 관계, 법, 정의, 양심에 관한 시험까지 포함합니다. 물품은 가지라고 해서 얼핏 큰 선심 같지만 위장된 제안이었어요.

전쟁에서 승리한 아브라함이 포로와 전리품을 갖는 것은 당연했는데요. 고대 함무라비 법전에도 사람을 포함한 전리품은 승자의 몫이었어요. 소돔 왕이 물품만 가지라고 한 것은 호의가 아니라 권한 침해이며 불법인데요. 하나님이 복의 근원이라 믿지만 이 상황에서 소돔 왕의 제안이 유쾌할 리 없습니다. 목숨을 건 전투로 심신이 지쳤고 함께한 318명에게 보상도 해야 했죠. 함께했던 사람을 이해시키는 것은 차치하더라도 소돔 왕이 아브라함에게 선을 넘은 겁니다. 그러나 상황과 사람에 따라 아브라함은 지혜롭게 대처했어요.

가지면 안 될 것, 가져도 되고 안 가져도 될 것, 가져도 되는 것, 반드시 가져야만 할 것에 대한 분별력은 중요한 덕목인데요. 가져도 되고 안 가져도 되는 건 안 가지면 되죠. 안 가져도 하나님이 복의 근원이라 믿는다면 힘들지 않아요. 정당한 자기 몫을 가지지 못하면 마음이 상하고 후유증이 제법 오래가잖아요? 상대가 권한을 침해했기 때문이죠. 이럴 때 참는다면 세상은 바보라고 합니다. '복의 근원은 하나님'이란 믿음으로 이겨내면 복의 모델이 됩니다. 법적으로 내 것이라 하더라도 소돔 왕 같은 사람을 만나면 받지 않는 게 좋습니다. 그래도 하나님의 사람에게 하나님은 때가 차매 복을 위임하십니다.

"네 말이 내가 아브람으로 치부하게 하였다 할까 하여 네게 속한 것
은 실 한 오라기나 들메끈 한 가닥도 내가 가지지 아니하리라"(창세기
14:23)

그가 가지라고 제안한 물품도 받지 않았어요. "당신으로 인해 내가 복
을 받았다."라는 말을 듣고 싶지 않다고 했죠. 화법을 보면 부드러움에
단호함을 담았는데요. "네 것은 실 한 오라기도 가지지 않겠다."라는 말
은 그 순간에도 하나님의 백성으로서의 당당함과 품격이 보입니다. 물
품을 거절한 게 아니라 소돔 왕과 거리를 둔 거예요. 소돔 왕과 평생을
얽히는 것보다 물질을 취하지 않고 자유를 택했어요. 아브라함은 그의
욕심 가득한 마음과 의도를 읽은 겁니다. 그날 하나님께서 소돔왕의 제
안을 받지 말라고 하진 않으셨어요. 그는 마음의 소리를 듣고 불편하거
나 꺼림칙한 물질을 탐내지 않았죠. 아브라함은 복 받을 것을 믿었어요.
그 전리품을 받지 않아도 복 받을 것을 믿었으니 가능한 일이에요. 믿음
을 보여야 할 때 필요한 것은 호기가 아닌 용기입니다.

하나님의 품에, 하나님의 손안에, 복의 주권이 하나님께 있다는 믿음
이면 통 큰 양보는 그리 어려운 일이 아닌데요. 이번 시험의 출제자는
하나님이고 도구는 소돔 왕이라 이해하면 충분합니다. 인생 시험, 수많
은 제안을 받지요. 이런 상황에서 분별력을 키우려면 첫째, 먹어도 되
는 것이지만 잘못 먹으면 토해내야 한다는 것을 생각합니다. 둘째, 영
적인 선배에게 질문을 내고 조언을 경청하는 과정을 거칩니다. 셋째,
그럴 시간 없이 훅 들어온 제안이라면 '세미한 음성, 들리지 않는 양심
의 소리'를 듣습니다. 넷째, 공짜 점심은 없다는 것을 기억하고 단호하

게 거절합니다. 다섯째, 물질이든 기회든 내 눈앞까지 왔다면 의심합니다. 똑똑하고 지혜로운 다른 사람이 잡지 않았기에 내 앞에까지 온 겁니다. 매력 없는 제안이에요. 마지막으로 하나님이 주실 복이면 내가 거절해도 언젠가는 더 아름답게 주실 것을 믿으면 됩니다.

매월 목회비를 개인적으로 후원하겠다는 분도 계셨는데요. 분별력이 필요합니다. 온전한 십일조를 하지 않고 이런 호의를 베푸는 분은 위험한 분이에요. 온전한 십일조를 하는 분의 제안이라도 거절하는 게 좋습니다. 성숙한 사람은 리더에게 정규적으로 쥐약을 먹이지 않죠. 특별한 의도가 없다고 말하는 게 특별한 의도가 있는 것이에요. 주님의 몸 된 교회에는 지분이란 게 없지만, 그 사람이 임직 후보자로 약간 미흡하면 난처해집니다. 제한적인 경험이지만 이런 분은 보편적으로 공동체와의 관계가 원만하지 못합니다. 깊은 곳에는 특별한 관심을 받기 원하는 속내를 숨겼을 가능성이 큽니다. 비정규적인 후원이나 선물과 호의는 나쁘지 않지만 받을 때 압니다. 마음이 불편하다면 부드럽게 거절하는 게 좋습니다. 호의를 베푸는 사람의 동기가 선하지 않으면 훗날 탈이 나죠. 반복하지만 공짜 점심은 없습니다. 아름다운 후원은 받을 때 감사와 기쁨이 넘칩니다.

구원받은 물질관

그 사람이 어떤 사람인지 알아보려면 돈과 명예를 맡겨보면 됩니다. 헬렌 켈러(Helen Keller)는 대학 총장이 된다면 '보는 법'을 필수과목에 넣겠다고 했어요. 달라스 윌라드(Dallas Albert Willard)는 죄악으로부터 구원받은 그리스도인에게 두 번째 구원이 필요한데 '관점의 구원'이라 했죠. 마르틴 루터(Martin Luther)는 세 가지 구원이 필요하다고 했는데요. 생각, 마음, 지갑이라 했습니다. 소위 영적인 사람은 영성을 말하며 물질관에 대한 언급을 피하려 하지만 이분법적인 사고에 매몰되어 물질을 속된 것으로 보기 때문이에요. 성서는 돈이 일만 악의 뿌리라고 했어요. 부자는 구원받지 못한다고 했지만 성경을 통으로 봐야 합니다. 돈보다 하나님을 더 사랑하고 돈을 쌓아두는 지점을 지적한 거예요. 물질관이 구원받지 못한 부자에 대한 경고입니다.

아브라함은 인생 시험 다섯 번째 계단을 단숨에 오릅니다. 소돔 왕의 제안을 듣고 그의 마음을 바로 읽어냈죠. 아브라함이 소돔 왕에게 전리품도 내 것이고 사람도 내 것이라고 한다고 해서 얻을 수 있는 것은 없어 보여요. 법을 말하고 싶지만 자신이 법이라고 생각하는 사람에겐 법도 소용없습니다. 돈은 모으는 게 아니라 모이는 겁니다. 돈을 모으려하면 사람도 돈도 잃지요. 돈 때문에 사람을 잃으면 하나님께로부터 멀어집니다. 사람보다 돈을 더 귀하게 여기는 자는 하나님을 사랑하는 게 아닙니다.

"내가 또 다윗의 집의 열쇠를 그의 어깨에 두리니 그가 열면 닫을 자가 없겠고 닫으면 열 자가 없으리라"(이사야 22:22)

하나님이 열면 닫을 자가 없고 하나님이 닫으시면 열 자가 없다는 것은 모든 것의 주권이 하나님께 있다는 말씀인데요. 물질이 생길 때마다 하나님의 목적을 생각합니다. 주권을 하나님께 두는 자는 돈을 흘려보내죠. 모든 돈은 생명이 있기에 사람이 주인 노릇하면 저항에 부딪힙니다. 하나님의 목적을 망각한 채 묶어두고 강제하면 돈이 관리인을 물어뜯지요. 성경을 쓴 사람을 저자라 하지 않고 기록자라 부르는 것과 같은 이치로 주인은 삼위 하나님이십니다. 돈에는 양면성이 있어 지불하는 사람과 받는 사람, 빌리는 사람과 빌려주는 사람, 베푸는 사람과 도움을 받는 사람이 함께합니다. 돈을 하나님의 목적대로 쓰지 않아서 망한 사람 여럿 보셨을 텐데요. 그다음 희생자는 내가 되지 않아야 할 책임은 자신에게 있어요. 하나님이 열어 주실 것을 믿는다면 축복의 결과가 아닌 삶의 여정에 하나님과 동행하며 모든 주재권을 드리며 삽니다. 언약을 믿기에 물질이 없어도 흔들리지 않고 주실 때까지 기다려요. 구원받은 물질관의 첫 번째 특징은 주재권을 하나님께 드리는 겁니다.

이즈미 마사토는 『부자의 그릇』에서 "사업가에게 '돈은 신용을 가시화한 것'이다."라고 했어요. 돈은 관계에서 오는 것이므로 반드시 약속을 지키고 남의 믿음에 부응할 때 신용이 생기고 돈이 따라온다는 겁니다. 성도는 유익을 얻기 위해 관계하는 자가 아니에요. 유익을 나누기 위해 관계를 맺습니다. 하나님의 관점으로 돈과 인간을 이해하고 대한다는 게 중요해요. 인간의 존재론적 가치를 존중한다는 말인데요. 돈을 얻기 위해 신용을 가시화하는 것이 아닌 하나님의 기쁨을 위해 신용을 가시화하는 겁니다. 구원받은 물질관의 두 번째 특징은 사람 먼저, 물질 다음입니다.

"누구든지 자기의 유익을 구하지 말고 남의 유익을 구하라"(고린도전

손 아처(Shawn Achor)는 『빅 포텐셜(Big Potential)』에서 "위대한 성공은 절대 혼자의 힘으로 이루어지지 않는다."라고 했어요. 저자가 강조한 긍정적인 사람으로 주변을 둘러싸게 하려면 내가 먼저 긍정적인 사람이 돼야 하죠. 위대한 성공은 한 사람의 힘으로 이룰 수 없어요. 남의 유익을 구하란 말씀을 실천하면 하나님이 위대하게 쓰십니다. 하나님의 영광을 구하는 첫 번째는 삶의 예배인데요. 하나님의 말씀에 항복하는 거예요. 두 번째는 모든 일에 모든 사람을 기쁘게 하려 최선을 다합니다. 모든 사람을 기쁘게 하란 말씀은 문자 그대로 모든 사람이 아니라 하나님의 뜻에 합당한 사람, 도움이 필요한 사람이에요. 이 말씀을 무겁게 받아야 하는 이유는 주님이 우리에게 더 높은 윤리와 선행을 요구하시기 때문입니다.

"모든 것이 가하나 모든 것이 유익한 것은 아니요 모든 것이 가하나 모든 것이 덕을 세우는 것은 아니니"(고린도전서 10:23)

'가한가? 불가한가?'를 따지는 건 법적인 판단인데요. 소돔 왕 같은 사람의 의식 구조에는 법이 안중에도 없습니다. 하나님의 사람은 이익이 아닌 명분과 덕을 생각하죠. 사도 바울도 성도에게 차원 높은 윤리 규범을 제시합니다. 법적으로 허용되더라도 유익하지 않은 것이나 덕을 세우지 않는 것은 자제하란 가르침입니다. 남의 유익에 조금이라도 해가 될 위험이 있는 경우에 그것을 스스로 금할 줄 알아야 하고 한 걸음 더 나아가 남의 유익까지 구해야 하죠. 구원받은 물질관의 세 번째 특징은 남의 유익까지 구하는 것입니다.

"그대의 것은 실오라기 하나나 신발 끈 하나라도 가지지 않겠습니다. 그러므로 그대는, 그대 덕분에 아브람이 부자가 되었다고는 절대로 말할 수 없을 것입니다"(창세기 14:23, 새번역)

개척교회 목회자로 살다 보니 가난함이 주는 불편함이 무엇인지 뼈저렸어요. 자수성가한 사람의 공통점인 쫀쫀함을 넘어선 갑각류처럼 단단한 자기 의를 깨기가 쉽지 않았죠. 부자의 그릇, 목사의 그릇, 사업가의 그릇, 엄마와 아빠의 그릇도 다 다릅니다. 담을 용량이 안 되는데 큰 것을 담으려 하면 그릇이 깨지거나 넘쳐서 버릴 뿐인데요. 크고 많은 것을 담아낸 이웃을 보고 시기하거나 경쟁 대상자로 삼는다면 영원히 불행할 테죠. 내 마음의 그릇의 청결, 단단함, 크기를 하나님의 저울에 달아보고 하나님 앞에 홀로 서는 겁니다.

어떤 장로님은 교회에 5년 동안 20억 원을 헌금했어요. 예배당 건축이 끝났는데도 성장은 없고 부채로 인해 교회는 점점 더 어려워졌어요. 담임목사님이 1억만 빌려달라고 했답니다. 20억은 헌금이지만 빌린 것에 대한 이자는 지불해야 마땅한데요. 시간이 좀 흐르자 목사님은 그 1억 원도 헌금한 것으로 해 달라고 하셨어요. 장로님은 아내에게 이렇게 말씀하셨습니다.

"우리 헌신이 하나님께 좀 부족했나 봅니다. 하나님께 드립시다."

위대한 사람이 되기를 소원한다면 물질을 나누는 장을 넓혀보세요.

심은 대로 거두고 영적인 파장이 돼 돌아옵니다. 가지가 한 번만 담장을 넘게 하는 게 아니라 또 다른 담장을 넘게 하도록 선순환의 에너지를 유지해야 합니다. 나눔의 그릇을 쉼 없이 키워간다면 담을 복이 커지죠. 구원받은 물질관의 네 번째 특징은 그릇을 키워가는 겁니다.

물질관이 구원받은 자는 십일조만 하나님의 것이라 하지 않죠. 모든 물질이 하나님의 것이라고 고백합니다. 주님을 사랑한다면 십일조 이상을 드리는 걸 기뻐하고 어떤 것도 아까워하지 않죠. 돈을 퍽퍽 잘 쓴다고 물질관이 구원받은 건 아니에요. 자신의 이름과 영광을 위해 잘 쓰는 사람은 피하는 게 좋습니다. 주변에서 아브라함과 같은 사람을 찾아서 함께하면 빠르게 배웁니다.

"부자들은 들으십시오. 여러분에게 닥쳐올 비참한 일들을 생각하고 울며 부르짖으십시오. 여러분의 재물은 썩고, 여러분의 옷들은 좀먹었습니다. 여러분의 금과 은은 녹이 슬었으니, 그 녹은 장차 여러분을 고발할 증거가 될 것이요, 불과 같이 여러분의 살을 먹을 것입니다. 여러분은 세상 마지막 날에도 재물을 쌓았습니다."(야고보서 5:1~3, 새번역)

물질관이 구원을 받지 못하면 고통이 따르고 물질에 녹이 슬지요. 녹은 소유주의 몸과 영혼을 해롭게 합니다. 물질관이 구원받으면 흩어 구제하여도 더욱 부하게 됩니다. 과도히 아껴도 가난하게 될 뿐이란 걸 알죠. 구제를 좋아하는 자는 풍족해지고 남을 윤택하게 하는 자는 자기도 윤택해집니다. 그 사람이 빅 포텐셜(Big Potential)을 경험합니다.

Q1 당신이 아는 구원받은 물질관으로 살아가는 세 사람은 누구이고,
　그에게서 배울 점은 무엇인가요?

1.

2.

3.

Q2 하나님의 영광을 위함이 아닌 자기 인정의 결핍으로 인해 물질을
　쓰는 사람은 누구이며 당신에게 이런 점은 없나요?

Q3 구원받은 물질관의 네 가지 특징은 무엇인가요?

1.

2.

3.

4.

Q4 구원받은 물질관의 네 가지 특징 중에서 당신에게 긴급하게 적용
해야 할 것은 몇 번째 특징이고 어떻게 적용할지 구체적인 적용점
하나만 적어보세요.

창세기 15:1~7

1 이 후에 여호와의 말씀이 환상 중에 아브람에게 임하여 이르시되 아브람아 두려워하지 말라 나는 네 방패요 너의 지극히 큰 상급이니라

2 아브람이 이르되 주 여호와여 무엇을 내게 주시려 하나이까 나는 자식이 없사오니 나의 상속자는 이 다메섹 사람 엘리에셀이니이다

3 아브람이 또 이르되 주께서 내게 씨를 주지 아니하셨으니 내 집에서 길린 자가 내 상속자가 될 것이니이다

4 여호와의 말씀이 그에게 임하여 이르시되 그 사람이 네 상속자가 아니라 네 몸에서 날 자가 네 상속자가 되리라 하시고

5 그를 이끌고 밖으로 나가 이르시되 하늘을 우러러 뭇별을 셀 수 있나 보라 또 그에게 이르시되 네 자손이 이와 같으리라

6 아브람이 여호와를 믿으니 여호와께서 이를 그의 의로 여기시고

7 또 그에게 이르시되 나는 이 땅을 네게 주어 소유를 삼게 하려고 너를 갈대아 인의 우르에서 이끌어 낸 여호와니라

지연된 축복

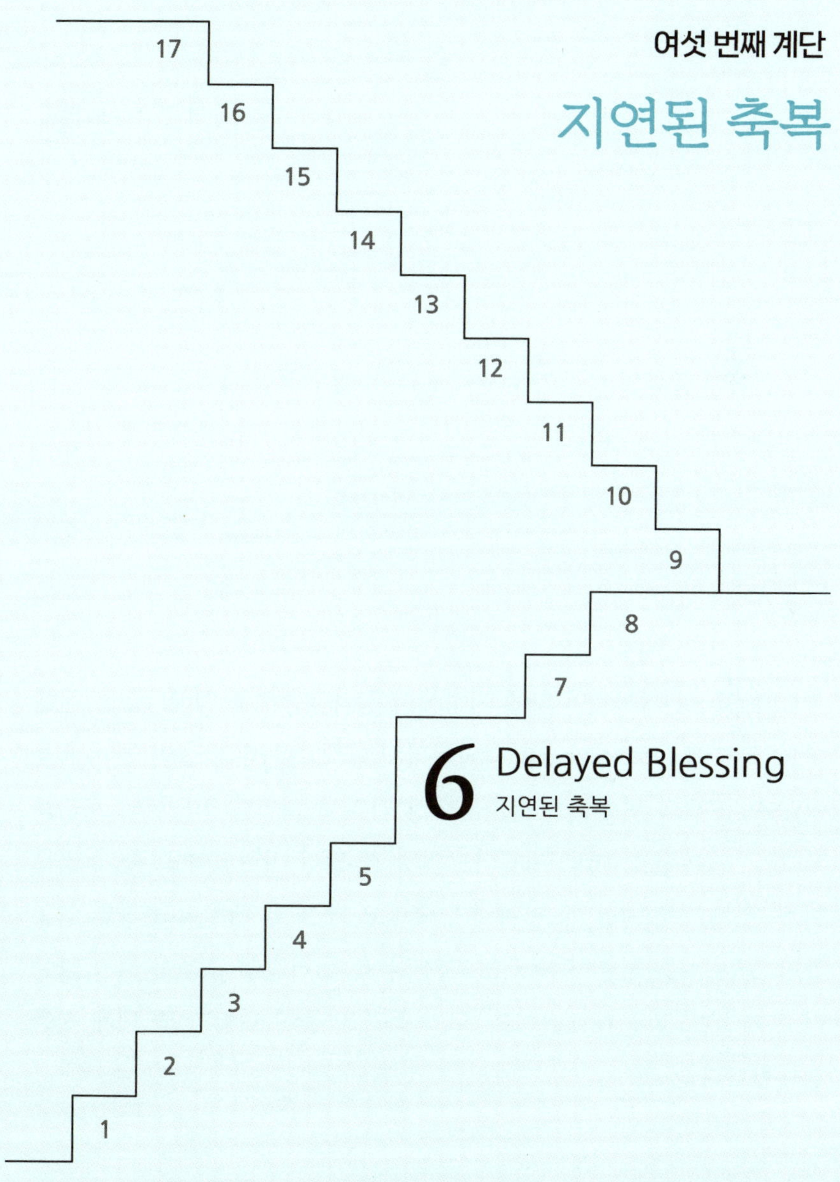

6 Delayed Blessing
지연된 축복

지연된 축복

"어떤 종류의 성공이든 인내보다 더 필수적인 자질은 없다.
인내는 거의 모든 것, 심지어 천성까지 극복한다."

존 D. 록펠러(John Davison Rockefeller)

로고스교회 개척 2년 차에 지하에서 상가 7층으로 예배당을 이전했어요. 복도에 음료 자판기를 설치했더니 다섯 살짜리 아들이 늘 유혹을 받았죠. 교회의 귀여움을 독차지했던 터라 주일이면 성도님의 호의로 두 캔은 거뜬했죠. 마냥 귀엽다고 넘어갈 일이 아니었어요. 쉽게 얻으면 인생 광야를 지날 때 이겨내지 못해요. 인내를 배우지 못하면 쉬운 길만 찾는 쉬운 사람이 되지요. 정신과 육체 건강에 도움이 되지 않는다고 거절할 것을 가르쳤어요. 누가 목사 아들 아니랄까 봐 되레 저를 설득합니다.

“안 먹으려 하는데 집사님이가 자꾸 주잖아요. 주는 걸 안 먹으면 그분이 싫어한단 말이에요.”

“그래도 받으면 안 된다. 주는 것은 집사님의 호의지만 거절은 네 몫이란다. 뼈도 약하게 하고 치아도 썩게 한다. 나중에 치과에 가서 잇몸에 주사 맞을 땐 진짜 소름 쫙~ 끼치고, 벌레 먹은 치아를 기계로 파낼 때는 우왕~ 골이 흔들린다.”

입체 언어로 설득하고 새끼손가락 걸고 약속했어요. 다음 주일 날 예배당 복도에서 마주쳤는데 떡 하니 음료수를 들고 있었죠. 옆 테이블에 ‘딱’ 소리가 나게 내려놓고 돌아서며 한마디 합니다.

“난 안 먹겠다고 했는데 양 집사님이가 주는 걸 어떻게 해요.”

손가락까지 걸고 언약을 체결했지만 그때뿐이었어요. 아빠와의 약속, 자신과의 약속의 중요성을 부드럽고 단호한 어조로 설파하고 다시 약속했습니다. 양보하지 않고 천 번까지라도 반복하려는 마음으로 부드럽게 타일렀어요.

아브라함에게 본토 친척 아버지 집을 떠나라 하셨고 아브라함은 순종했습니다. “내가 너로 큰 민족을 이루게 하리라.”라는 말씀을 믿고 떠났어요. 하란에서 머뭇거리긴 했지만 약속의 땅 가나안에 들어갔죠. 지정하신 목적지이니 가나안에 들어가면 형통의 길이 열려야 하는데요. 젖과 꿀이 흐르는 땅에 먼지와 기근이 기다렸어요. 기근을 피해 애굽에 내려갔죠. 바로에게 아내를 빼앗길 위기를 만났지만 하나님의 개입으로 해결됐어요. 다시 가나안으로 올라온 아브라함은 조카 일행과 갈등이 생기자 그에게 하나님의 마음으로 좋은 땅을 양보했어요. 소돔에 자리를 잡은 그가 전쟁 포로로 잡혀갈 때는 318명의 사병을 이끌고 구해오기도 했습니다. 돌아오는 길에 사웨 골짜기까지 환영 나온 멜기세덱에게 십일조를 드렸고 소돔왕의 호의를 거절했어요. 호의 속에 담겨 있던 욕심과 무례함 때문이 아니라 복은 하나님께만 받겠다는 믿음 때문이었죠. 약속하신 복을 받을 것을 믿었어요. 이렇게 인생 시험 다섯 번째 계단을 올랐습니다.

고대에는 자식 복을 대신할 복은 없었어요. 자식이 없다는 건 저주받은 인생으로 낙인찍히기 충분했는데요. 하나님은 아브라함에게 하늘의 별과 같이 셀 수 없는 자손을 주고 민족을 이루리라 하셨지만 정작, 아직까지 자식을 주지 않으셨어요. 가장 중요한 복을 받지 못했죠. 복을 기다리다 지친 아브라함의 마음을 읽으셨던지 하나님이 임재하십니다.

"주님께서 환상 가운데 아브람에게 말씀하셨다. "아브람아, 두려워하지 말아라. 나는 너의 방패다. 네가 받을 보상이 매우 크다"(창세기 15:1, 새번역)

인내, 그리고 두려움

2차 세계대전, 사방이 가시철망으로 둘러싸인 포로수용소에서 대부분의 연합군 포로가 원인 불명의 병에 시달리다 죽어갔는데요. 심각한 우울증 증세를 보이며 말라가던 포로들은 점점 쇠약해졌어요. 활동량도 줄고 누워있으려고만 하다가 죽었습니다. 군의관은 이 병에 대해 듣지도 보지도 못했고 치료법도 알 수 없었죠. 불치병을 '가시철망 병'이라고 명명했어요. 포로수용소의 가시철망을 바라보면서 답답하고 암울한 상황 속의 처지를 비관하고 절망해 생긴 병이었는데요. 모든 포로가 그렇게 죽진 않았습니다. 소수의 건강한 포로는 동일한 상황에서 가시철망 그 너머를 바라봤어요. 가시철망 너머로 보이는 하늘과 돌아갈 고향, 만나고픈 사람을 떠올리며 희망의 끈을 놓지 않았죠. 어둠과 절망 속에서도 희망을 잃지 않고 삶의 의지를 붙들었어요. 수용소 돌 틈에서 피어나는 들꽃에서도 경이로움 느끼며 긍정적이고 적극적이었습니다. 이러한 현상에 대해 정신분석학자 칼 메닝거(Karl Augustus Menninger)는 '사실보다 태도가 중요하다.'라고 결론지었습니다.

하나님의 말씀이 환상 중에 임한다는 것은 큰 사건, 큰 위기, 간과할 수 없는 상황인데요. '이런 일이 일어난 뒤에', '두려워하지 말라.'고 하신 것을 보면 아브라함의 두려움을 하나님이 읽으신 겁니다. 소돔 왕으로부터 정당한 전리품까지 거절한 건 분명 믿음의 조상다운 면모였는데 갑자기 밀려오는 두려움은 어디서 발현한 걸까요? 엘리야는 갈멜산에서의 영적 대승을 거두었는데도 이세벨의 죽이겠다는 한마디 말에 줄행랑을 치고 로뎀나무 아래 쓰러졌습니다. 우상을 따르는 850명 앞에선 밀림의 왕 호랑이였지만 고양이 새끼로 전락하기까지 한나절이 걸리지 않았어요. 믿음의 영웅들의 영적인 침체와 절망은 필연인가 봅니다.

아브라함은 믿음으로 다섯 계단을 올랐지만 아직 남은 길이 멉니다.

오늘은 지연된 축복으로 인해 심히 흔들립니다. 두려움에 깊이 매몰됩니다. 그런 날이 있어요. 내 인생은 아무것도 아니라고 생각되는 그런 날. 믿음이 좋다고 모든 상황에서 동일하게 믿음이 작용하지는 않아요. 오늘 믿음으로 승리했다고 내일도 계속되는 것은 아니에요. 어제는 괜찮았고 이길 만했는데 잠에서 깨어보니 두려움이 함께 일어나는 때가 있습니다.

"그러므로 내일 일을 위하여 염려하지 말라 내일 일은 내일이 염려할 것이요 한 날의 괴로움은 그 날로 족하니라"(마태복음 6:34)

염려 없는 삶은 없습니다. 내일 일은 내일이 염려하게 하라 하셨다면 내일의 믿음은 내일이 시험하죠. 내일을 오늘 염려하지 않아도 되는 까닭은 내일은 내일이 염려할 것이기 때문이에요. 날마다 새로운 믿음이 필요하다는 뜻이 아니라 믿음은 '날마다 시험받는다.'라는 정의가 더 성서적이죠. 오늘 하루 또는 어떤 일을 믿음으로 승리했다고 믿음이 좋다고 단정할 수 없는 이유입니다.

창세기 15장에서 아브라함이 두려워하지만 두려움의 원인이나 내용을 정확히 밝히지는 않습니다. 그돌라오멜 연합군의 보복에 관한 두려움으로 볼 수도 있지만 문맥을 보면 그게 아닌 것 같아요.

"아브람아 두려워하지 말라 나는 네 방패요 너의 지극히 큰 상급이니라."(창세기 15:1)

"아브람이 이르되 주 여호와여 무엇을 내게 주시려 하나이까 나는 자식이 없사오니 나의 상속자는 이 다메섹 사람 엘리에셀이니이다"(창세기 15:2)

아브라함의 두려움은 자식을 생산하지 못한 데 있음이 분명합니다. 자식 없는 게 무슨 두려움이냐고 생각하는 분이 계실 테지만 고대 시대는 자식이 없다는 것을 최고의 저주로 여겼어요. 사병은 318명이지만 자식은 한 명도 없었죠. 두려움을 이해합니다. 지연된 응답으로 인해 저주받은 인생으로 굳어질 것에 대한 두려움이에요. 복의 모델이 될 거란 약속을 받았지만 여태 싹도 보이지 않습니다. 아내는 임신할 수 없는 상태가 됐고요. 최고의 가치 결핍은 깊은 상실, 좌절이 익어 두려움을 낳습니다. 아브라함의 두려움을 이해 못 한다면 문화의 차이 때문일 겁니다.

"아브람이 이르되 주 여호와여 무엇을 내게 주시려 하나이까 나는 자식이 없습니다."
여기까지만 진도를 나갔으면 좋으련만 너무 들어갑니다.

"나는 자식이 없사오니 나의 상속자는 이 다메섹 사람 엘리에셀이니이다."

지쳤고 더 이상 기다릴 힘도 없어 하나님께 기대하지 않겠다는 겁니다. 자식을 낳는 부분에서는 하나님을 믿을 수 없다는 뜻이에요. 하나님께 마음이 상한 나머지 "난 당신을 포기했어요. 당신에 대한 실망이 깊어졌어요. 당신에게 실망한 나는 두 번이나 죄를 짓는 거예요." 뭐 이런 마음이었으리라 짐작해 봅니다.

"여호와의 말씀이 그에게 임하여 이르시되 그 사람이 네 상속자가 아니라 네 몸에서 날 자가 네 상속자가 되리라 하시고"(창세기 15:4)

말씀을 주셨는데도 그것으로는 부족하단 걸 하나님도 아셨나 봅니다. 아브라함의 두려움을 이해하셨던지 언약의 말씀을 넘어 언약의식을 체결하세요. 언약의식의 날까지 아브라함이 두려움을 느끼고 하나님께 마음이 상해 몽니를 부렸어요. 침묵하시는 하나님의 의도를 생각하지 못했죠. 아브라함의 하나님은 오늘 나의 하나님입니다.

만족 유예

'마시멜로 이야기'를 아실 텐데요. 스탠퍼드 대학에서 진행한 실험으로 네 살짜리 아이들에게 달콤한 마시멜로를 접시에 담아두고 약 15분 후까지 먹지 않고 참으면 한 개 더 주겠다고 약속했죠. 15분을 참아내고 마시멜로를 하나 더 받은 아이들과 그냥 먹어버린 아이들로 갈렸어요. 연구진은 두 그룹의 이후 삶을 추적했습니다. 15분을 참았던 아이들은 학업 성적이 뛰어났어요. 친구들과의 관계도 원만했죠. 스트레스도 효과적으로 관리했습니다.

'고통 수명'은 정신과 육체가 치료 불가능한 병에 걸려 고통 속에서 살아있는 상태만을 가리키는 신조어인데요. 그 상태로 살아내는 날은 고통의 연속입니다. 먹고 싶은 대로 먹고, 먹지 말아야 할 것까지 마구 먹으면 위는 스트레스를 받고 암을 유발합니다. 반면 건강수명을 늘리는 식습관은 하루 한 끼라는 연구 결과도 있어요. 일상에서의 균형 잡힌 절제는 식욕뿐만 아니에요. 물욕, 성욕, 명예욕, 인정 욕구, 소속감, 존경의 욕구, 거의 모든 부분에서 필요하죠. 다양한 욕구들은 동기부여의 자양분이지만 인내와 절제를 배우지 못하면 독이 됩니다.

인생 시험에서 믿음이란 과목의 다른 이름은 '기다림'인데요. 막연한 기다림이 아니라 약속의 말씀을 신뢰하고 기다리기에 유의어는 '소망'입니다. 희망은 내가 원하는 것이고 소망은 하나님의 말씀에 근거하죠. 기다림은 성령의 아홉 가지 열매 중에 인내와 온유인데요. 온유와 기다림은 쌍둥이처럼 함께 합니다. 기다림의 인자는 태중에서부터 영향을 받는데요. 산모가 만족 유예의 가치와 의미를 알고 자신을 다스리면 만족 유예 유전자를 타고납니다. 성장 과정에도 부드럽고 지속적인 만족 유예 훈련이 필요하죠. 하지만 이 또한 과하면 선택 장애를 겪습니다.

대형 쇼핑몰 어린이 장난감 코너에서 가끔 보이는 상황인데요. 사 달라는 아이와 사주지 않으려는 어머니의 팽팽한 줄다리기입니다.

"그렇게 떼쓰면 너 여기 두고 간다."
"지난번에 사준 것도 며칠 가지고 놀다가 버렸잖니?"
"아빠에게 사 달라고 해, 이거 사주면 아빠한테 엄마도 혼나."
"다음에 사 줄게!"
"말 잘 들으면 사 줄게!"

협박, 책망, 책임회피로 아이를 설득하려 합니다. 거짓말까지 하죠. 지난번에도 다음에 사준다고 했는데 사주지 않았어요. 이런 수준으로는 자녀와의 의사소통, 훈육은 무익합니다. 바닥에 주저앉아 발버둥 치면 이미 늦은 건데요. 화를 내지 않고 천 일이라도 설득하며 대화를 나눠야 해요. 만족 유예를 훈련하는 것은 생각보다 긴 시간이 필요합니다.

"꼭 필요한 거니? 원하는 거니?"
"소유하고 싶은 모든 것을 다 가질 수는 없단다."
"일주일 동안 생각하고 기도하고 그때도 마음과 생각이 바뀌지 않으면 얘기하자꾸나."

부드럽고 단호하게 거절해야 합니다. 순간 회피, 모면을 위한 약속은 독이 될 뿐이에요. 안 되는 것은 절대 안 된다는 것을 부모로부터 경험해야 해요. 부모의 분노 유예가 아이의 만족 유예 지수를 높이기도 합니다. 부모의 삶에서 만족 유예가 일상화됐다면 자녀의 만족 유예 수준은 걱정 안 하셔도 됩니다.

아브라함의 마음은 철창에 갇힌 새보다 더 지쳐갔어요. 고통이 길어지면서 약속을 기다리기보다 눈앞의 선택만이 다그치듯 기다립니다. 포기하느냐, 마음을 지키고 약속 앞에 서느냐? 아브라함은 인간미 넘치게도 전자였어요. 모든 일이 잘되는 게 하나님의 뜻이 아니라 때로는 하나님이 길을 막아서기도 하십니다. 사람의 생각과 하나님의 생각은 다르지요. 길이 막혔다면 하나님의 반대가 아니라 다른 길을 내시려는 거예요. 늦게 주신다면 아마도 만족 유예를 훈련하실 겁니다. 율곡 선생이 인생 3대 재앙 중 첫 번째를 '초년 출세'라고 했는데요. 동의합니다. 하나님이 귀히 쓰시는 사람의 필수 훈련 중 높은 가치를 지니는 게 만족 유예입니다. 만족 유예에서 주의할 것은 주지 않으실 것을 믿음으로 기다리는 겁니다. 바라지 말아야 할 것을 바라는 것은 인생 최대의 유혹이지 믿음이 아니죠. 기다리던 게 기적같이 주어지기도 하지만 기적은 하나님의 영역이에요. 두 번째 유의점은 하나님의 약속을 기다리지 못해 중도 포기하는 겁니다. 인내를 배우며 일상을 살아내면 기다리는 여정이 복이 되고 하나님 앞에 충성스러운 종이 됩니다. 아브라함이 자식을 기다린다는 것은 생물학적, 과학적으로 실현 불가능한 일이었어요. 불가능을 가능하게 하시는 하나님이 가능을 가능하게 하시는 하나님으로 경험하게 하진 않으십니다. 하나님이 인간의 이성의 한계를 시험할 때 요구되는 것은 인내와 믿음인데요. 말씀과 언약도 없는 자기 확신을 가지고 약속이라 믿고 기다리는 것은 미련의 극치입니다.

"아브람이 그의 아내 사래와 조카 롯과 하란에서 모은 모든 소유와 얻은 사람들을 이끌고 가나안 땅으로 가려고 떠나서 마침내 가나안 땅에 들어갔더라"(창세기 12:5)

"그 사람이 창대하고 왕성하여 마침내 거부가 되어"(창세기 26:13)

아브라함이 가나안 땅에 들어간 것도, 거부가 된 것도 모두 '마침내'였습니다.

언약 의식

신구약을 이어주는 통로가 있는데요. 첫 번째는 계명으로 하나님을 사랑하고 이웃을 네 몸과 같이 사랑하라는 말씀입니다. 두 번째는 정체성으로 왕 같은 제사장, 소유된 백성입니다. 세 번째는 언약의식으로 아담 언약(생명, 행위), 노아 언약(무지개), 아브라함 언약(쪼갠 짐승), 모세 언약(시내산), 다윗 언약(메시아), 새 언약입니다.

아브라함에게 흔들리는 믿음, 두려움이 밀려옵니다. 이만하면 자식을 주셔도 좋으련만 하나님이 꺼낸 카드는 '이삭'이 아니었어요. 더 기다리게 하세요. 지켜보는 이도 숨이 막히는데 하나님은 생각이 더 없어 보이세요. 혹독한 기다림의 연장선에 아브라함을 세우시더니 이번에 꺼내 드신 카드는 언약을 넘어 언약의식입니다.

"주 나의 하나님, 우리가 그 땅을 차지하게 될 것을 제가 어떻게 알 수 있습니까?"(창세기 15:8, 새번역)

"나에게 삼 년 된 암송아지 한 마리와 삼 년 된 암염소 한 마리와 삼 년 된 숫양 한 마리와 산비둘기 한 마리와 집비둘기 한 마리씩을 가지고 오너라."(창세기 15:9, 새번역)

아브람에서 아브라함으로 개명하기 전, 요구하신 모든 희생제물을 주님께 가지고 갑니다. 제물의 몸통 가운데를 쪼개고 서로 마주 보게 차려 놓았지만 비둘기는 쪼개지 않았어요. 아브라함이 하나님께 묻지 않고 자연스레 행동했던 건 그 시대에 '짐승 언약'이 일반화됐던 겁니다. 언약의식을 치를 준비를 마쳤지만 속절없이 시간이 흐르고 하나님의 침묵은 제법 길어지죠. 급기야는 솔개들이 희생제물 위에 내려오자 아브라함이 쫓아냅니다. 어처구니없는 시간 낭비처럼 보이던 와중에, 기다리다 쫓아내기를 반복하며 해질 무렵이 됩니다. 지쳐 잠든 아브라함에게 깊은 어둠과 공포가 엄습하더니 그를 짓누르죠. 이때 말씀이 임합니다.

"너는 똑똑히 알고 있거라. 너의 자손이 다른 나라에서 나그네살이를 하다가, 마침내 종이 되어서, 사백 년 동안 괴로움을 받을 것이다. 그러나 너의 자손을 종살이하게 한 그 나라를 내가 반드시 벌할 것이며, 너의 자손이 재물을 많이 가지고 나올 것이다. 그러나 너는 오래오래 살다가, 고이 잠들어 묻힐 것이다. 너의 자손은 사 대째가 되어서야 이 땅으로 돌아올 것이다. 아모리 사람들의 죄가 아직 벌을 받을 만큼 이르지는 않았기 때문이다."(창세기 15:13~16, 새번역)

아브라함에게 임한 어둠과 공포의 경중은 말씀 이후 언약 의식을 체결하는 흐름을 볼 때 짐작 가능합니다. 해가 지고 어둠이 짙게 깔려있는데 연기 나는 화덕과 타오르는 횃불이 갑자기 나타나서 쪼갠 희생제물 사이로 지나갑니다. 아브라함과 언약을 세우시고 말씀을 이어가십니다.

"내가 이 땅을, 이집트 강에서 큰 강 유프라테스에 이르기까지를 너의 자손에게 준다."(창세기 15:18, 새번역)

언약의식은 쌍방이 맺는데요. 고대 사람이 언약을 체결할 때 언약의 주체인 둘이 차례대로 쪼갠 고기 사이로 지나갔어요. 둘 중 하나가 언약을 어길 시에는 여기 놓인 짐승처럼 죽여도 된다는 상징 언어인데요. 하나님이 아브라함에게 일반화된 인간의 언약의식을 빌려와 확신을 주시죠. 그런데 하나님을 상징하는 화덕과 타오르는 횃불만 지나갑니다. 하나님의 상징이 지나갔으니 다음은 아브라함이 지나갈 차례인데요. 아브라함은 지나가지 않고 미완성인 채로 언약의식의 막을 내립니다. 하나님은 이렇게 말씀하세요.

"내가 너에게 한 말을 지키지 않으면 나를 쪼개도 좋다."

하나님이 아브라함에게 지나가라고 하지 않으신 이유를 성서는 침묵하지만 행간을 읽습니다.

"네가 쪼갠 고기 사이를 지난 후 나와의 약속을 어긴다면 나는 너를 죽여야 한다."
"너는 앞으로도 나와의 언약을 어길 것이다. 해서, 너를 지나가게 하지 않겠다."
"너는 내일도 약속을 어길 연약한 존재란다."

이 언약이 십자가 언약입니다. 여기선 짐승만이 피를 흘리고 골고다에선 주님만이 죽으셨죠. 그 언약의식을 믿는 것은 아브라함의 몫입니다. 하나님은 여기까지 사랑하셨습니다.

Q1 하나님이 당신에게 얼마나 오래 참으셨는지 묵상하고 감사의 기도
를 드립시다.

Q2 당신 주변에 인내심이 강한 세 사람은 누구이며 그들의 특징은 무
엇인가요?

1.

2.

3.

Q3 당신이 하나님께 실망했던 때는 언제였고 그때 주신 언약의 말씀
은 무엇인가요? 그 말씀이 당신의 삶에 어떤 영향을 주었나요?

1.

2.

3.

Q4 당신의 삶에서 인내가 필요한 때는 언제이고 어떻게 인내를 실천
　 할 것인가요?

1.

2.

3.

Q5 하나님이 당신에게 주신 언약의 말씀은 무엇이고 그 말씀이 당신
　 의 삶에서 어떻게 실현됐나요?

4 아브람이 하갈과 동침하였더니 하갈이 임신하매 그가 자기의 임신함을 알고 그의 여주인을 멸시한지라

5 사래가 아브람에게 이르되 내가 받는 모욕은 당신이 받아야 옳도다 내가 나의 여종을 당신의 품에 두었거늘 그가 자기의 임신함을 알고 나를 멸시하니 당신과 나 사이에 여호와께서 판단하시기를 원하노라

6 아브람이 사래에게 이르되 당신의 여종은 당신의 수중에 있으니 당신의 눈에 좋을 대로 그에게 행하라 하매 사래가 하갈을 학대하였더니 하갈이 사래 앞에서 도망하였더라

7 여호와의 사자가 광야의 샘물 곁 곧 술 길 샘 곁에서 그를 만나

8 이르되 사래의 여종 하갈아 네가 어디서 왔으며 어디로 가느냐 그가 이르되 나는 내 여주인 사래를 피하여 도망하나이다

9 여호와의 사자가 그에게 이르되 네 여주인에게로 돌아가서 그 수하에 복종하라

10 여호와의 사자가 또 그에게 이르되 내가 네 씨를 크게 번성하여 그 수가 많아 셀 수 없게 하리라

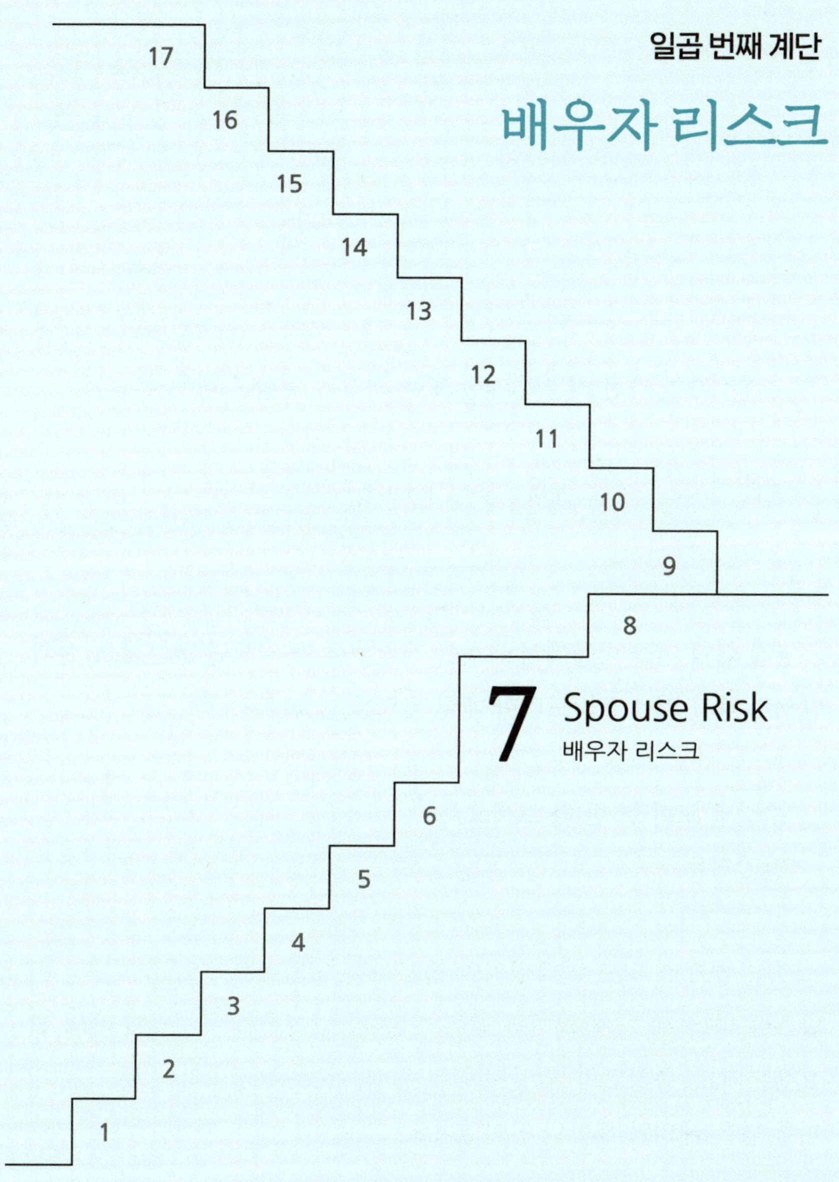

일곱 번째 계단

배우자 리스크

7 Spouse Risk
배우자 리스크

배우자 리스크

"배우자가 가진 최고의 재산 또는 최악의 재산은 배우자이다"

토마스 풀러(Thomas Fuller)

당진 합덕 시골 마을에서 교회를 개척했을 때 전도만 했는데요. 논과 밭으로 나가 일을 도와드리며 매일 전도를 했습니다.

"주일날 교회 한 번 와 보세요."
"알았시유."

오실 것으로 믿고 기다렸지만 방문자는 없었어요. "알았시유"가 뉘앙스에 따라 세 가지 의미를 담는 다는 걸 알기까지는 시간이 제법 필요했는데요. 충청도의 '알았시유'는 긍정, 유보, 부정이라는 세 가지 의미를 담은 예의와 해학의 언어였어요. 그 언어의 온도를 체감하고 부드러운 거절이란 걸 알기까지 시간이 많이 필요했죠.

개척 초기 이십 대 후반, 아직 설익을 때라 사람을 보내 주지 않으신 하나님과 약속을 어긴 사람에게 섭섭했어요. '내가 이렇게 열심히 전도하는데...', '내가 이렇게까지 섬기는데...' 사람마다 인내의 한계는 다른데요. 인내의 수준을 보면 그 사람의 미래가 예측 가능합니다. 하나님은 두려워하는 아브라함에게 언약의식까지 체결하셨지만 아브라함은 하나님의 진심을 알고 신뢰했음에도 시험에 흔들립니다. 하나님이 인간과 언약의식을 체결한다는 건 격이 맞지 않아요. 확신을 가진 것과 믿음을 지킨다는 것은 하나인데도 마치 다른 일처럼 힘듭니다. 아브라함이 "난 이스마엘을 안 낳으려 했으나 아내가 권하는데 재간이 없었어요."라고 하나님께 핑계는 댈 수는 있겠죠. 아브라함은 배우자의 권유를 넘어서지 못했어요. 배우자의 책임이 아닌 아브라함의 책임이 더 큰 건 분명해요. 이로 인해 아브라함의 결혼생활은 큰 시험을 만납니다.

아내는 선지자인가 악마인가?

본토 친척의 집도 떠났고, 이상주의에서 현실을 냉혹하게 직시하는 시험도 이겼어요. 결혼생활도 안정되고 인간관계에서 양보할 줄도 아는 통 큰 믿음도 보여 줍니다. 소돔 왕의 마음을 읽고 실오라기 하나 받지 않으면서 점점 믿음의 거목으로의 면모가 드러냈죠. 즈음, 자녀가 없던 아브라함과 사라에게 위기가 찾아옵니다. 사라가 남편에게 먼저 제안을 해요. 가나안에 도착한 후 기근으로 인해 애굽에 내려갈 때의 사라가 아닙니다. 의학적으로는 남성 호르몬이 분비될 만큼 나이를 먹었고 그만큼 용감해졌어요.

"여호와께서 내 출산을 허락하지 아니하셨으니 원하건대 내 여종에게 들어가라 내가 혹 그로 말미암아 자녀를 얻을까 하노라."(창세기 16:2)

고대 시대에 주인이 자식을 생산하지 못했을 때 여종을 통해 자식을 얻는 것은 일반이었어요. 하지만 아브라함은 달랐어야 했어요. 하나님과 언약의식까지 체결했으니 아내의 권유를 받았어도 기다리자고 했다면 얼마나 좋았을까요? 아내에게 언약을 상기시키며 제안을 거절하거나 보류했다면 또 다른 서사가 열렸겠죠. 그런데 기다렸다는 듯이 수용합니다. 성서는 아브라함이 아내의 여종을 취하는 시점을 정확하게 밝힙니다.

"아브람의 아내 사래가 그 여종 애굽 사람 하갈을 데려다가 그 남편 아브람에게 첩으로 준 때는 아브람이 가나안 땅에 거주한 지 십 년 후였더라"(창세기 16:3)

아내는 청순에서 출발합니다. 소녀가 처녀가 되고 처녀가 아내가 되는데 출산하면 육아에 10년 이상은 묶입니다. 모성애는 깊어지고 사회성 발달은 정체기를 겪어요. 아내는 하나님이 보낸 선지자이지만 모든 선지자가 옳은 건 아니에요. 아내가 한 번은 제가 공석일 때 눈에 보이는 것이 있어서 교구 담임 목사에게 말했답니다. 그 후 아내에게 정중

하고 부드럽게 부탁했습니다.

"보이는 게 있다면 동역자에게 직접 말하지 말고 제게 먼저 말씀해 주세요. 한 번이 두 번 되고 두 번이 세 번 됩니다. 그러다가 담임목사가 출타했을 때 목회자 아침 회의까지 소집하는 사모도 봤어요."

이후 아내는 저의 부탁을 수용하고 지금껏 지켜줍니다. 아내의 동역은 필수이지만 경계선을 지켜야 합니다. 하나가 둘이 되기에 애당초 선을 그었어요. 그은 선이 반드시 옳다는 건 아니에요. 목회자 아내의 개입은 잘해야 본전인 경우가 허다했기에 미연에 방지했어요. 담임목사와 사모의 관점과 속도가 다르면 교회는 산으로 갑니다. 목회자의 아내는 하나님이 심어놓으신 선지자인 게 확실하지만 경계선은 정확하게 지켜야 합니다. 아내가 중년을 훌쩍 넘기면 더 빠르고 용감해져요. 게다가 욕심이라도 더해지면 막을 길이 없습니다.

앤드류 카슨(Andrew D. Carson)은 어떤 특별한 분야에서 세계적인 수준으로 자리매김하려면 지속적이고 정교한 훈련이 최소한 10년은 필요하다고 했어요. '일만 시간의 법칙'으로도 널리 알려졌는데요. 한 사람을 이해하기까지 10년은 지켜보는 게 좋습니다. 한 과목을 통과하는 시험도 10년은 필요해 보입니다. 로고스교회를 개척하고 10년 되던 해, 죽을 만큼 힘들었는데요. 아브라함의 인내도 10년을 넘기지 못한 걸 보고 인간적인 위로가 됩니다. 아브라함도 기다리다 지쳐 아내의 말을 듣고 넘어진 때가 10년 차였어요. 10년이란 시간은 다소곳한 순정녀 사라가 발언권을 가진 힘 있는 여성이 되기 충분했어요.

"아브라함도 넘어졌다. 아브라함도 이스마엘을 낳았다."

다시 믿음이 흔들리고 아내의 제안에 이어왔던 믿음마저 저버립니다. 시험에 들 준비가 완료된 시점으로 보여요. 거인의 추락은 하나님 나라 확장에 마이너스였는데요. 산 사람을 세워 간증한다는 게 이래서 어렵습니다. 아브라함과 사라는 이스마엘을 낳았어요. 주어진 복이 아니라 만들어낸 복이라고 정의하겠습니다.

출산, 그 이후

아브라함의 가정사 속으로 한 걸음 더 들어갈까요. 하갈이 임신하자 여주인 사라를 멸시했어요. 말 타면 종 부리고 싶어 한다는 옛말이 틀리지 않아 보이네요. 사라의 입장에서는 자기 여종을 남편의 품에 허락했거늘 하갈이 임신하고 자신을 멸시하자 결국 참지 못했어요. 받는 모욕은 아브라함이 받아야 한다고 극단적인 말까지 합니다. 남편을 지키고 살리기 위해 자신을 누이라고 속일 때에도 침묵하며 받아들였던 사라였어요. 몸이 더럽혀질 위기일 때도 침묵으로 일관했던 사라의 모습을 생각하면 충격이 큽니다.

"당신과 나 사이에 여호와께서 판단하시기를 원하노라"(창세기 16:5)

자기는 옳고 남편은 틀렸다는 강한 확증 편향에 매몰된 사라의 모습이 보입니다. 원인 제공자가 자신이란 생각은 지운 채 책임을 회피할 뿐 아니라 되레 전가합니다. 그런데 아브라함은 더 무책임해요.

"당신의 여종은 당신의 수중에 있으니 당신의 눈에 좋을 대로 그에게 행하라"(창세기 16:6)

하갈에 대한 처분을 사라에게 위임하는 게 고대 시대에는 문제가 안 된다 치더라도 하갈은 자신의 아이를 가진 임산부였어요. 무책임을 넘어 가혹합니다. 하갈의 잘못이 크지만 사라와 아브라함은 죄를 지은 거예요. 부부가 합심해서 막장 드라마 한 편을 써 내려갑니다. 하갈을 학대했고 이윽고 하갈이 사라 앞에서 도망쳐 광야로 피했어요. 하나님의 사자가 광야의 샘물 곁 곧 술 길 샘 곁에서 그녀를 만납니다.

"네 여주인에게로 돌아가서 그 수하에 복종하라"(창세기 16:9)

훗날 사라와 하갈의 거리 두기를 허락하셨지만 지금은 아니에요. 둘 사이에 좋은 이별을 기대할 순 없지만 최선의 이별 타이밍을 아시는 하나님이 지금은 가정 복귀를 명하십니다. 그런 그녀를 축복합니다.

"내가 네 씨를 크게 번성하여 그 수가 많아 셀 수 없게 하리라"(창세기 16:10)

이스마엘이라는 이름까지 지어주세요. 여호와께서 종의 신분을 망각한 하갈을 책망하지 않으시고 위로하시는 장면이에요. 하나님이 직접 말씀하십니다.

"여호와께서 네 고통을 들으셨음이니라"(창세기 16:11)

만남을 통해 하갈은 하나님에 대한 이해가 깊어집니다.

"하갈이 자기에게 이르신 여호와의 이름을 나를 살피시는 하나님이라 하였으니 이는 내가 어떻게 여기서 나를 살피시는 하나님을 뵈었는고 함이라"(창세기 16:13)

하나님의 말씀을 받아 가정의 위기는 수습되지만 위기는 끝나지 않았어요. 이스마엘이 태어나면서 다른 양상으로 전개됩니다.

이삭의 후손과 이스마엘 후손 사이의 반목이 전 세계 분쟁과 갈등의 중심이라고 하는데요. 이삭의 후손이 유대교, 이스마엘의 후손이 이슬람의 뿌리가 됐다고 단정할만한 성서의 근거는 부족합니다. 복음은 순혈주의를 받아들이지 않기 때문이죠. 구원받은 자녀가 되고 안 되는 것을 '씨(혈통)'에 근거를 둔다면 이스마엘 후손에게 복음은 어떤 의미라고 설명할까요? 순혈주의는 복음을 제한합니다.

중동이 전쟁의 화약고임은 분명한데요. 지구촌의 갈등을 두고 '기독교와 이슬람의 문명 충돌'로만 이해하는 것은 수정이 필요합니다. 요르단 남부에는 3,000년 이전부터 에돔 족속이 살았어요. 지금 정착한 요르단 유목민의 족보를 정밀하게 검토할 수 없지만 스스로 에돔 족속이라 일컫는 이들이 있습니다. 이들의 조상은 이삭인데요. 에서의 후손 중에는 아말렉이 존재합니다. 그렇다면 이스마엘의 후손만이 이삭의 후손을 괴롭힌 게 아닙니다. 이삭의 후손 전부가 유대인이 된 것도 아니에요. 야곱의 자녀라는 의미에서 이스라엘은 출애굽 직전까지 이스라엘 자손이었어요. 출애굽 당시 '다수의 종족, 양, 소와 심히 많은 생축'이 이스라엘 자손과 동행했죠. 이때도 이스라엘 공동체는 단일민족 혈연공동체가 아닌 신앙공동체였어요.

"이스라엘 자손이 라암셋에서 발행하여 숙곳에 이르니 유아 외에 보행하는 장정이 육십만 가량이요, 수많은 잡족과 양과 소와 심히 많은 가축이 그들과 함께하였으며"(출애굽기 12:37~38)

요르단 원주민 상당수는 이삭의 후손으로 성서에서 모압, 암몬, 에돔, 므낫세, 갓, 르우벤 지파가 요르단에 땅을 분배받았어요. 그들도 이삭의 후손이에요. 다수가 무슬림입니다. 이스마엘의 후손은 아브라함 시대에 하윌라에서부터 앗수르로 통하는 애굽 앞 술(수르)까지 넓게 자리했는데요. 오늘날 이집트, 요르단, 시리아, 레바논, 이라크, 사우디아라비아 반도에서 살던 토착민 중 일부 종족의 조상임이 분명합니다. 중동 곳곳에 흩어져 살았고 다수는 이슬람 이전 시대에 기독교 복음을 받아들인 신앙의 공동체 구성원이었죠. 아랍인 모두가 이스마엘의 후손도 아닐뿐더러 이삭의 후손이 가나안 땅에만 살면서 순혈주의를 지켜 온 건 아닙니다.

역사를 단순화하여 이삭을 순종하는 자의 대표자, 이스마엘을 불순종의 상징으로 분리하고 싶은 유혹을 이겨야 합니다. 복음 앞에 서서 모든 민족을 주님의 은혜 안에 편입해야 합니다.

합력하여 선

게리 맥킨토시(Gary L. McIntosh), 새뮤얼 리마(Samuel D. Rima)의 『극복해야 할 리더십의 그림자』에서는 탁월한 성과를 낸 리더가 얼마나 터무니없이 무너졌는지 사례를 들어 설명하는데요. 수차례 언급한 인물은 짐 베커(Jim Bakker)입니다. 미국과 전 세계의 1,400만이 넘는 가정에서 수신한 'PTL 기독교 방송 네트워크' 대표였고 310만 평 규모의 헤리티지 USA 대표로 엄청난 기독교 사역 그룹을 이끌었죠. 1970~80년대 미국에서 가장 성공적인 목회자 중 한 사람이었지만 1987년 성추문을 시작으로 헤리티지 USA에서 숙박 공간 예약을 과도하게 받았다며 공금유용 혐의로 45년 형을 선고 받았습니다. 그가 외친 '성공 복음'에는 브레이크가 걸렸지만 거목의 추락에는 브레이크가 없었어요.

고인이 되신 로고스교회 최진성 장로님은 아내를 볼 때마다 말씀하셨습니다.

"한 치의 오차도 없이 섬기십시오. 사모님!"

목회자로 무탈하게 정년을 맞이한다는 게 쉬운 일이 아님을 우회적으로 말씀하신 건데요. 삶의 경험에서 나온 지혜라고 생각합니다. 남편이 무너지거나 아내가 무너질 때 개인의 책임이 크지만 배우자의 책임도 간과할 순 없어요. 해서, 목사의 삶이 무너져서는 안 되지만 가능성이 농후하니 잘 지켜달라는 애정 머금은 당부였죠. 지금도 그분이 그립습니다.

  감옥에 갇힌 짐 베커는 "나는 단지 죽지 않고 싶어서 살 뿐이다."라고 일기에 적었습니다. 추락으로 인한 그의 비참함이 어떠한지 느껴지는 고백인데요. 대통령 전용기를 타고 대통령을 위해 기도해 주던 목사였지만 감옥에서 화장실 청소를 하며 고통의 시간을 보냈어요. 사랑하는 아내마저 자신을 끝까지 도우며 함께하겠다던 친구의 품에 안기자 극도의 패닉에 빠집니다. 누구의 배신이 더 고통이었을지는 차치하고 그에겐 한 가지만 가능했을 겁니다. 비통한 눈물입니다. 참혹한 고통에 직면해서야 하나님을 새롭게 만납니다. '성공 복음'이 아니라 '예수 그리스도의 복음'을 깨달았죠. 복음을 팔기 위해 성경을 펴는 게 아니라 성경이 그의 구겨진 삶을 폈습니다. 말씀의 의미가 자신에게 깊게 들어왔어요. 감옥에서야 비로소 기록된 말씀이 레마(lemma, 나와 끈으로 연결된 말씀, 하나님께서 주신 말씀)가 됐습니다. 하나님께서 자신을 이 흑암 속으로 밀어 넣은 게 아니고 자신의 욕망의 결과로 인고의 시간을 보내게 됨을 받아들였어요. 공동체를 사랑한 것이 아니라 공동체를 통해 자신의 꿈을 실현하려 했기에 결국에는 공동체를 파괴하는 사람이었음을 회개했죠. 45년 형이라는 선고를 받았지만 약 5년간의 감옥생활은 하나님과 진짜 짐 베커와의 만남을 통한 하나님의 수술 시간이 됐습니다. 하나님의 계시를 만나고 나니 그에게 선고된 형량은 형벌이 아니라 구원이었어요. 하나님의 말씀을 연구하고 그분을 더 깊게 알게 되면서 용서와 은혜, 하나님의 사랑을 깨달았죠.

  "당신들은 나를 해하려 하였으나 하나님은 그것을 선으로 바꾸사

오늘과 같이 많은 백성의 생명을 구원하게 하시려 하셨나니"(창세기 50:20)

요셉의 고백이 그의 고백이 됐습니다. 환경은 그를 죽이려 했지만 하나님은 그것을 선으로 바꾸셨어요. 짐 베커의 죄악은 세상을 놀라게 했지만 그의 변화는 또 한 번 세상을 놀라게 했습니다. 하나님은 포기하지 않으셨죠. 하나님이 고치지 못할 사람은 없다는 말이 다시 한번 짐 베커를 통해 증명되었어요. 짐 베커의 이야기 엔딩 크레딧은 감동인데요. 아들 제이미가 아버지와 어머니로 인해 고통받은 시간과 회복에 대한 눈물의 간증을 마치고 아버지 짐 베커와 포옹을 하는 장면입니다. 욥을 단련하신 하나님이 아브라함도 순금처럼 단련하십니다.

"그러나 내가 가는 길을 그가 아시나니 그가 나를 단련하신 후에는 내가 순금같이 되어 나오리라"(욥기 23:10)

순도는 실패와 고통이라는 담금질로 높아집니다. 단번에 순도를 얻는다면 좋겠지만 주님이 원하시는 수준으로 빚어진 새 사람도 내일 다시 죄를 범할 가능성에 노출됩니다. 해서, 하루도 은혜가 없이는 살아갈 수 없습니다. '순금 같은 인생'을 기대하지만 '단련'이 먼저인 것을 깨닫고 단련의 고통을 피하고 싶은 유혹을 버리는 게 행복한 삶의 첫 단추입니다.

"인생의 가장 어두운 순간은 언제였나요?"
"하나님마저 나를 버리고 떠났다고 생각했던 적은 없었나요?"

심지어 그분이 나를 버리셨다고 생각했을 때조차 하나님은 거기 계십니다. 죄악 가운데 있더라도 하나님은 우리와 함께 계시죠. 연단의 시간을 보내는 우리가 승리하도록 도우세요. 내가 깨닫지 못하면 임마누엘의 하나님을 알게 해 주는 동역자를 보내시고 앞서서 길을 준비하십니다. 하물며 감옥 속에도 위로자를 심어놓으시죠. 추락의 현장, 수감 생활 중에 예수님을 알아 가는 짐 베커의 고백과 또는 유사한 경험을 하는 많은 이들의 감사에는 '순금같이 되어 나오리라'는 말씀이 있습니다. 속이 타고 입이 마르고 차라리 죽는 게 쉬워 보이는데요. 순금같이 되는 데는 제련 과정이 필수입니다. 한 번의 시험이나 고통이 지나가면 해결되는 게 아니고 그 사람에게서 불순물이 제거되고 창조의 원형이 회복되는 지난한 시간이 필요합니다.

"우리가 알거니와 하나님을 사랑하는 자 곧 그의 뜻대로 부르심을 입은 자들에게는 모든 것이 합력하여 선을 이루느니라"(로마서 8:28)

'합력하여 선을 이룬다'에서 '선'은 헬라어 '아가토스'로 하나님의 목적과 계획을 전제로 합니다. '선'에 해당하는 히브리어 '토브' 역시 하나님의 목적과 관련이 깊은데요. '토브'가 쓰인 성경의 용례는 창세기 1장 4절로 한글 성경에는 '보시기에 좋았더라'라고 번역했습니다. 하나님께서 말씀으로 천지를 창조하셨는데 '말씀'은 목적과 뜻이 담긴 하나님 계획의 총체입니다. 하나님께서 '보시기에 좋았다'라고 하신 것은 창조의 결과가 하나님께서 계획하신 것과 일치했음을 선언한 겁니다.

'합력하여 선을 이룬다'는 것은 원하는 대로 모든 게 다 잘된다는 게 아니기에 전제를 봅니다. "우리가 알거니와"는 "우리가 마땅히 기도할 바를 알지 못하나"(로마서 8:26)와 대조를 이루는데요. 문맥을 보면 "생각건대 현재의 고난"(로마서 8:18)과 연결이 됩니다. 어떤 고난을 당할 때 왜 이런 고난을 당하는지 원인을 알지를 못합니다. 그러나 "우리가 알거니와", "그 뜻대로 부르심을 입은 자들에게는 모든 것이 합력하여 선을 이룬다"라는 게 결론이에요. 창조의 목적과 원형이 일치하고 '보시니 아름답더라'라는 결론에 이릅니다. 고통의 문제가 해결되는 것도 중요하지만 과정에서 그 사람이 아름다워지는 게 최고의 선이라고 말씀하십니다.

한 걸음 더 들어갈까요? 합력하여 선을 이루시는 하나님의 은혜를 받은 수혜자로서 정체성과 태도는 어떠해야 할까요? '하나님을 사랑하는 자' 곧 '그분의 뜻대로 부름을 받은 자'임을 잊어서는 안 됩니다. 전자와 후자는 대조를 이루면서 서로의 의미를 보완하는데요. 전자는 능동태, 후자는 수동태라는 게 대조적이죠. '하나님에 의해 부르심 받은 우리가 하나님을 사랑해야 한다'라는 의미로 '곧 그 뜻대로 부르심을 입었다'라는 것은 하나님의 주권을 강조합니다. 바울 사도의 표현 방식을 주목하면 '하나님을 사랑하는 자'에서 '곧 그 뜻대로 부르심을 입은 자'로 바로 이어가는데 왜 그렇게 했을까요? '하나님을 사랑하는 자'라고만 하면 '모든 것이 합력하여 선을 이루게 되는' 근거가 하나님을 사랑하는 사람에게 맞춰지죠. 하나님을 향한 사람의 공로와 사랑이 도드라지게 보일 위험이 크기 때문이에요. 자칫 인과응보와 인본주의에 매몰될 수 있어요. 바울은 숨 쉴 틈도 주지 않고 '곧 그 뜻대로 부르심을 입은 자들에게'라는 말씀으로 강조점을 옮기죠. 하나님을 사랑하는 사람의 선택과 책임을 강조하면서 '하나님의 부르심'이 뿌리라는 걸 짙은 언어로 강조합니다.

하나님을 사랑하면 그분께 집중하고 모든 것에서 우선순위를 그분께 둡니다. 우리가 부름을 받은 목적은 하나님의 뜻을 이루기 위해서인데요. '그의 뜻대로 부르심을 입은 자'라는 정체성도 그런 의미를 담습니다. 우리의 삶에 우연은 없으며 하나님의 목적을 이루기 위해 우리는 부르심을 받았습니다. 부르신 목적에 우선순위를 두고 집중하는 삶이 합력하여 선을 이룹니다. 우리를 부르시고, 부르신 우리를 의롭다 하십니다. 의롭게 된 우리가 하나님을 영화롭게 하는 것이 하나님께서 우리에게 기대하시는 '선'입니다. 아브라함은 합력하여 선을 이루시는 하나님의 선을 따릅니다.

믿음의 조상 아브라함이 결혼생활에서 사라와 하갈의 갈등으로 파경의 위기에 몰렸어요. 하나님이 개입하셔서 선을 이루시는데요. 하나님은 이스마엘을 축복하심으로 그 사랑을 입증하셨어요.

다윗의 혈통에서 왕이 끊어지지 않게 하시겠다는 '다윗 언약'은 솔로몬에서 르호보암으로 이어질 때 위기를 맞이했는데요. 솔로몬과 르호보암의 타락으로 하나님의 공의와 사랑이 딜레마에 빠졌습니다. 솔로몬과 르호보암이 타락했을 때 열 지파는 여로보암과 함께 북왕국 이스라엘로 분리하셨죠. 두 지파는 다윗의 혈통으로 왕위를 잇게 하셨습니다. 타락에는 책임을 물으셨고 언약은 지키셨습니다. 공의와 사랑의 딜레마를 푼 신약의 사건은 십자가입니다. 하나님이 이스마엘을 축복하셨지만 이후 이스마엘의 반응과 태도가 미래를 결정합니다.

모든 꽃이 봄에 피지 않아요. 봄꽃은 화려하지만 쉬 지는데요. 작열

하는 태양 아래 화상을 입을 열기를 이겨 낸 가을꽃 향기는 진하고 오래갑니다. 조급함을 이길 쉬운 길은 없고 오직 믿음뿐이에요. 믿음이 흔들려도 믿음으로 다시 섭니다. 결단하고 넘어지기 일쑤이지만 다시 결단해야 하는 이유는 베이스를 차례로 밟지 않고는 홈에 들어갈 수 없기 때문이죠. 다른 길은 없고 오직 결단하고 성령님의 도우심을 구해야 합니다. 내가 먼저 변하면 배우자가 변합니다. 버릴 것은 배우자가 아니라 '자기 의'예요. 사라를 통해 사라와 함께 받을 가장 중요한 복이 이삭인데요. 인생 시험 일곱 번째 계단을 올랐다고 방심할 수는 없습니다. 여덟 번째 계단이 기다립니다.

Q1 당신은 어떤 배우자를 원하나요? 기혼이라면 당신의 배우자는 어떤 사람인가요? 배우자에게 당신은 어떤 사람으로 기억될까요?

Q2 배우자의 변화보다 먼저 당신의 인격과 영성의 성장이 우선입니다. 건강한 부부관계를 생각하며 당신이 개선해야 할 점이 무엇인지 세 가지만 생각해봅시다.

1.

2.

3.

Q3 배우자를 통해 당신을 정금같이 단련하시는 하나님은 당신의 무엇을 어떻게 단련하셨나요?

1.

2.

3.

1 아브람이 구십구 세 때에 여호와께서 아브람에게 나타나서 그에게 이르시되 나는 전능한 하나님이라 너는 내 앞에서 행하여 완전하라

2 내가 내 언약을 나와 너 사이에 두어 너를 크게 번성하게 하리라 하시니

3 아브람이 엎드렸더니 하나님이 또 그에게 말씀하여 이르시되

4 보라 내 언약이 너와 함께 있으니 너는 여러 민족의 아버지가 될지라

5 이제 후로는 네 이름을 아브람이라 하지 아니하고 아브라함이라 하리니 이는 내가 너를 여러 민족의 아버지가 되게 함이니라

6 내가 너로 심히 번성하게 하리니 내가 네게서 민족들이 나게 하며 왕들이 네게로부터 나오리라

7 내가 내 언약을 나와 너 및 네 대대 후손 사이에 세워서 영원한 언약을 삼고 너와 네 후손의 하나님이 되리라

8 내가 너와 네 후손에게 네가 거류하는 이 땅 곧 가나안 온 땅을 주어 영원한 기업이 되게 하고 나는 그들의 하나님이 되리라

9 하나님이 또 아브라함에게 이르시되 그런즉 너는 내 언약을 지키고 네 후손도 대대로 지키라

10 너희 중 남자는 다 할례를 받으라 이것이 나와 너희와 너희 후손 사이에 지킬 내 언약이니라

11 너희는 포피를 베어라 이것이 나와 너희 사이의 언약의 표징이니라

할례, 완전함

8
Circumcision,
the Wholeness
할례, 완전함
1
2
3
4
5
6
7
9
10
11
12
13
14
15
16
17

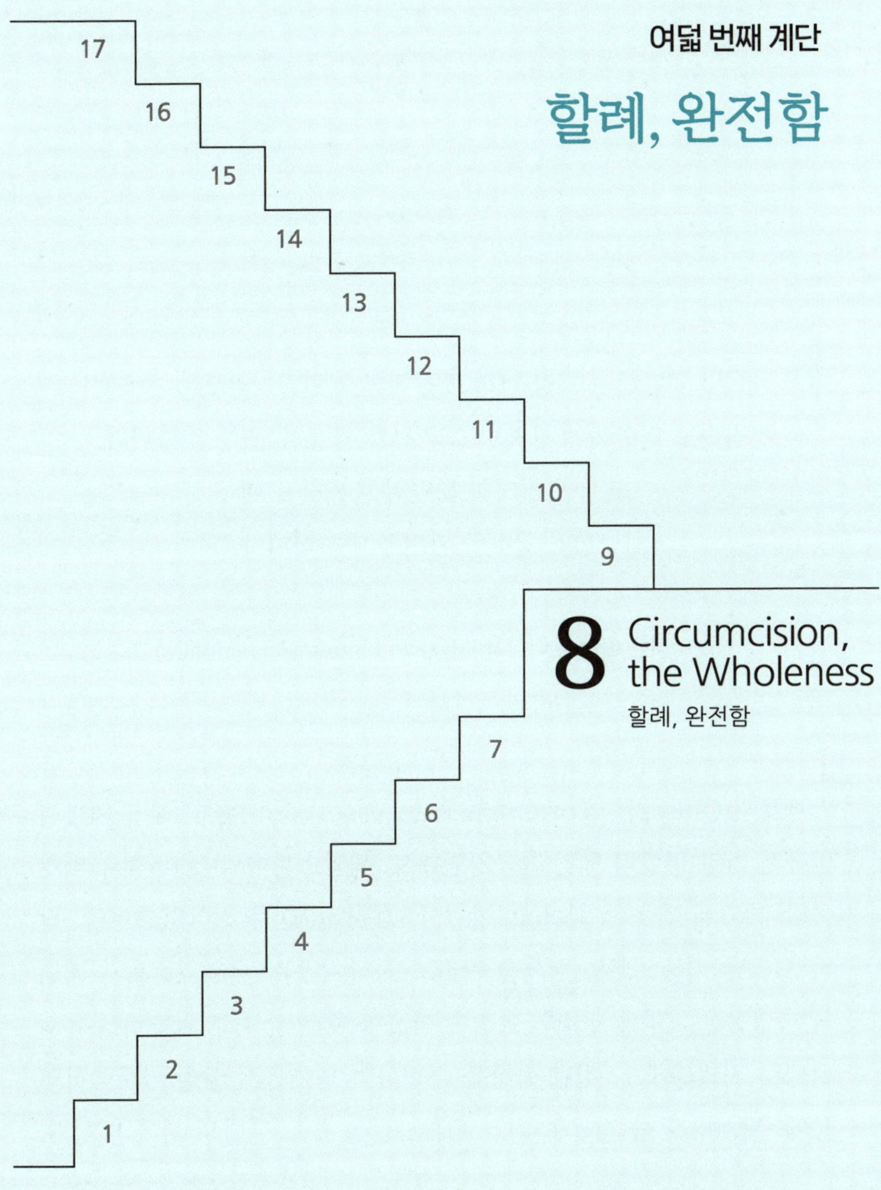

할례, 완전함

"당신이 가장 악하고 철저한 죄인일지라도,
완전하고 자유롭게 용서받고 완전한 사람이 될 수 있습니다.
당신이 철저히 죄인임을 깨달을 때
하나님은 당신을 완전하게 하십니다."

데이비드 마틴 로이드 존스(David Martyn Lloyd-Jones)

베르디(Giuseppe Fortunino Francesco Verdi)는 19세기 이탈리아에서 가장 영향력 있는 작곡가인데요. 셰익스피어의 〈윈저의 유쾌한 아낙네들〉에 기초한 희가극 '팔스타프(Falstaff)'를 작곡했습니다. 당시 오늘날 기준으로는 백세를 바라보는 나이였죠. 국회의원까지 지낸 국민 영웅은 고향에 마련한 농장에 머물며 예순 살 이후 자발적인 은퇴 상태로 지냈는데요. 지난 작품을 손질하며 명예롭게 삶을 마무리하던 중에 '팔스타프'를 작곡합니다. 평론가들은 주요 테마의 반복과 변형,

풍자적인 표현과 화려함 등 음악적인 구성의 복잡성 때문에 그가 살아서 '팔스타프'를 무대에 올리는 것을 보지 못할 것이라고 했는데요. 어느 날 기자가 베르디에게 물었습니다.

"당신의 작품 중에서 가장 위대한 곡은 어떤 곡인가요?"
"다음에 작곡할 곡입니다."

기자는 마지막 곡으로 생각되는 '팔스타프'라는 대답을 예측했지만 그의 대답 수준은 달랐어요. 그를 기억하며 작품에 경의를 표하는 것은 '팔스타프' 같은 곡을 썼기 때문이 아니라 그가 어떤 곡도 완전하다고 생각하지 않았기 때문일 겁니다.

선택과 구속의 시작

지금까지 아브라함은 일곱 번의 크고 작은 시험을 이겼는데요. 하나님은 그에게 임재하시고 직통 계시도 열어 놓으셨어요. 예수님의 40일 금식, 모세의 시내산, 엘리야의 호렙산은 신탁의 자리입니다.

할례는 중요한 언약으로 일반적으로 태어난 지 여드레 되는 날 행합니다. 히브리말로 '브릿트 밀라', 헬라어로는 '페리토메(peritome)'라고 하죠. 영어의 'circumcision'은 'cut around'의 뜻을 가진 라틴어 '키르쿰키시오(circumcisio)'에서 온 말입니다. 히브리어 '브릿트'는 계약(언약), '밀라'는 할례를 뜻하죠. 따라서 '언약의 할례'라고 번역하는 게 좋습니다.

할례는 하나님의 언약 백성으로서 하나님께 순종하고 헌신하겠다는 약속의 상징인데요. 특히 유대인에게는 공동체의 일원이 됐다는 소속의 상징이에요. 하나님의 흔적을 몸에 지닌다는 점에서 매우 자랑스럽게 여겼죠. 할례는 가정, 회당, 병원에서 행하는데요. 전날 밤, 아버지는 밤새 성경을 읽으면서 아들을 사탄으로부터 지킵니다. 할례 당일에는 하객이 일찌감치 와서 축하 파티를 열고 덕담을 나누면서 기다려요. 이를 '샬롬 자코르'라고 하죠. 시간이 되어 아버지가 아들을 안고 하객이 모인 방에 들어서면 모두 일어서서 환영의 인사말을 건넵니다.

아브라함의 할례에는 '선택과 구속의 시작'이란 메시지가 담겼는데요. 하나님은 아브라함에게 자신과의 언약을 확립하기 위해 할례를 명령하셨어요.

"너희는 나와 언약을 맺을 것이며, 너희는 할례를 받아야 한다."

할례 명령은 단순히 신체적 변화를 요구하는 게 아닙니다. 할례는 하나님과의 깊은 관계를 상징하는 의식이에요. 아브라함과 그의 자손이 하나님의 언약 백성으로 구별된다는 상징이죠. 그들의 삶이 하나님의 주권 아래에 있음을 담아내는 중요한 표시입니다. 할례의 신학적 의미는 하나님께서 아브라함과 그의 후손을 통해 구속의 역사를 이루어 가신다는 점입니다. 하나님은 아브라함을 통해 큰 민족을 이루겠다고 약속하셨죠. 여기서 큰 민족은 이스라엘 단일 공동체를 말하는 게 아닌 모든 민족, 열방을 의미합니다. 할례는 구속의 시작과 구속의 언약 유지 약속이에요. 아브라함과 그의 자손이 하나님께 속한 민족임을 분명히 선언하는 의식이었죠. 하나님과의 깊은 관계와 그가 이루실 구속 사역을 나타내는 중요한 의미를 내포합니다.

아브라함은 믿음의 조상으로 부르심을 받았지만 '아직' 단계였어요. 오늘 할례를 통해 더 깊은 관계로 들어갑니다. 하나님과의 관계는 완성을 향해 갈 뿐이지만, 그 길에 이른다는 것은 완전하신 하나님을 의지하는 것과 정비례합니다.

믿음의 반응

할례는 단순히 율법적인 의식이나 전통이 아닌데요. 믿음의 반응이죠. 할례를 마치면 '모헬(할례를 행하고 모든 의식을 진행하는 사람)'은 포도주를 한 잔 따르고 축원하며 하나님께 감사 기도를 드립니다. 이후 하객에게 할례가 성공적으로 끝났음을 알리죠. 그러면 하객이 아이가 하나님과의 언약 백성이 된 것을 기념하며 기도를 합니다.

"하나님께서 율법 공부, 결혼, 좋은 행실의 사람이 되게 인도하시기를…"

아이가 어머니 품에 안기고 간단한 축하 잔치가 벌어집니다. 생선과 단 과자를 준비하죠. 생선은 많은 자식의 출산, 단 과자는 아이의 장래가 평탄하기를 바라는 소원이 담겼어요. 예수님 당시엔 할례 받는 날 아기의 이름이 주어졌어요.

아브라함은 자녀를 주실 것이란 약속의 믿음으로 할례를 받았습니다. 태어난 지 여드레째 날도 아니고 아흔아홉 살이었죠. 아내 사라는 가임이 불가능한 상태였어요. 이성으로는 이해가 불가능한 약속이었지만 아브라함은 하나님이 약속을 지키실 것을 믿었어요. 누구에겐 할례가 축복이지만 아브라함에겐 시험이었죠. 혼잣말로 '노인네를 놀리시는 것도 아니고...'라고 되뇌어도 이상하지 않은 상황이에요. 자녀 생산에 대한 믿음 이전에 하나님께 대한 믿음이 할례의 실천입니다.

믿음은 하나님 말씀에 대한 전적인 신뢰와 순종을 통해 증명됩니다. 신앙은 단지 마음속의 고백만이 아니에요. 삶의 순종을 통해 나타납니다. 하나님이 아브라함의 할례를 통해 얻을 유익은 없습니다. 믿음의 확신과 언약의 징표는 오직 아브라함을 위한 것이었죠. 아브라함의 견고한 믿음은 하나님의 기쁨인 것입니다.

고등학교 2학년 때 만리현교회에서 '학생 전도 왕'이 됐어요. 일 년 동안 열세 명을 전도했고 정착률은 백 퍼센트였죠. 하지만 제겐 구원의 확신이 없었습니다. 담당 목회자는 구원론 개인 과외를 했습니다. 두 시간 이상 성경을 들추며 복음을 전하셨지만 구원의 확신이 들지 않았죠. 믿음은 들음에서 난다고 했지만 제겐 남의 일이었습니다. 하지만 결정적인 사건을 통해 이성이 깨어지니 구원이 선물로 주어졌어요. 어렵게 받으니 구원의 의미와 가치는 심오했죠. 지금은 세례 문답자의 자리에 섰습니다. 청원자를 만나면 엄밀하고 정확하게 믿음을 검증합니다. 진단에서 구원의 믿음을 확인하지 못하면 가끔 탈락자도 발생하기도 하죠. 믿음이란 쉬워 보일 수 있지만 출발도 어렵고 성장도 어렵습니다.

믿음의 조상이 된다는 게 이렇게까지 시험이 길고 질길 줄은 몰랐을 텐데요. 믿음은 시험으로 검증받고 시험을 통해 성장하죠. 처연한 시험의 결과를 통해 명징해집니다. 해서, 항상 강조하지만 목회와 일상은 시험입니다. 아브라함의 여덟 번째 계단은 이성의 한계에 대한 시험이며 그에게 완전함을 요구하신 시험이에요. 이성의 한계는 체험을 통해서만 깨집니다. 수많은 시험과 불신이 증류된 결정체가 믿음이죠. 믿음을 주시라고 기도하면 믿음이 아닌 오히려 믿을 수 없는 상황을 주십니다. 믿음의 시험에서 믿음으로 반응하는 자만 믿음을 얻을 수 있어요. 구원을 얻는 믿음은 선물이지만 쓰임 받는 믿음은 믿음과 불신의 점이지대에서의 선택입니다.

할례에 담긴 복음

"아브람이 구십구 세 때에 여호와께서 아브람에게 나타나서 그에게 이르시되 나는 전능한 하나님이라 너는 내 앞에서 행하여 완전하라"(창세기 17:1)

하나님은 아브라함에게 행하여 완전하라 하십니다. 그러나 완전하란 말씀만큼 우리를 부담스럽고 초라하게 하는 단어도 없어요. 완전에 대한 부담을 갖는 이유는 죄성 때문입니다. 자신의 죄를 인정하면서 완전에 이르는 것은 험난하고 불가능해 보이는데요. 이러한 부담은 완전에 대한 불완전한 이해로부터 시작됩니다.

"하늘에 계신 너희 아버지의 온전하심과 같이 너희도 온전하라"(마태 복음 5:48)

참 오르기 힘든 수준입니다. 하나님이 완전할 수 없을 것 같은 우리에게 주신 말씀이죠. 이 완전 명령은 할례와 함께 주어졌는데요. 할례를 통해 완전해지는 게 아닙니다. 할례에 담긴 복음으로 완전해집니다.

아브라함의 할례는 궁극적으로 예수 그리스도의 구속 사역과 연결되죠. 신약성서는 할례가 예수 그리스도 안에서 완성됐다고 기록합니다. 바울은 할례를 신체적인 행위가 아닌, 마음의 할례로 해석합니다. 예수 그리스도를 믿는 믿음으로 구원을 얻는다는 가르침이에요.

"오히려 속 사람으로 유대 사람인 이가 유대 사람이며, 율법의 조문을 따라서 받는 할례가 아니라 성령으로 마음에 받는 할례가 참 할례입니다. 이런 사람은, 사람에게서가 아니라, 하나님에게서 칭찬을 받습니다."(로마서 2:29, 새번역)

할례는 육체의 일로만 끝나지 않고, 마음의 할례를 통해 이루어져야 한다는 말씀입니다. 아브라함의 할례는 예수 그리스도의 구속 사역의 성취를 예표하는 상징적 의미예요. 예수 그리스도는 우리의 죄를 사하시기 위해 십자가에서 죽으셨어요. 그의 죽음과 부활을 통해 우리는 진정한 할례를 경험하죠. 바울은 그리스도 안에서 이미 할례를 받았다고 선언(골로새서 2:11)합니다. 그리스도를 믿음으로 구속받는 새로운 언약을 강조하는데요. 이는 하나님과의 관계를 확립하는 중요한 기준이 됨니다. 우리가 믿음으로 구원받아 하나님의 양자로 편입된 것처럼 말입니다. 아브라함의 할례 사건을 통해 우리는 하나님의 언약과 약속을 믿고, 그분의 뜻에 순종하는 삶을 살아야 함을 깨닫습니다. 돈이나 공로, 자격으로 구원받을 수 없어요.

무엇이 사람을 완전하게 할까요? 윤리적인 훈련, 금욕주의 영성, 제자훈련, 다 필요하지만 본질은 아닙니다. 우리를 완전하게 하는 것은 예수 그리스도에 대한 믿음이에요. 나를 완전케 하실 복음, 그리스도의 죽으심과 부활을 믿는 겁니다. 아브라함이 여덟 번째 계단 할례를 통해 믿음의 조상이 된 것이 아닙니다.

완전함은 모든 죄가 사라지고 온전히 거룩함을 이룬 상태가 아닙니다. 완전함(perfection)과 완전주의(perfectionism)를 혼동하는데요. 때문에 완전함에 대한 막연한 부담감으로부터 자유로울 수 없습니다. 누구도 완전할 수 없어요. 완전은 죄를 버리고 하나님 말씀이 이해되지 않아도 순종하겠다고 결단하는 마음의 상태이자 경험입니다. 하나님께 완전히 굴복된 마음의 상태죠. 아브라함에게는 아흔아홉의 할례였어요. 한 걸음 더 나아가 하나님의 말씀에 이유를 달지 않고 순종했죠. 원치 않는 결과를 받아도 하나님을 원망하지 않고 공의의 하나님을 신뢰하는 믿음입니다.

행위로 의를 쌓아 완전함에 이르고자 하는 것은 완전주의인데요. 율법주의, 바리새파의 복음입니다. 완전주의가 완전하다고 생각하는 순간, 죄인의 악보다 더 큰 악이 됩니다. 절대 완전은 오직 하나님 한 분이세요. 완전함이 불가능하다고 해서 상대적인 완전을 완전함이라 할 수는 없어요. 우리가 이룰 수 있는 완전함은 하나님과의 신실한 관계인데요. 하나님이 아브라함의 믿음을 의로 여기셨다는 가르침을 복습하면 완전함에 대한 이해가 깊어집니다.

바랄 수 없는 것을 믿으라 하실 때 믿는 것이 관계의 성실함인데요. 예수 그리스도를 통해 십자가 사랑에 믿음으로 반응하는 것이 완전한 삶이에요. 믿음의 조상이란 목표 지점은 하나님의 사랑으로 완성돼 갑니다. 하나님의 사랑과 은혜에 굴복하는 것이 완전함이죠. 완전함은 할례가 아닌 하나님이 이삭을 주실 때 보이시는 신실하심을 경험하며 이루어지는데요. 그 경험은 영적인 성장을 이루고 장성한 그리스도인으로 자라가도록 합니다.

한 가지 확실한 것은, 믿음의 조상이라는 타이틀이 인간의 연약함과 실수로 사라지지 않는다는 겁니다. 하나님께 반역하고 반항하는 죄가 아니라면 하나님은 우리를 은혜와 구원의 상태에 두세요. 완전함은 예수 그리스도의 십자가를 의지하고 은혜와 사랑 안에서 완성되어 간다는 믿음입니다.

Q1 당신이 이해하는 '완전한 그리스도인'이란 개념은 무엇인가요?

Q2 아흔아홉 살에 할례를 명하시는 하나님과 순종하는 아브라함을 보며 무엇을 느끼고 배우시나요?

Q3 오늘 하나님이 당신에게 주신 언약의 말씀은 무엇이고 그 말씀에 어떻게 반응할 것인가요?

Q4 당신과 하나님과의 관계는 친밀한가요? 하나님과 더 친밀하기 위해 당신이 기억하고 의지해야 할 말씀은 무엇인가요?

1 여호와께서 마므레의 상수리나무들이 있는 곳에서 아브라함에게 나타나시니라 날이 뜨거울 때에 그가 장막 문에 앉아 있다가

2 눈을 들어 본즉 사람 셋이 맞은편에 서 있는지라 그가 그들을 보자 곧 장막 문에서 달려나가 영접하며 몸을 땅에 굽혀

3 이르되 내 주여 내가 주께 은혜를 입었사오면 원하건대 종을 떠나 지나가지 마시옵고

4 물을 조금 가져오게 하사 당신들의 발을 씻으시고 나무 아래에서 쉬소서

5 내가 떡을 조금 가져오리니 당신들의 마음을 상쾌하게 하신 후에 지나가소서 당신들이 종에게 오셨음이니이다 그들이 이르되 네 말대로 그리하라

6 아브라함이 급히 장막으로 가서 사라에게 이르되 속히 고운 가루 세 스아를 가져다가 반죽하여 떡을 만들라 하고

7 아브라함이 또 가축 떼 있는 곳으로 달려가서 기름지고 좋은 송아지를 잡아 하인에게 주니 그가 급히 요리한지라

8 아브라함이 엉긴 젖과 우유와 하인이 요리한 송아지를 가져다가 그들 앞에 차려 놓고 나무 아래에 모셔 서매 그들이 먹으니라

손님

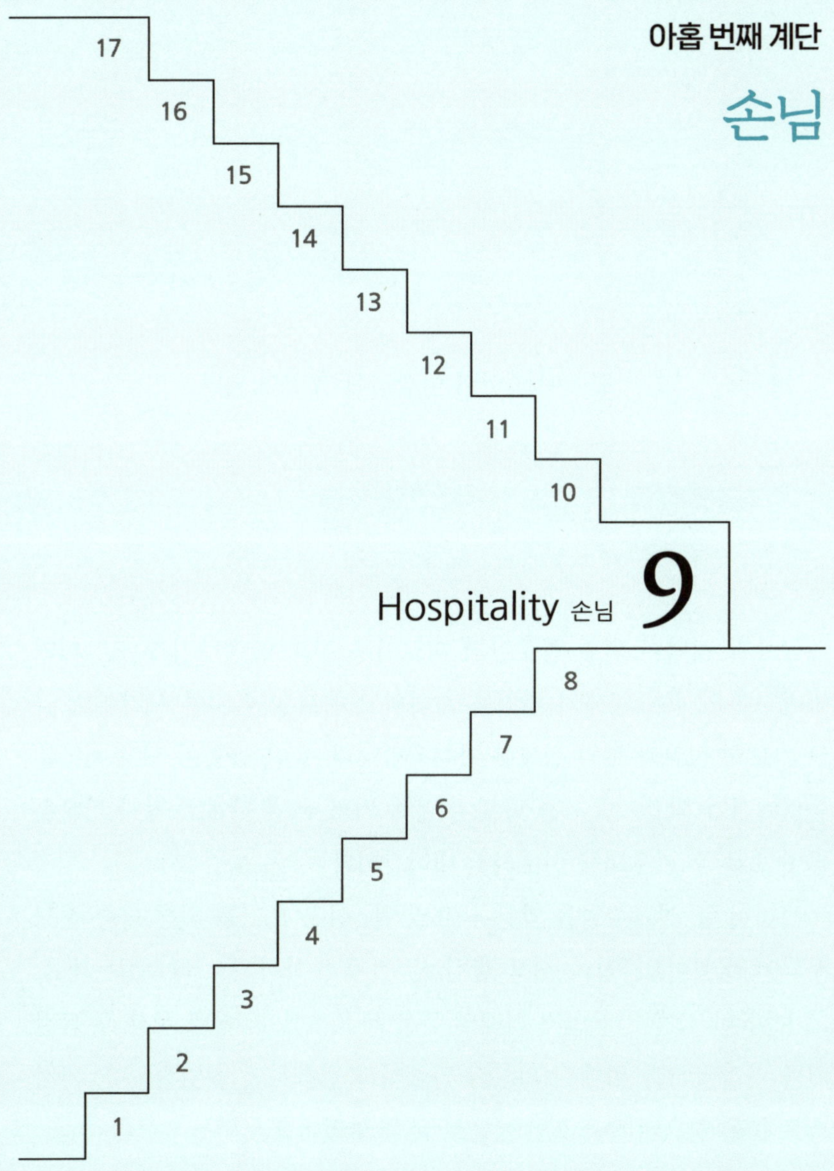

손님

"집안 인심이 좋아야 바깥양반 출입이 넓다."

한국 속담

금요일 저녁이 되면 한주간의 피로가 누적되어 에너지가 고갈되기 마련인데요. 목요일까지 일정을 소화하고 금요일엔 이른 시간부터 금요 기도회 설교와 주일 설교를 마무리합니다. 눈은 충혈이 되고 어깨는 돌덩어리가 되죠. 한 시간 남짓 수년째 지켜 온 루틴대로 잠시 기운을 끌어 모은 후 기도회를 인도하러 내려갑니다.

그러던 중 선교주일을 앞둔 금요일 밤, 선교 보고를 위해 파송 선교사님이 오셨어요. 집회 시작 삼십 분 전에 도착하기로 약속했는데요. 그 보다 한 시간이나 먼저 서재의 문을 두드리셨죠. 저녁 식사 후 몸살기를 가라앉히기 위해 누워있던 와중이라 반응하기 싫었습니다. 가까스로 몸을 일으켜 부스스한 눈으로 문을 열었어요.

"금요일 밤이라 차가 막힐 것 같아 조금 일찍 출발했는데 너무 일찍 왔습니다."

"얼마나 반가웠으면 이렇게 길도 잘 열렸을까요? 잘 오셨습니다."

정중하게 환영을 했지만 반가움이 먼저라기보다 지친 육신이 혼잣말을 합니다.

"일찍 도착하셨으면 근처 카페에서 좀 쉬다가 약속한 시간에 오시지...."

나중에 안 것이지만 선교사님이 사역하신 문화권에서는 예배 전 찬양만 한 시간 삼십 분 정도 하신답니다.

예고 없이 찾아온 나그네

아브라함이 날이 뜨거울 때 장막 문에 앉아서 쉬는데 맞은편에 사람 셋이 보입니다. 더위에도 불구하고 아브라함은 곧 장막 문에서 달려 나가 영접하며 몸을 땅에 굽혔습니다.

"내 주여 내가 주께 은혜를 입었사오면 원하건대 종을 떠나 지나가지 마시옵고 물을 조금 가져오게 하사 당신들의 발을 씻으시고 나무 아래에서 쉬소서"(창세기 18:3~4)

아브라함이 맞이한 예고 없이 찾아온 나그네는 인간의 육신의 옷을 입고 오신 하나님이었는데요. 신탁을 받은 사람이 하나님의 메신저로 온 것인지 하나님이 인간의 옷을 입고 오신 것인지 의견이 분분하지만 하나님의 천사인 것은 확실합니다.

당시 예고 없이 찾아온 나그네를 마주하는 것은 흔한 일이 아니었어요. 성서에 따르면 아브라함 생애에도 딱 한 번뿐이었는데요. 문화의 변천을 고려하면 고대 시대에 나그네를 환대하는 정신은 오늘날 새롭게 적용될 필요가 있습니다. 동서고금을 막론하고 접대의 관습(Hospitality customs)에는 주인은 찾아온 손님을 예우하고 손님은 주인에게 위해를 가하지 않는다는 공통된 규칙이 있죠.

고대 근동지역에서는 나그네들에게 호의를 베푸는 것을 커다란 미덕으로 여겼는데요. 심지어 나그네를 환대하지 않는 것은 위법으로 해석될 수 있었어요. 물론 일반론적인 관점에서는 당시 호텔이나 먹을 것을 판매하는 장소가 없었기 때문으로 보이기도 하는데요. 종교적인 관점에서 나그네는 사회적인 약자로 전제하기에 나그네를 대접하지 않는 것은 죄악으로 여겼죠. 중동지역에선 낯선 사람이 그 지역을 방문하면 잠자리와 음식으로 극진히 대접했어요. 풍속에 따라 아브라함도 나그네 세 사람을 환대합니다.

아브라함 시대의 문화보다 현대에 나그네를 환대한다는 것은 무척 어려운 일인데요. 21세기 대한민국이라는 삶의 자리에서 나그네는 누구일까요? 아브라함 시대의 나그네를 이 시대에 만나는 게 쉽지 않을 텐데요. 만에 하나 찾아왔다고 해도 환대하기 어려울 겁니다. 나그네는 낯선 사람이고 낯선 것에 대한 불확실성에는 거리 두기와 편견이 작동하기 때문이에요. 나그네에 대한 정의를 좀 더 좁히면 생각보다 나그네는 가까이 있는데요. 십여 년 동안 소식이 끊겼다가 갑자기 청첩장을 보내는 사람, 사업 실패 후 도움의 손길을 요청하는 주변인이 바로 나그네입니다. 이때 생존을 위한 긴급한 도움의 손길은 나눠야 합니다. 하지만 도움을 쉽게 생각하고 상대를 구원의 수단으로 생각하고 접근하는 무례한 나그네와는 거리 두기를 해야 합니다.

불편한 상사와 함께하는 회식처럼 사람을 만나고 섬기는 게 쉽지 않은데요. 인생이란 게 내가 선택할 수 없는 일이 내 인생을 결정하는 경우가 다반사예요. 우연한 만남이 필연적인 만남으로 이어질 때가 그런데요. 학교에 입학했는데 불편한 짝을 만나면 우연적인 만남이 불편한 관계로 이어지는 겁니다. 불완전한 부모와의 만남도 그래요. 내가 태어난 시간, 문화, 환경, 외모는 내 인생을 결정하는 중요한 요인이지만 내가 결정할 수 없습니다. 필연적인 관계는 선택할 수 없으므로 수용하는 태도가 중요하죠. 예고하고 찾아온 나그네를 섬기는 것도 어려운데 예고 없이 찾아온 나그네를 이 시대에 만난다는 건 황당한 일임이 분명합니다. 고대 시대의 범주가 아닌 이 시대에도 나그네는 많습니다.

통 큰 환대

일본이 낳은 세계적 스승 가가와 도요히코는 신학교 2학년 때 결핵에 감염됐어요. 학교를 다닐 수 없어서 깊은 산골에 들어갔죠. 이때 가네자와 교회의 나가오 목사의 보살핌을 받았어요. 나가오 목사는 무려 5년이나 유일한 신도인 아내와 자녀 앞에서 설교하며 양적 성장을 이루지 못하고 있었죠. 가가와에게는 생의 진로를 바꾼 스승으로 가가와가 핏덩어리를 토하면 걸레를 가져와서 닦아주었어요. 결핵 환자인 그와 식사도 같이했죠. 가가와는 그의 자비로운 성품을 보면서 빈민을 위해 일하겠다는 다짐을 실천했어요. 건강은 회복되지 않았고 죽음에 대한 공포가 엄습했지만 가가와는 생각합니다. 죽기는 마찬가지인데 죽는 시간을 기다리지 말고 목숨을 끊는 게 남자답다는 생각이 들었죠. 밤새도록 몸부림을 치다 다음날 결론을 얻었어요. 몇 가지 살림 도구를 챙겨 수레에 싣고 빈민굴로 찾아갔어요. 나가오 목사의 사랑과 성령의 인도하심이 그를 압도했습니다.

"만일 예수님께서 나 같은 경우를 당했다면 어떻게 했을까?"
"주님이라면 목숨을 끊지도 않을 뿐 아니라 이대로 죽는 날을 기다리지도 않았을 것이다. 목숨이 붙어 있는 날까지 섬길 자를 찾아갔을 것이다."

결론을 얻어 실천했는데요. 빗자루와 걸레를 들고 다니면서 청소하고 어린이를 돌보며 보람찬 생을 이어갔습니다. 섬김과 환대는 나그네에게는 큰 유익일뿐더러, 먼저 자신에게는 엄청난 에너지와 기쁨으로 보상합니다.

아브라함은 섬김은 통 큰 환대로 발전했어요. 발을 씻게 하고 "떡을 조금 가져오리니 당신들의 마음을 상쾌하게 하신 후에 지나가소서"라며 숨을 돌리게 배려하죠. 떡과 기름지고 좋은 송아지를 잡아 하인에게 주어 급히 요리합니다. 엉긴 젖, 우유, 하인이 요리한 송아지를 차려 놓고 나무 아래에 모셨어요.

정경호 박사는 아브라함의 환대 과정을 첫째, 멀리서 지나가는 낯선 사람들을 반가운 마음과 대접하고 싶은 마음으로 보는 행동(seeing), 둘째, 만나기 위해서 달려가는 행동(running to meet), 셋째, 존경을 표하는 행동(honoring), 넷째, 초대하는 행동(inviting), 다섯째, 새 힘을 얻도록 자신의 공간에서 쉬게 하는 행동(refreshing), 여섯째, 음식을 준비하는 행동(preparing), 일곱째, 대접하며 섬기는 행동(serving)이라고 했습니다.

러셀(L. M. Russell)은 환대를 위기에 빠진 이 세상에 치유와 정의를 가져오는 하나님의 행동에 연대하는 것이라고 했어요. 미국의 종교교육가 팔머(P. J. Palmer)는 '환대'를 갈등과 서로의 새로운 생각을 개방적이고 주의 깊게 받아들이는 노력이라고 했습니다.

아브라함은 최상급 재료로 중동의 빵 피타(Pitta)를 구웠습니다. 이 빵은 중동지역의 주식으로 밀과 보리로 만드는데요. 아브라함은 최상급 고운 밀가루를 사용해 나그네를 귀빈으로 대접합니다. 아브라함은 어린 송아지를 잡아 가장 부드럽고 맛 좋은 고기를 준비했죠. 당시 보관기술과 음식물 재고를 고려하면 세 나그네를 위한 송아지 한 마리는 과해 보이는데요. 아브라함의 섬김의 크기와 마음을 보여 줍니다. 특별한 날에만 송아지를 음식으로 먹는 고대 중동의 문화를 고려하면 아브라함의 진심이 더욱 와 닿는데요. 여기서 그치지 않고 아브라함은 후식으로 우유와 요구르트까지 내옵니다. 하나님은 우리 마음의 '통'을 보시는데요. 그릇의 크기만큼 쓰십니다. 오래쓰시기 위해선 마음의 상태를 보시는데요. 섬김의 동기가 순수한지를 보십니다. 다음은 마음의 성실함인데 이는 일관성에서 비롯됩니다.

기밀 해제와 정보 교환

통 큰 환대를 받은 하나님의 천사가 아브라함을 부르시더니 아내 사라를 찾습니다. 곧이어 "내년 이맘때 내가 반드시 네게로 돌아오리니 네 아내 사라에게 아들이 있으리라"라고 하시죠. 하지만 사라는 마음속으로 웃으며 독백합니다.

"내가 노쇠하였고 내 주인도 늙었으니 내게 무슨 즐거움이 있으리요"(창세기 18:12)

그녀의 독백을 읽어 낸 천사가 아브라함에게 질문했어요.

"사라가 왜 웃으며 이르기를 내가 늙었거늘 어떻게 아들을 낳으리요 하느냐?"(창세기 18:13)

"여호와께 능하지 못한 일이 있겠느냐?"(창세기 18:14)

칸트는 이성을 통해 진리를 아는 이론이성과 법과 규율을 따르도록 의지를 규정하는 실천이성으로 구분했는데요. 아는 것을 그대로 실천 가능한 인류는 지구상에 없습니다. 꽃이 흔들리며 피듯이 믿음은 흔들리며 성장하죠. 거목의 성장통은 보지 못하고 결과물만 보기에 자신이 초라해 보입니다. 하지만 성장통의 면면을 본다면 이성의 한계를 깨뜨리는 것도 하나님의 영역임을 알기에 몸을 맡길 수 있습니다. 아브라함을 연구하면서 아브라함이 단번에 영적인 거목이 되지 않음이 얼마나 감사한지 모릅니다. 믿음의 조상, 아브라함 부부도 별반 다르지 않았거든요. 누구나 믿음이 흔들리는 게 정상이에요. 결혼하는 한 쌍이 부부 싸움 없는 결혼생활을 위해 기도해달라고 한다면 믿음이 좋은 겁니까? 뭘 모르는 철부지입니까?

이성이 없다면 지구촌에서 인간은 살아갈 수 없습니다. 자기가 선호하는 이야기만 받아들일 텐데요. 확증 편향 중독자들의 갈등과 싸움을 조정할 자는 단 한 명도 존재하지 않을 겁니다. 어떤 면에서 의심의 존재는 이성적 판단의 반증인데요. 창조적인 의심을 가지고 도전하는 이성을 가진 자에게 인류는 빚진 자입니다.

환대했기 때문에 이삭을 받았다고 풀어 가면 기복신앙인데요. 이삭을 선물로 받은 건 약속의 성취예요. 하나님의 언약은 일점일획도 변하지 않습니다. 환대하지 않았어도 이삭을 주셨을 겁니다. 다만 환대는 이삭의 수태고지라는 선물로 이어지는데요. 아브라함과 사라에게 일 년 후 이삭이 태어날 것에 대한 정보는 중요합니다. 물론 아브라함 부부가 정보를 제공받지 못했어도 이삭은 태어났을 테지만 임신에 관한 정보를 가지면 어머니로서의 준비가 달라집니다. 믿음의 안정성은 태중의 이삭에게 긍정적인 영향을 끼칩니다. 어머니의 확신과 평안한 마음은 이삭의 전 인격에 유의미한 태교로 남았을 텐데요. 덧붙여, 하나님의 천사가 기밀을 열었다는 것은 사랑의 확신이죠. 유형의 선물인 이삭을 받기 전에 사랑이라는 무형의 선물을 먼저 받은 겁니다. 자식을 갖게 될 것이라는 고지를 받을 때는 이해가 안 되고 이해를 못 해서 웃

었지요. 언약이 실현되고 아이를 가진 것을 알았을 때는 기뻐서 웃음이
터졌을 겁니다.

"사람들아! 나도 아이를 가졌다. 나도 어머니가 된다."

사라의 웃음은 약속이 현실이 될 때의 기쁨에 대한 하나님의 보너스
였어요. 하나님의 사랑이 체득되는 순간, 웃음은 바로 사랑의 보상입니
다.

아브라함이 나그네를 영접하고 베푼 통 큰 섬김이 이삭에 대한 수태
고지 하나만 주어진 게 아니었어요. 타인과 타문화권에 열린 자는 '정
보'를 얻습니다. 21세기는 정보의 수집, 관리, 활용에 따라 미래가 갈
리는데요. 지인은 암호화 화폐 초기에 30억을 벌었어요. 처음에는 대
학 동아리에서 정보를 얻었고 이를 공학적으로 접근했습니다. 이후 세
계 시장의 흐름을 읽고 프로그램을 만들었어요. 각 시장가격의 차이와
환율을 계산하고 코인의 상승 흐름을 파악했어요. 이것이 일석삼조의
수익이 됐는데요. 그분은 순수함으로 섬겼더니 정보를 얻었다고 고백
했어요.

대부분 정보의 중요성을 간과하기 십상팔구인데요. 사실 많은 정보
는 선택의 폭과 비례합니다. 구석기나 신석기엔 어디서 어떤 것을 수
집해 먹을 수 있는지 파악하며 사냥방법에 대한 정보를 얻었어요. 이후
청동기, 철기시대엔 어떤 금속을 넣어야 더 단단하고 날카롭게 쓸 수
있는지에 관한 정보를 얻었을 테죠. 현대에 정보의 가치는 금전, 권위
보다 막대한 영향력을 가지는데요. 오늘날 인터넷, 모바일, 챗GPT는

언제 어디서나 원하는 정보를 제공합니다. 이젠 정보의 활용을 물으면 인공지능은 몇 초 이내로 사람의 능력치 이상을 제공하죠. 정보의 신뢰성을 보장할 수 없다고 하지만 현재로선 기우에 불과합니다.

2024년 12월 3일은 충격적인 날이었어요. 21세기 대한민국에서 비상계엄이라니, 살면서 비상계엄을 두 번 당할 것이라곤 전혀 예상하지 못했거든요. 여의도 국회의사당 앞에는 완전무장한 군인이 들어서고 헬리콥터가 국회 앞뒤 마당에 착륙해 특공대를 투입했어요. 촌각을 다투는 비상 상황에서 국민은 국회의사당으로 몰려가서 계엄군의 국회 정문 진입을 막았죠. 국민이 계엄군보다 먼저 국회의사당 앞에 도착한 것은 정보화 사회의 힘이었어요. 계엄군이 강력한 무력을 행사하지 못했기 때문입니다. 계엄군은 체포할 대상자 명단을 가졌지만 시민의 힘에 막혀 단 한 사람도 체포하지 못했어요. 투입된 계엄군마저 이해 불가한 비상 계엄령이어서 명령 수행에 굼뜨기도 했습니다. 실시간 유튜브로 방송되는 상황에서 과격한 행동과 명령 수행에 몸을 사릴 수밖에 없어 보였죠. 모든 게 카메라에 담겼습니다. 그것도 수백 대의 스마트폰이 불을 밝히며 주목했습니다.

'ON AIR'

지금은 생방송 중입니다. 방송사는 계엄사령부의 눈치를 볼 때 개인 유튜버와 일부 정치인은 실시간으로 국회의사당으로 이동했어요. 국민에게 나라를 지켜달라고 호소했어요. 공중파 방송사가 한 정치인의 개인 유튜브 라이브를 송출할 정도였죠. 정보의 소통이 계엄 쿠데타를 막았습니다.

20년 전에 일산 기독실업인회(CBMC)의 지도 목사로 섬겨 달라는 요청을 받았는데요. 주 1회 새벽기도회를 마치고 이동해서 설교했어요. 쉬운 일은 아니었지만 다양한 직종의 전문인이 모인 곳이라는 점이 매력적이었죠. 성경적 세계관을 가르치면서도 많은 정보를 얻을 수 있을 것이라고 생각했고요. 지도 목사로 섬기는 동안 나눈 이야기는 교회에서 들을 수 없었던 새로운 간접 경험이었어요. '로고스교회 성도도 목사와 교회에 관해 가끔 이렇게 생각하겠구나.' 많은 정보를 얻었습니다.

일산 기독실업인회 모임에 온 분들은 얻기 위해 온 사람과 주기 위해 온 사람으로 갈리었죠. 배우기 위해 온 사람과 가르치러 온 사람이었어요. 돈을 얻기 위해 온 사람은 적은 것을 얻고 정보를 얻고 타인에게 유익을 끼치는 사람은 '사람'이라는 큰 것을 얻었습니다. 신뢰할 만한 사람에게 구성원은 전폭적인 지원을 했어요. 20년간 일산 기독실업인회를 지도했는데 되레 제가 지도를 받았습니다. 정보는 지식이 됐고 수많은 의사 결정의 중요한 지렛대가 됐습니다.

Q1 당신의 삶에 불편한 나그네는 누구이며 어떻게 그를 대했나요?

Q2 아브라함의 통 큰 환대에서 배울 점은 무엇이고 어떻게 적용할 것
인가요?

1.

2.

3.

Q3 당신의 열린 인간관계에서 당신이 얻은 정보는 무엇이었고 무엇을
어떻게 실천에 옮겼으며 어떤 유익을 경험했나요?

1. 얻은 정보는 무엇이었는가?

2. 어떻게 실천했는가?

3. 어떤 유익을 경험했나?

20 여호와께서 또 이르시되 소돔과 고모라에 대한 부르짖음이 크고 그 죄악이 심히 무거우니

21 내가 이제 내려가서 그 모든 행한 것이 과연 내게 들린 부르짖음과 같은지 그렇지 않은지 내가 보고 알려 하노라

22 그 사람들이 거기서 떠나 소돔으로 향하여 가고 아브라함은 여호와 앞에 그대로 섰더니

23 아브라함이 가까이 나아가 이르되 주께서 의인을 악인과 함께 멸하려 하시나이까

24 그 성 중에 의인 오십 명이 있을지라도 주께서 그 곳을 멸하시고 그 오십 의인을 위하여 용서하지 아니하시리이까

25 주께서 이같이 하사 의인을 악인과 함께 죽이심은 부당하오며 의인과 악인을 같이 하심도 부당하니이다 세상을 심판하시는 이가 정의를 행하실 것이 아니니이까

26 여호와께서 이르시되 내가 만일 소돔 성읍 가운데에서 의인 오십 명을 찾으면 그들을 위하여 온 지역을 용서하리라

열 번째 계단
소돔과 고모라
Sodom & Gomorrah
소돔과 고모라 10

소돔과 고모라

"좋은 일 좋은 사람 좋은 삶을 만나려면
간단한 준비물이 있다.
좋은 나."

최인호

극동방송 '사랑의 뜰안' 진행자로 활동할 때였어요. 생방송이라 서재에서 원고를 숙지하고 방송사로 향하려면 예민해지는데요. 하루는 담당 피디로부터 전화가 왔습니다.

"목사님, 혹시 재정적인 문제로 누군가에게 실수한 적 있으세요?"

얼마나 당혹스러웠는지 갑자기 정신이 혼미해졌어요. 그런 말을 듣는 날이 올 것이라곤 생각한 적이 없었는데요. 순간, 짧지 않은 목회 기

간을 내리훑으며 따져봤습니다. '나도 모르게 무슨 실수라도 한 것은
아닌지' 아무리 생각해봐도 그럴만한 일이 없었는데 어떤 내용인지 의
아했어요. 몇 초간의 침묵은 끝나고 사태 파악을 했어요.

"방송사로 걸려온 전화였나요?"
"네!"
"제보자 성함을 알 수 있을까요?"
"내규 상 말씀드릴 수는 없습니다."
"기억에는 없는 일인데요. 혹시 모르죠. 기억이 정확하지 않을 수 있
으니... 그럼 오늘 방송에 가지 말까요?"
"아닙니다. 확인된 건 아니니 일단 오시죠."

방송을 마치고 담당 피디와 대화가 좀 길어졌습니다.

"그럼 제보자의 이름은 말고 '성씨'만이라도 말해주세요."
설마하며 생각나는 인물이 있어 여쭸더니 어렵고 무겁게 말씀하십
니다.
"안 씨 성을 가진 분입니다."
"그럼 안○○!"
"네? 어떻게..."
"아... 네! 제 친형입니다. 방송사에서 전화를 받기 하루 전, 형과 통
화했거든요. 경제적인 도움을 요청했지만 이미 여러 차례 도왔었기에,
마지막이라며 도운 것이 최선이었다고 거절했더니 생긴 일입니다."

악의 축, 동성애와 성폭력

환대를 받은 하나님의 천사가 이삭의 출생을 고지하고 떠나는 길에 비밀을 하나 더 풉니다.

"내가 하려는 것을 아브라함에게 숨기겠느냐… 소돔과 고모라에 대한 부르짖음이 크고 그 죄악이 심히 무거우니"(창세기 18:17~20)

소돔과 고모라는 구약성서에서 악의 상징인데요. 첫 번째 악은 동성애입니다. 동성애에 대한 성서의 입장은 분명한데요. 하나님의 창조질서 파괴와 악의 집약입니다. 성소수자의 인권은 존중해야 하지만 소수자의 인권이 공동체에 해를 끼치는 것은 악입니다. 동성애를 허락하지 않아도 동성애자가 느는 추세인데요. 차별금지법을 제정해서 허용하면 사회는 손실비용과 창조질서 파괴로 상상하지 못할 폐해를 겪습니다. 인류의 탄생과 존재의 근간을 흔들게 됩니다. 동성애자의 빗나간 성적 호기심이나 취향은 선도와 치유가 필요합니다. 포괄적 차별금지법이 통과되면 부모조차도 자녀의 성전환 수술을 막을 방법이 없어지는데요. 막으려 한다면 되레 고발당할 수 있습니다. 기독교가 그렇게 강력하게 반대하는 이유는 창조질서의 보존과 탈 동성애를 돕기 위한 선교적인 책임 때문이기도 합니다.

보건의학적인 측면에서 동성애의 위험성은 타의 추종을 불허하는데요. 공인된 통계 자료에 따르면 동성애자의 수명이 짧아지는 원인은 에이즈, 매독, 임질 같은 성병을 비롯해 각종 질병에 취약하기 때문입니다.

질병관리청의 'HIV/AIDS(에이즈 검사) 신고 현황 연보'에 따르면, 2022년 신규 내국인의 에이즈 감염인(825명) 중에서 577명(69.9%)이 성 접촉으로 감염됐다고 답했는데요. 이 가운데 동성 간 성 접촉은 348명(59.8%)이었습니다. 더욱이 전국 21개 대학병원이 재조사한 '한국 HIV/AIDS 코호트 연구'에 따르면 알려진 수치보다 실제 에이즈 감염인은 더 많을 것으로 추정된다고 합니다.

20세기 후반 사라졌다고 생각한 매독이 다시 증가 추세인 것도 남성 동성애자들과 연관이 있다고 하는데요. 민성길 교수는 "2024년 현재, 매독은 중요한 세계적 건강 문제로 떠오르고 있다. 선천성 매독도 2022년 전년에 비해 30% 증가했다."라며 "매독 증가 원인은 대부분 남성 간 성교 때문이다. 해방된 동성애자들에 의해 에이즈가 세상에 들어왔고, 에이즈를 통제하면서 그들 사이 매독이 증가하고 있다. 여성 매독도 증가 추세"라고 우려했습니다.

마약사범과 에이즈 감염의 동반 상승과 관련해 '한국가족보건협회'는 일반적으로 동성애자들의 마약 사용은 일반인에 비해 3~4배 높다고 했습니다. 에이즈 급증에 따른 국가예산 부담도 크게 늘어난 것으로 나타나 최근 10년간 에이즈 감염인 치료비(국민건강보험료+국고지원)는 2013년 632억 원에서 2022년 1,314억 원으로 2배 이상 급증한 것으로 집계됐습니다.

'가득이 심리상담센터' 박경은 소장에 의하면 인간은 성장하면서 정체성 혼란을 겪는데 동성애 역시 성 정체성 혼란에서 출발합니다. "1단계는 성 정체성의 혼란을 경험하는 단계로 '내가 느끼는 게 다른가? 틀린가?'라는 의구심을 갖는 막연한 성적 환상과 이끌림을 경험합니다.

2단계는 자신의 다름을 느끼는 단계입니다. 다름을 인식하며 사회적인 고립과 소외감을 경험하는데 사회적 지지가 약한 경우엔 죄책감, 수치감이 나타납니다. 3단계는 성 정체성의 갈등에 적응하는 단계로 자신의 동성애적 경향을 숨기고 지지받을 만한 상대에게 몰두합니다. 이때 성적 활동을 시작하는 경우가 많습니다. 4단계는 성 정체성의 갈등을 수용하는 단계로 성 정체성을 수용하는 게 아니라 갈등이 있는 상황을 수용합니다. 가정이나 학교에서 자신의 감정을 수용해주는 상대를 찾으려는 적극적 행동이 나타납니다. 5단계는 성 정체성 발달의 자긍심 단계로 이성애자들과 분리된 태도를 보이고 자신의 생활양식에 대한 우월감도 보입니다. 정체성 강화를 위해 적극성을 보이며 편견이나 차별에 대해 분노합니다. 6단계는 성 정체성 발달의 통합 단계로 불편을 느꼈던 이성애자와의 만남도 다시 이루어집니다. 자신의 성 정체감에 대한 타인의 시각이나 편견에 대해서도 좀 더 수용적인 입장을 갖게 되고 직장이나 학교에서도 자신의 역할을 수행하는 데 큰 문제가 나타나지 않습니다."

단계가 진행할수록 치료가 어려워지는데요. 가족이나 지인이 알게 될 때 정죄나 관계의 단절이 아닌 성적인 호기심이나 성 정체성 혼란으로 이해해야 합니다. 공감과 경청을 통해 건강한 성 정체성 수립을 도와야 합니다. 가족 중에 자신의 혼란스러운 성 정체성을 이해하고 도와주며 포기하지 않음을 알 때 회복의 첫걸음을 내딛게 되는데요. 충분한 대화를 통해 전문가의 도움을 받는 자리로 가도록 도와야 합니다.

어떤 유명 게이 연예인은 중고등학교 시절 300명이 넘는 사람과 성관계를 했다고 방송에서 밝혔는데요. 300번이 아닌 300명이라니 일주일에 한 명꼴로 상대가 바뀐 겁니다. 미국의 벨과 와인버그의 동성애 관련 조사(2019.03.12.)에 의하면 미국 백인 게이의 43%가 500명 이상, 28%가 1,000명 이상과 성관계를 가졌다고 합니다. 이런 끔찍한 동성애가 소돔과 고모라에서 팽배했습니다. 소돔과 고모라의 두 번째 악은 성폭력입니다.

"소돔과 고모라에 대한 부르짖음이 크고 그 죄악이 심히 무거우니" (창세기 18:20)

소돔과 고모라에서 들려오는 건 울부짖음밖에 없었다고 고발하는데요. 공의와 정의가 사라진 곳엔 '폭력'이 대신합니다. 소돔과 고모라가 멸망하게 된 근본적인 이유는 동성애와 만연한 폭력이었어요. 성폭력, 동성애는 소돔과 고모라가 하나님으로부터 얼마나 멀어졌는지를 보여주는 단적인 예로 타락상의 끝을 보여줍니다.

침묵과 개입 사이

소돔의 심판 소식을 들은 아브라함은 하나님 앞에 섭니다.

"그 사람들이 거기서 떠나 소돔으로 향하여 가고 아브라함은 여호와 앞에 그대로 섰더니"(창세기 18:22)

아브라함의 중보기도가 시작되는데요. 소돔과 고모라가 불쌍해서 드리는 기도이기도 하지만 조카 롯의 일가를 생각한 기도입니다. 하나님이 아브라함을 부르실 때 첫 번째 명령어가 '떠나라'였어요. 떠나야 할 것은 본토, 친척, 아비 집이었기에 조카 롯을 데리고 떠난 것은 친척을 떠나란 명령에 불복종한 것으로 보입니다. 한 번의 불순종이 아브라함에게 인생 그림자로 평생을 따라다녀요. 시간이 지나면 혈연의 깊이도 약해지고 그 띠도 느슨해지기 마련인데요. 아브라함의 중보기도를 보면 책임감이 남다릅니다. 인생 시험 열 번째 계단은 마음이 가는 일을 포기하지 않는 성실함입니다. 마음이 가지 않는 일에는 거절하는 용기도 필요한 법인데요. 미움 받을 용기의 이전 단계가 거절할 용기입니다. 미움 받을 용기가 없어 거절을 못 하면 후회가 남는데요. 마음이 없는 일을 해서 좋은 결과를 보지 못한다는 것을 경험으로 배우지만 물적, 심적, 영적인 손실이 큽니다.

인생을 살며 '좋은 사람 딜레마'를 극복해야 위대한 사람이 됩니다. 관계에서 넘어야 할 산이 많고 높은데요. 그 산이 환경이 아니고 사람이면 참 질깁니다. 게다가 그 사람이 필연적인 만남의 범주에 속하면 거리를 둘 수도 끊을 수도 없는 노릇이에요. 서두에 말씀드린 사건으로 가겠습니다.

부모님께 큰 형은 딸 셋을 낳고 얻은 보물로 얼마나 귀하게 키우셨던지 의존성향이 강한 황태자였어요. 착해서 법 없이도 살 사람이었지만 생활력은 많이 떨어졌는데요. 어머니의 과도한 기대가 형의 사회성, 독립성, 경쟁력을 떨어뜨렸습니다. 사법고시 준비를 10년 이상 밀어주셨어요. 형은 자신으로 살지 못하고 어머니의 대리자로 살았습니다. 거절할 용기가 없어서 고시 공부를 했지만 그 일로 영혼이 피폐해져 갔어요. 결과물 없는 10년 고시 공부의 상처를 안고 인생 2막에서는 사업가로 전향했죠. 그 후 대한민국 부동산 경기가 활황일 때 부동산과 건축업으로 돈을 꽤 벌었지만 관리에는 실패했어요. 교만의 역습을 받아 빈손에 술잔을 들더니 알코올 중독까진 아니어도 의존증은 여실했습니다.

고시 공부, 사업, 거절할 용기 부족은 가족만 빼고 남 좋은 일은 많이 했지만 부모님의 재산에 가장 큰 손실을 가져왔는데요. 부모님이 돌아가시고 마지막 재산을 정리할 때도 형이 독식하다시피 했습니다. 누님들에게는 인감도장을 받기 위해 최소 선심을 썼어요. 동생과 저는 한 푼도 받지 않고 인감을 떼어 줬습니다. 그럼에도 몇 년 후 경제적인 도움을 요청해서 동생과 마음을 모아서 송금을 하며 딱 한 마디만 했습니다.

"이번이 마지막입니다."

서운했던 겁니다. 취기에 극동방송사에 전화를 했어요. 형을 더 돌보지 않겠다는 동생의 목소리가 전파를 타는 게 불편했던 탓입니다. 그나마 교회를 방문해서 설교시간에 뒤에서 고함치지 않음을 감사해야 할 수준인데요. 지금은 고인이 됐지만 아련한 그리움은 지울 수 없습니다. 저는 거리 두기를 통해 제가 살길을 찾았는데요. 하지만 아브라함의 입장에서는 개입하는 것이 본인과 롯에게 유익했습니다.

중보기도, 자신의 것을 나눔

롯을 염두에 둔 아브라함의 중보기도로 들어가려면 복습이 필요한데요. 창세기 13장으로 돌아갔다 오겠습니다. 가나안 땅으로 돌아온 아브라함과 롯은 한 지역에서 살 수 없을 만큼 소유가 많아졌고 땅은 비좁았어요. 롯에게 좋은 이별을 제안하며 거주할 지역의 선택권을 주었는데요. 아브라함에게 우선권이 있었지만 양보했죠. 롯은 예의도 갖추지 않고 눈에 좋은 대로 소돔을 선택합니다. 누가 봐도 롯은 무례한 겁니다.

롯이 선택한 소돔과 고모라의 멸망, 포로로 잡혀가는 상황에 아브라함이 침묵한다고 책임을 물을 수는 없어요. 하나님도 문제 삼지 않으셨을 테지만 아브라함의 중심은 선했기에 그냥 보아 넘기질 못하죠. 관계가 아닌 돈, 실리, 이기를 선택한 롯의 고통을 심판으로 보지 않았어요. 기도의 깊이를 더하고 사랑의 그릇을 키워 롯을 담습니다.

아브라함이 나그네를 극진히 대접한 것은 아브라함의 첫 번째 중보기도로 봅니다. 나그네, 고아, 과부는 보살핌을 받아야 할 사회적 약자였어요. 자신이 받은 복을 사회적 약자와 나눴다는 점에서 삶으로 보여준 중보기도입니다.

소돔의 비극 예고를 듣고 숨 쉴 틈도 없이 도시를 위한 중보기도를 시작했어요. 자신의 것을 나그네와 나누는 섬김이 수평적 중보기도라면 소돔과 고모라를 위한 기도는 수직적 중보기도였어요.

"아브라함이 또 이르되, 주는 노하지 마옵소서 내가 이번만 더 아뢰

리이다 거기서 십 명을 찾으시면 어찌 하려 하시나이까"(창세기 18:32)

오매불망 기다렸던 이삭의 출생 소식에 기뻐서 타인의 고통에 둔해질 여지가 컸지만 자신의 복에 취하지 않고 어려움에 처한 이웃의 문제에 관심을 모았어요. 아브라함의 중보기도에는 자신의 신앙과 성숙한 인격을 담았습니다. 두 번째 중보기도는 내용이나 형식에서 첫 번째 중보기도와 차이가 있을 뿐 공통점은 이웃 사랑입니다. 해서, 중보기도는 언어가 아닌 나를 나누고 내어주는 겁니다.

소돔과 고모라를 위한 아브라함의 중보기도는 그곳에 있는 조카 롯을 구해 보려는 의도를 넘어 더 깊은 기도였어요. 소돔과 고모라가 약속받은 가나안땅에 포함됐었기에 천사가 소돔과 고모라의 멸망을 아브라함에게 알려야 할 이유까지 설명하는데요.

"여호와께서 이르시되 내가 하려는 것을 아브라함에게 숨기겠느냐 아브라함은 강대한 나라가 되고 천하 만민은 그로 말미암아 복을 받게 될 것이 아니냐"(창세기 18:17~18).

아브라함은 강대한 나라를 이룰 것이고 천하 만민이 그로 말미암아 복을 얻게 될 것이라는 약속에는 소돔과 고모라도 포함됐어요. 그런 면에서 아브라함의 중보기도는 소돔과 고모라의 구원을 위한 것 이전에 자신의 사명을 위한 기도였습니다.

아브라함의 소돔과 고모라를 위한 중보기도는 즉각적인 응답을 받았는데요. 어찌 보면 무례하게 보입니다. 하나님께 다섯 번이나 번복하며 다른 조건을 제시했어요. 하나님은 지체하지 않고 들어 주십니다. 기도의 첫 번째 원리는 간절함이나 끈질김이 아니라 하나님 뜻이 먼저인데요. 개인적인 욕심이 아닌 전체 공동체를 위한 기도이면서 하나님께서 주신 사명을 위한 기도였어요. 자신에게 주신 복을 나누려는 아브라함의 태도는 하나님의 뜻에 부합합니다.

소돔과 고모라.
조카 롯.
아브라함에겐 불편한 존재였지만 중보기도, 구원의 관점으로 시험을 넘습니다.

Q1 누군가 당신에게 "기독교는 왜 '포괄적 차별 금지법'을 반대하느냐?"라고 묻는다면 무엇이라 대답하겠습니까?

Q2 당신이 거리 두기를 해야 할 사람은 누구이며 어떻게 거리 두기를 할 것인가요?

Q3 당신이 개입해서 적극적으로 도와야 할 사람은 누구이며 어떻게 할 것인가요?

Q4 본 장에서 말하는 중보기도에 관한 정의와 당신이 헌신해야 할 수평적, 수직적인 중보기도는 무엇이며 언제 어떻게 실행에 옮길 것인가요?

9 아비멜렉이 아브라함을 불러서 그에게 이르되 네가 어찌하여 우리에게 이렇게 하느냐 내가 무슨 죄를 네게 범하였기에 네가 나와 내 나라가 큰 죄에 빠질 뻔하게 하였느냐 네가 합당하지 아니한 일을 내게 행하였도다 하고

10 아비멜렉이 또 아브라함에게 이르되 네가 무슨 뜻으로 이렇게 하였느냐

11 아브라함이 이르되 이 곳에서는 하나님을 두려워함이 없으니 내 아내로 말미암아 사람들이 나를 죽일까 생각하였음이요

12 또 그는 정말로 나의 이복 누이로서 내 아내가 되었음이니라

13 하나님이 나를 내 아버지의 집을 떠나 두루 다니게 하실 때에 내가 아내에게 말하기를 이 후로 우리의 가는 곳마다 그대는 나를 그대의 오라비라 하라 이것이 그대가 내게 베풀 은혜라 하였었노라

14 아비멜렉이 양과 소와 종들을 이끌어 아브라함에게 주고 그의 아내 사라도 그에게 돌려보내고

15 아브라함에게 이르되 내 땅이 네 앞에 있으니 네가 보기에 좋은 대로 거주하라 하고

16 사라에게 이르되 내가 은 천 개를 네 오라비에게 주어서 그것으로 너와 함께 한 여러 사람 앞에서 네 수치를 가리게 하였노니 네 일이 다 해결되었느니라

의식의 수준

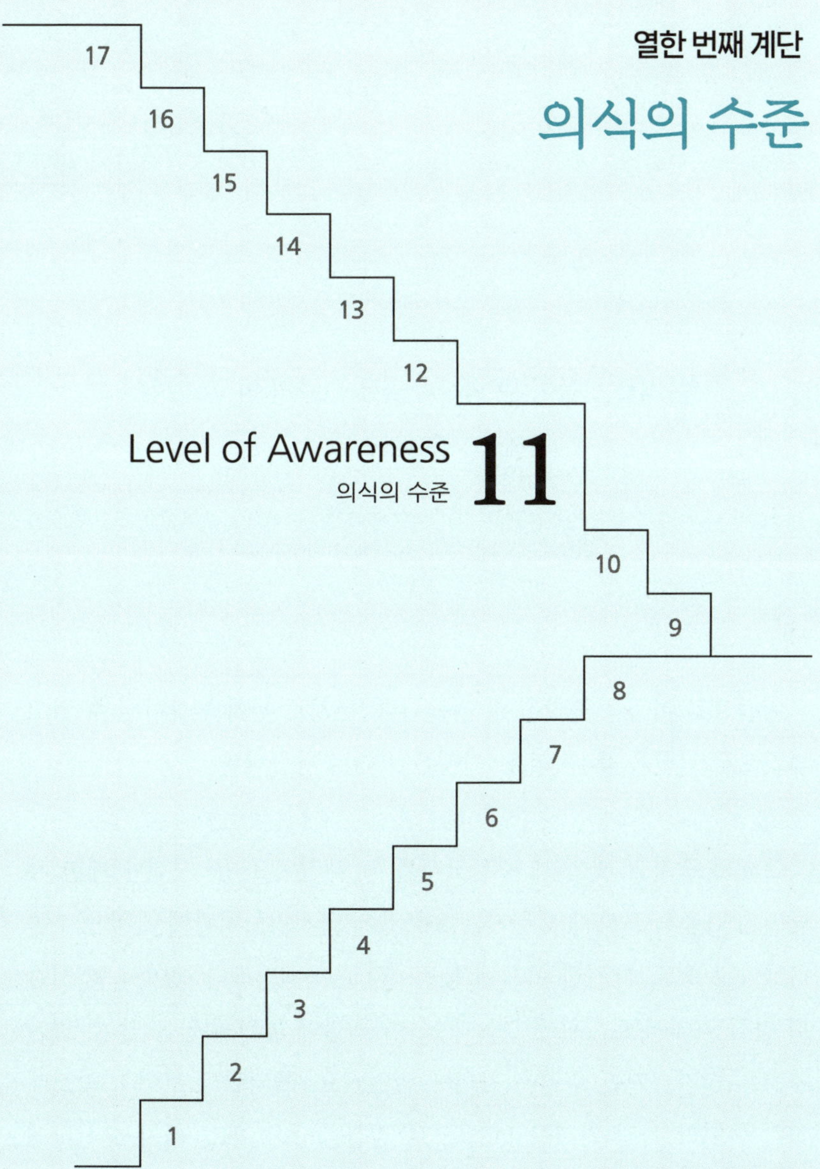

의식의 수준

"문제를 만들어 낸 의식과 같은 수준의 의식으로는
문제를 해결할 수 없다."

알베르트 아인슈타인(Albert Einstein)

어둠으로 어둠을 물리칠 수 없습니다. 무지로 무지를 몰아낼 수 없고 거짓으로 거짓을 풀 수 없죠. 거짓은 그대로 남습니다.

둘째가 중학교 첫 번째 중간고사를 볼 때였어요. 첫 시험에 대한 부담인지 나름의 포부가 컸는지는 모르겠지만 시립도서관에 가서 공부를 하겠다고 했죠. 대견한 마음에 응원이라도 해줘야겠다 싶어서 몇 시간 뒤 간식을 싸서 도서관에 갔는데요. 한 책상에 놓인 주인을 알 수 있는 가방은 발견했지만 주인은 자리에 없었어요. 둘러봐도 보이지 않길래 직감을 따라 가장 가까운 PC방으로 걸음을 옮겼어요. 거기서 신나게 게임에 몰두한 아이를 발견했죠. 일단 아이를 데리고 나와서 근처 아파트 단지 팔각정으로 가는데 마음에는 여러 생각이 스칩니다. 마음을 다스리며 한쪽에 자리를 마주하고 물었어요.

"게임, 몇 시간이나 했니?"

"30분이요."

"시험공부 하러 왔다가 머리도 식힐 겸 게임을 하는 것은 있을 수 있는 일이지만 게임 러닝타임에 관해 지금 거짓을 말하는 건 다른 문제란다. 다시 묻겠다. 몇 시간 했니?"

"한 시간..."

"마지막으로 한 번만 더 묻겠다. 아빠 속여도 네 자신을 속이지 않았으면 좋겠다."

"게임 얼마나 했니?"

"두 시간은 안됐어요."

"알았다. 하나만 더 묻겠다. 중간고사, '시험'을 무엇이라 정의하니?"

딴에는 울상을 지으며 어떤 답을 해야 아빠에게 긍휼을 구할 수 있으려나 했지만 답은 내지 못했습니다. 여백을 두고 부드럽게 말했어요.

"아들아, 시험이란 중요한 것을 위해 덜 중요한 것을 절제하거나 버리는 훈련이란다. 시험은 네 생각과 출제자의 생각의 차이, 무엇이 중요한지를 아는 거란다. 너는 이번 시험에 이미 시험에 이미 진 거야. 학생 때는 정답을 맞히는 시험이지만 사회에 나가면 답이 없는 시험도 많단다. 답이 있는 시험을 잘 못 풀면 답 없는 시험은 도저히 풀 수가 없어. 이번 시험이 모든 것을 결정하진 않겠지만 아빤 네가 중요한 것을 놓치지 않고 매일에 최선을 다했으면 좋겠구나. 자신에게 정직!"

중학교 1학년 학생이 소화할 수준의 훈화는 아니었지만 이 또한 의도한 겁니다. 생각을 생각하는 사람으로 자라길 바라면서요. 우리 가정의 가장 중요한 가치는 '정직'입니다.

의식의 왜곡

데이비드 호킨스(David Ramon Hawkins)는 『의식혁명』에서 '긍정적인 것과 부정적인 것을 구분할 줄 아는 능력', '진실과 거짓까지 구분할 수 있는 능력'을 '신성', 또는 '영성'이라고 했어요. 신성과 영성을 단지 동물적인 욕구만 가진 수준인 1에서 평범한 사람들의 의식의 정점인 600, 최상위 '깨달음'의 상태인 1,000까지를 수치화했죠. 그가 설정한 수치심, 무기력, 분노, 용기, 이성, 사랑, 기쁨, 평화, 깨달음의 특징은 단독으로 존재하는 게 아니라 혼합됐는데요. 하위 수준을 부정적인 에너지, 상위 수준을 긍정적인 에너지로 정의했습니다.

'의식 레벨'을 측정하기 위해 자극에 대한 근육의 반응도를 측정하는 실험을 진행했는데요. 신성과 영성의 질적인 면을 양적으로 수치화하는 것에는 동의하지 않습니다. 가설을 세우고 표본 집단의 개인차나 전이해를 고려하지 않았어요. 실험 대상자의 생각과 신념, 의도에 따라 충분히 다른 결과를 얻어 낼 수 있다는 점도 간과했죠.

모든 사람에게는 부정과 긍정의 에너지가 공존합니다. 고통이 장기화하면 수치심, 무기력, 패배의식이 지배하는 반면, 시험을 이겨내고 건강하고 아름다운 자아로 다시 태어나는 분도 적지 않아요. 자신의 의식수준 진단은 긍정 에너지를 생산하는데 도움이 됩니다. 영성수련에 동기부여를 하기 때문이죠.

거짓과 환상에 오랜 시간 노출되면 고장 난 자아가 형성됩니다. 이런 사람은 의식을 왜곡하죠. 아픔과 고통이 싫어서 방어기제가 발동합니다. 의식의 왜곡은 확증편향으로 발전하는데요. 특히 정치적인 신념과 극단적인 종교집단에서 도드라집니다. 의식의 확증편향은 반대되는 사실을 무시하면서 기존의 믿음을 강화하죠. SNS나 유튜브의 알고리즘은 이를 심화시킵니다. 견제 없는 권력에 오랜 시간 노출되면 전두엽이 축소돼요. 소통은 멀어지고 독선으로 무장하며 유리한 것만 받아들이죠.

아브라함이 열 번째 계단까지 잘 올랐는데요. 열한 번째 시험은 참 딱하고 황당하기 그지없습니다. '믿음의 조상'이 거짓말을 했어요. 의식과 신앙의 수준이 상향한다는 게 얼마나 어렵고 복잡한지 보여줍니다. 복의 모델이란 고지가 멀지 않았는데 여기서 초라하게 무너집니다.

성령 충만한 사람도 지치고 넘어지거든요. 강력한 영성의 소유자라고 해서 항상 수준 높은 영성을 유지하는 건 아니에요.

게리 맥킨토시와 새뮤얼 리마는 『극복해야 할 리더십의 그림자』에서 "상처가 많을수록 성과를 빨리 내지만 정상에 설 때 리더십의 그림자로 역습을 받는다."라고 했어요. 이 책은 성경에 등장하는 인물의 리더십의 유형을 분석하는 인문학적인 혜안을 제공하는데요. '강박 신경형 리더' 모세, '자기 도취형 리더' 솔로몬, '과대망상형 리더' 사울, '의존 반응형 리더' 삼손, '수동 공격형 리더' 요나로 분류했습니다. 아브라함을 '의존 회피형 리더'라고 정의하는데요. 성경의 그 누구도 넘어짐을 경험하지 않은 사람은 없었어요. 역사는 모세를 율법의 대표자로 세우는데요. 화가 나서 다른 것도 아니고 하나님이 주신 십계명 돌판을 깨드렸죠. 이방 여자와 결혼을 했어요. 리더의 일탈, 무너짐을 보여줍니다. 세상은 리더의 고통과 실수를 구경하고 즐기는데요. 김인정은 『고통 구경하는 사회』에서 대한민국의 사회상을 적나라하게 고발했어요. 저자는 이태원 참사를 유튜브에서 생중계 한 것을 보고 충격을 받았습니다. 사람이 그래요. 누군가의 약점, 죄악을 구원의 관점이 아닌 심판의 관점으로 보는데요. 하나님은 고쳐서 쓰십니다. 통상 사무엘을 선지자의 대표자로 인정하지만 백성은 사무엘의 아들에게 리더십을 이양하지 않고 왕을 요구했습니다.

"그의 아들들이 자기 아버지의 행위를 따르지 아니하고 이익을 따라 뇌물을 받고 판결을 굽게 하니라"(사무엘상 8:3)

사무엘 같은 영적인 거목의 두 아들의 일탈은 충격입니다. 이들의 타락한 상태를 성서는 단순 명료하게 기록했어요. '이익에 따라 뇌물을 받고 판결을 굽게' 했습니다. 잠언은 '거짓 저울추'를 큰 죄로 다루는데요. 이는 하나님이 창조하신 자연과 통치 원칙에 대한 정면 저항이죠. 사탄은 참소하는 자, 거짓의 영이에요. 사무엘 같은 영적인 거목도 자녀 교육에는 실패했어요. 성서가 그들이 타락의 원인을 기록하지 않았는데요. 결과에 따른 예측의 측면에서 접근해보죠. 첫째, 사무엘은 어렸을 때부터 성전에서 자랐어요. 보고 자란 게 없어서 두 아들, 요엘과 아비야에게 보여 줄 게 많지 않았을 테죠. 둘째, 풍부함이 주는 저주에 노출될 가능성인데요. 아버지의 영향력과 나름 풍요로운 삶이 아들에게 독이 된 셈이죠. 세 번째, 하나님의 일에 바쁜 사무엘이 아들들의 삶을 관리 감독하고 수정하지 않은 거예요.

영적인 리더가 무너지면 영적으로 문제가 생겼다고 쉽게 단정하는데요. 새뮤얼 리마는 "리더십의 그림자는 영적인 문제가 아닌 자기 성장 과정으로부터 빚어진 문제다."라고 했어요. 아브라함의 성장 과정을 기록에서 찾을 수는 없지만 터무니없거나 황당한 거짓말을 반복하는 것을 보면 역시 상처가 깊었던 겁니다. 그에게 언젠가 오늘 그럴 수밖에 없는 이유가 생겼던 건데요. 아브라함만이 아니라 우리도 날마다 정직과 거짓 사이에서 삽니다.

정직과 거짓 사이

아브라함은 열한 번째 계단 앞에 섰는데요. 오르지 못하고 거짓의 무거움으로 옴짝달싹 못 합니다. 진즉 해결했어야 할 정직의 문제가 다시 소환됩니다. 인생 시험 세 번째 계단에서 아브라함의 첫 번째 거짓말을 다룰 때는 결혼 생활과 사라의 희생에 초점을 두었는데요. 아내를 타인의 잠자리에 내어주기를 반복하는 거짓말은 고대시대 남성상을 이해한다고 해도 예삿일이 아니에요. 그것도 자기 한 몸 살아남겠다고 말입니다.

아브라함이 이렇게 거짓말을 한다는 건 과거에 쓴 뿌리가 있다는 걸

짐작하게 하는데요. 성장 과정 중의 상처는 그림자처럼 따라다니다가 특정 시점에 얼굴을 내밀죠. 아브라함도 거짓과 정직 사이에서 어처구니없는 일을 반복하고 말았어요. '믿음의 조상'으로 명예의 전당에 오른다는 게 쉬울 거라고 생각하지 않았지만 정말 쉽지 않네요. 열 번째 계단을 오르기까지 탁월함이 빛났거든요. 세 번째 계단을 제외하면 영성, 인격, 성향이 하나님의 뜻을 그리 벗어나지 않았는데요. 의아한 것은 특정 상황에서 거짓말을 반복했다는 거예요. 삶의 위기 가운데 특정 상황이 닥치면 빨리 모면하고 싶은 유혹에 빠져 거짓말도 서슴지 않았어요. 정직은 전당포에 맡겼죠. 거짓에 덮이는 걸 허락하면 무서운 질병에 빠진 건데요. 거짓으로 인생 쉽게 살고자 하면 수고하지 않고 열매를 거둔다 한들 반복이 쌓여 회복 불가의 지경에 이르죠. 거짓은 바라지 말아야 할 것을 기대하다가 열매를 보지 못하게 해요. 단 한 번도 자신으로 살지 못하고 남으로 살다가 죽게 됩니다. 거짓을 위기를 모면하기 위한 소극적인 행동 정도로 이해해서는 안 됩니다. 정직은 하나님 나라의 윤리입니다. 정직은 하나님의 백성으로서 기본 중의 기본, 본질 중의 본질이에요.

정신의학자 엘리자베스 퀴블러 로스는 『인생 수업』에서 자신의 분노와 감정의 뿌리를 찾아낸 경험을 이야기했어요. 정신의학자이지만 자신의 숨겨진 상처가 드러나기까지 큰 문제가 없어 보였죠. 전문가는 잠재된 그림자가 얼굴을 내밀면 뿌리를 찾지만 아브라함이나 우리는 쉽지 않아요. 깊은 의식에 숨겨진 원인을 찾지 못하고 다급하게 모면하기에 급급하죠. 원인을 찾지 못하면 임시변통의 안전 가옥에 숨지만 드러나는 건 시간문제입니다. 정직과 거짓 사이에서 거짓을 반복한다는 건

진단부터 실패했기 때문인데요. 뿌리부터 치료하지 않으면 거짓이 일상이 되죠. 거짓이 거짓을 낳고 출구 없는 거짓의 방에 자신을 가두는 꼴입니다. 갇힌 인생이 됩니다.

아브라함의 아버지 데라는 우상 제조 장인이었어요.『신의 위대한 질문』의 저자 배철현은 데라는 달의 신 '난다'를 제조하는 전문가였고 아브라함의 가정은 당대의 부자라고 했습니다. 부유했던 아브라함이 모든 것을 버리고 본토, 친척, 아버지의 집을 떠난다는 건 특별 계시가 임했다는 것 외에 다른 해석은 불가능한데요. 목숨을 담보로 짙디짙은 두려움의 폭풍우 속으로 들어갔죠. 1,650km에 달하는 죽음의 길이었어요. 갈대아 우르를 떠나 하란에서 십여 년을 살았는데요. 아버지의 죽음으로 두려움은 배가 됐을 테죠. 아버지가 계신 나그네의 삶도 안정감이 떨어지는데 든든한 의지처요 후원자가 사라진 겁니다. 인생 여정에서 아버지마저 죽고 가나안에서 아직 첫 자식도 선물로 받지 못한 그의 삶은 지칠 대로 지쳤겠죠. 언약의 반복, 하나님의 직접 계시와 임재의 반복으로도 해결하지 못했어요. 안정감의 결여가 거짓말을 반복하는 이유로 보입니다. 안정과 도전 사이에서는 믿음으로 도전을 선택했지만 정직과 거짓 사이에선 거짓을 택했죠. 생명을 담보로 한 떠남에서는 믿음을 보였지만 정작 목숨이 위태로울 땐 아내 뒤에 숨었어요. 엘리야가 로뎀 나무 아래에서 무너졌듯이 아브라함도 그랄에서 무너집니다.

"정직한 사람은 성실하게 살아, 바른길로 가지만, 사기꾼은 속임수를 쓰다가 제 꾀에 빠져 멸망한다."(잠언 11:3, 새번역)

잠언에선 정직을 성실함과 동일 선상에 두는데요. 거짓의 종착점은 멸망입니다. 우리는 거짓말의 가해자와 피해자로 삽니다. 사람마다 자신의 거짓에 대한 처방전을 말씀에 의지해 찾아야 해요. 자유의지를 가진 인간에게 주신 이성이 작동해서 거짓말에 대한 자기 진단이 가능한데요. 정혜신은 『당신이 옳다』에서 '적정 심리학'을 주창했어요. 진단이나 과정에 도움이 되지만 완전한 치유는 하나님이 하십니다. 설계자, 창조자의 구원만이 완전하죠. 거짓을 이기려는 자기 노력은 약간의 도움이 되지만 더 치명적인 위험에 숨은 건데요. 그림자가 지각은 해도 결석은 하지 않아요. 예수님의 십자가는 거짓에 대한 형벌을 받으셨고 사랑으로 용서하신 겁니다. 해서 한없이 당당하고 한없이 겸손해야 하는 겁니다.

숨 쉬는 순간마다 정직을 구하는 기도와 성령의 도우심을 구해야 하죠. 거짓으로 얻은 것은 배상하고 거짓말은 사과와 함께 예방조치를 해야 합니다. 자신의 거짓에 대한 자가 처방전을 냈다면 타인의 거짓을 보면 어떻게 반응해야 할까요? 특히 가족의 거짓에 대해선 '비폭력 대화'가 필요한데요. 아브라함의 거짓말에 하나님은 어떤 처방전을 내시는지는 잠시 뒤에 알아보고, 먼저 내가 타인의 거짓을 경험할 때 어떻게 접근해야 하는지 대화법을 소개합니다.

"당신은 왜 거짓말 하는 거야?"
이런 수준의 질문은 상대를 판단하고 정죄하는 율법적인 질문입니다.

"당신이 한 일이 지금 무슨 짓인지 알기나 해?"

이렇게 질문을 내도 정죄일 뿐이에요.

"당신에게 무슨 일이 있는 거야?"
"당신을 위해 내가 무엇을 어떻게 도와주면 될까?"

수고한 것의 열매만 바라는 게 정직의 첫걸음인데요. 아닌 것은 아니라고 말하는 용기가 정직입니다. 과도한 책임은 버리고 올바른 책임 의식이 정직한 삶으로 인도합니다. 정직은 자신의 영혼을 위한 첫 번째 양식이에요. 첫 번째 양식은 정신, 의식, 영성의 근육에 힘을 더합니다.

하나님의 처방전

아브라함이 거짓말을 제어할 의지나 능력을 잃었을 때 가정 해체의 위험에 노출됐어요. 하나님의 언약, 인류의 구원 계획에 차질을 빚을 수 있었기에 하나님은 신속하게 개입하십니다. 그날 밤에 하나님이 아브라함이 아닌 아비멜렉의 꿈에서 말씀하세요.

"네가 이 여자를 데려왔으니, 너는 곧 죽는다. 이 여자는 남편이 있는 여자다."

화들짝 놀란 아비멜렉은 아직 사라를 가까이하지 않았을 때라 하나님께 이렇게 아룁니다.

“주님, 주님께서 의로운 한 민족을 멸하시렵니까? 아브라함이 제게, 이 여인은 자기 누이라고 했어요. 이 여인도 아브라함을 오라버니라고 말하지 않았습니까? 저는 깨끗한 마음으로 떳떳하게 이 일을 했습니다.”

이 지점에서 아비멜렉이 사라를 범했다고 해도 윤리적, 법적인 책임은 물을 수 없는데요. 하나님이 아비멜렉이 아닌 아브라함에게 임재하셔야 하는 것 아닌가요? 원인 제공자인 아브라함이 아비멜렉에 가서 진실을 밝혀야죠. 회개하고 아내를 찾아오는 게 보편적인 방법일 텐데요. 하나님은 아브라함에게는 침묵하시고 아비멜렉에게 개입하십니다.

“그 여인을 남편에게로 돌려보내라. 그의 남편은 예언자이다. 너에게 탈이 나지 않게 해 달라고 기도할 것이다. 그럼 너는 살 것이다. 그 여인을 돌려보내지 않으면, 너와 너에게 속한 사람들이 틀림없이 다 죽을 줄 알아라.”

다음날 아비멜렉은 아브라함을 불러들여 호통을 쳤어요.

“당신은 어찌하여 우리에게 이렇게 했습니까? 내가 당신에게 무슨 잘못을 저질렀기에, 나와 내 나라가 이 크나큰 죄에 빠질 뻔하게 했느냐 말입니다. 당신은 나에게 해서는 안 될 일을 했습니다.”

아브라함이 대답했어요.

"이곳 사람들은 하나님을 두려워하지 않습니다. 나의 아내를 빼앗으려고 사람들이 나를 죽일 것이라는 생각이 들었어요. 사실을 말하자면 나의 아내가 누이라는 게 틀린 말도 아닙니다. 아내는 나와 어머니는 다르지만 아버지는 같은 이복 누이이기 때문인데요. 내가 아버지 집에서 떠나 두루 다닐 때 아내에게 말하기를 '우리가 어느 곳으로 가든지, 사람들이 나를 두고서 묻거든, 그대는 나를 오라버니라고 하시오. 이것이 그대가 나에게 베풀 수 있는 은혜요'라고 부탁했습니다."

아브라함의 해명은 거짓말보다 더 치명적인데요. 고대시대에는 이복 누이와의 결혼이 문제 되지 않았고 엄연히 아내였거든요. 아브라함이 사라를 물적 대상으로만 생각했음을 자인한 건데요. 사라가 치명상을 입을 순간인데도 비겁하기 짝이 없습니다. 시기상 사라에게 이삭을 주시겠다는 약속 이후였기에 더 심각한 겁니다. 여기서 하나님의 개입과 처방전이 이해되시나요? 다음의 질문을 보실까요.

"하나님이 아브라함에게 아비멜렉에게 찾아가서 진실을 밝히라고 하시고 그렇게 했다면 아비멜렉이 사라를 순전히 보냈을까요?"
"아비멜렉이 하나님의 임재를 직접 경험하지 않았다면 이렇게 겸손하게 처리했을까요?"
"아브라함, 사라, 아비멜렉, 세 사람에게 모두 유익이 되는 빠른 처방전이 있다면 그 방법은 뭘까요?"

이 일에 관한 하나님의 처방전을 아비멜렉이 이해하든 아니든 상관 없어요. 그의 선택지에 대한 책임은 전적으로 그의 몫이었죠.

"순종할 것이냐? 거부할 것이냐?"

그는 하나님 앞에서 난처한 상황에 대한 자신의 입장을 소명하고 사라를 돌려보냈어요. 하나님의 처방전에 관한 이의는 달지 않았어요. 일반적, 상식적인 견해는 뒤로했어요. 자신에게 주어진 말씀을 담백하게 받아들였죠. 자신의 양 떼, 소 떼, 남종과 여종을 아브라함에게 선물로 줍니다. 하나님이 명령하신 것도 아닌데 통 큰 호의를 베풀었죠. 아브라함의 가정이 거할 땅의 선택권과 시민권까지 줬는데요. 주목할 지점은 사라에게 은 천 세겔을 준 겁니다

"그대의 오라버니에게 은 천 세겔을 주었소. 이것은, 그대와 함께 있는 여러 사람에게서 그대가 받은 부끄러움을 조금이나마 덜어보려는 나의 성의의 표시요. 그대가 결백하다는 것을 모두가 알게 될 것이오."

아비멜렉은 사라가 사람들의 뒷담화에 오르내리지 않도록 결백을 증명할 비용을 과하게 지불했는데요. 하나님의 처방전에 대한 아비멜렉의 순종과 아브라함의 가정에 대한 호의는 양감 짙은 울림을 줍니다.

잠깐 타임머신을 타고 노아 시대로 가겠습니다. 술은 노아가 마시고 실수도 노아가 했어요. 벌거벗은 아버지를 목격한 둘째 아들 함이 형과 동생에게 본 그대로의 사실을 전했는데요. 하나님은 노아의 실수에 집

중하지 않으시고 함의 반응에 집중하셨어요. 함을 향해 혹독한 처방전을 내셨죠. 아브라함과 노아의 실수에 이음새가 보이는데요. 그제나 이제나 하나님의 처방전에 공통점이 보입니다. 세상에 실수 없는 아버지가 없기에 아버지의 실수에 관대하신 게 아니에요. 굳어진 죄는 엄하게 다루지만 실수에는 관대하십니다. 가정의 질서를 세우고 공동체를 지키는 분이 하나님이세요. 하나님의 처방전은 우리에게 곧은 메시지를 던지는데요. 하나님은 누군가의 실수나 연약함에 집중하시는 게 아니라 그 사람을 보는 우리의 관점과 태도에 집중하십니다. 왜냐하면, 누구나 연약하고 실수하지만 그 사람을 판단한다면 판단하는 사람이 더 큰 죄인이기 때문이에요. 하나님이 덮으신 누군가의 연약함이나 실수를 발굴하는 것은 하나님의 일하심에 역행하는 거예요. 아니 극렬한 반대인 셈이죠. 누군가의 실수나 죄악보다 더 무서운 것은 나의 태도인데요. 하나님의 은혜와 역사를 가로막는 거죠. 하나님은 덮으시는 분으로 자신을 계시하십니다.

자신의 의식 수준을 확인했다면 과거에서 원인을 찾고 복음 앞에 서야 하는데요. 현재의 행동이 미래를 기대하게 합니다. "하나님이 당신을 창조하셨습니다.", "하나님은 당신의 실수까지도 사랑으로 덮고 치유하십니다."라는 말씀을 믿는 게 신앙인데요. 하나님의 창조와 구원을 믿는 자는 이미 말씀이 그 사람 안에서 활동합니다. 거짓의 유혹을 양심의 가책으로 추려내고 하나님의 기쁨으로 나아간다면 이미 의식과 영성은 성장과 성숙의 길에 접어든 거예요. 거짓에 노출될 때마다 아브라함을 회복하시는 하나님의 은혜의 바다로 나아가면 말씀이 삶이 됩니다. 아브라함은 거짓된 자신을 수용하고 극복하여 성장의 길로 들어섰어요. 기록된 말씀이 의지력이란 정신 근육을 강화하는 동시에 '적정 영성학'이 작동합니다. 하나님은 지금도 우리 안에서 일하세요. 성령이 우리 안에 계신다면 우리에게 주신 이성과 결단으로 거짓의 산을 넘어 정직의 땅으로 나아갑니다.

Q1 당신은 거짓말의 심각함과 위험을 어떻게 이해하시나요?

Q2 아브라함의 거짓말에 대한 하나님의 처방전에서 당신이 배운 것은
무엇인가요?

Q3 당신이 의식, 영성의 수준을 높이기 위해 실천할 적용점은 무엇이
며 어떻게 적용할 것인가요?

Q4 당신의 부족함, 죄악에 대한 하나님의 처방전은 무엇이었고 그 처
방전을 통해 당신이 변화한 부문은 무엇인가요?

1 여호와께서 말씀하신 대로 사라를 돌보셨고 여호와께서 말씀하신 대로 사라에게 행하셨으므로

2 사라가 임신하고 하나님이 말씀하신 시기가 되어 노년의 아브라함에게 아들을 낳으니

3 아브라함이 그에게 태어난 아들 곧 사라가 자기에게 낳은 아들을 이름하여 이삭이라 하였고

4 그 아들 이삭이 난 지 팔 일 만에 그가 하나님이 명령하신 대로 할례를 행하였더라

5 아브라함이 그의 아들 이삭이 그에게 태어날 때에 백 세라

6 사라가 이르되 하나님이 나를 웃게 하시니 듣는 자가 다 나와 함께 웃으리로다

7 또 이르되 사라가 자식들을 젖먹이겠다고 누가 아브라함에게 말하였으리요마는 아브라함의 노경에 내가 아들을 낳았도다 하니라

자녀

자녀

"당신이 자녀들에게 줄 수 있는 가장 큰 선물은
책임감의 뿌리와 독립의 날개이다."

데니스 웨이틀리(Denis Waitley)

"자녀들은 비평가가 아닌 모델이 필요하다."

조세프 주베르(Joseph Joubert)

1439회 MBC 〈PD수첩〉에서는 '아무도 그 학부모를 막을 수 없다'라는 타이틀로 자녀를 과잉보호하는 부모 편을 송출했습니다. 무균실에서 배양하는 미생물처럼 자녀를 양육하는 사례를 고발했는데요. 몰상식한 학부모로 인한 학교, 교사, 학생이 보는 피해가 생각보다 심각했음을 알렸어요. 전주시에 소재한 초등학교에서는 한 학급의 담임이 여섯 번이나 교체됐는데요. 학부모 두 명이 전화, 메시지 등을 통해 350여 건의 민원을 제기한 탓이었어요. 간식으로 준 '오예스'가 불량식품이라는 것도 이유 중 하나였죠. 그 외에도 눈살을 찌푸리게 하는 내용이 수두룩했어요. 학교에서 문제를 일으키는 문제 부모의 한 가지 공통점은 자녀에 대한 과잉보호인데요. 가장 큰 피해자는 자녀입니다. 자신이 하는 행동이 어떤 결과를 낳게 되는지를 아는 메타인지(metacognition) 능력이 현저히 떨어지는데요. 부모들에게 자녀를 과보호한 결과가 자녀에게는 결코 유익이 되지 않는다는 범례를 수도 없이 제시한들 그들은 마음을 바꾸지는 않을 겁니다.

'헬리콥터 부모(Helicopter parent)'라는 용어는 1991년 〈뉴스위크〉의 네드 제먼(Ned Zeman)이 처음 소개한 개념인데요. 자식의 일거수일투족을 간섭하고 통제하는 부모를 일컫습니다. 한국에선 치마폭 부모의 '치맛바람'이라고 할 수 있겠습니다. 자녀 주변을 맴돌면서 끊임없이 참견하는 '드론 부모', 아이의 장래에 걸림돌이 되는 것을 알아서 처리해 주는 '잔디 깎기 부모'라는 신조어도 탄생했어요.

미국의 임상 심리학자 댄 카일리(Dan Kiley)는 몸은 어른이지만 어른의 세계에 끼지 못하고 사회에 적응할 수 없는 '어른 아이'가 늘어나는 사회 현상을 '피터팬 증후군(Peter Pan syndrome)'이라 이름 붙였는데요. 부모에게 지나치게 의존하며 자라는 아이에게서 드러납니다. 심리학자 유리 브론펜브레너(Urie Bronfenbrenner)는 생태학적 시스템 이론에서 부모의 과잉보호는 자녀가 스스로 문제를 해결하거나 환경에 적응할 기회를 제한한다고 했어요. 때문에, 자녀의 자립성을 저해하고 의존적인 성격을 형성할 가능성을 높인다고 했습니다.

막내는 첫째처럼, 첫째는 막내처럼 키워야 합니다.

백 세에 얻은 아들

아들 이삭이 태어날 때 아브라함의 나이는 백 세였어요. 손자를 얻을 나이에 아들을 낳았죠. 가장 귀한 선물인 이삭을 과보호하지 않기가 어려웠을 겁니다. 자녀 교육에 있어 자유방임보다 더 위험한 게 과잉보호인데요. 아브라함은 백 세에 얻은 이삭을 '약속의 자녀'로 귀하게 여겼겠지만 이삭은 과잉보호를 받으면서 유약하게 자랐을 가능성이 큽니다.

아브라함은 이삭을 얻기 전 언약에 없던 이스마엘을 낳았는데요. 필연적으로 이삭과 이스마엘은 갈등과 함께 성장할 수밖에 없었을 겁니다. 사라는 이스마엘이 이삭과 함께 상속받을 수 없다고 주장하며 하갈을 핍박했어요. 갈등을 피해 집을 떠난 하갈과 이스마엘의 상황은 누가 봐도 잔인한 결정이었고 이삭만 과보호를 받은 겁니다. 이스마엘의 고통이 이삭에겐 불편한 상황이었을 텐데요. 이스마엘과 이삭의 갈등에서 승자인 이삭에게 부정적인 자아상을 확립할 사건인 게 분명합니다. 사라의 요구는 이삭을 사랑함이었지만 이삭을 위한 게 아니었어요. 건강하지 않고 빗나간 사랑의 전형을 봅니다.

늦게 얻는 딸에게 모든 것을 쏟아 부은 한 가정을 봤어요. 아빠는 몇 차례 부드러운 제동을 걸었지만 엄마라 이름 하는 폭주 기관차는 딸만 태우고 달렸죠. 엄마도 비교적 건강한 가정에서 자랐고 평범한 직장인으로 인정받았던 사람인데요. 몇 차례 유산 후 늦게 얻은 딸이라 본인도 어떻게 못 했어요. 아무것도 모르는 아이는 독립된 인격체가 아닌 엄마의 바비 인형으로 자랐어요. 사춘기에 이르자 엄마와 단절한 채 방문을 잠그고 학교에도 가지 않았죠. 자기만의 동굴로 들어가 치유 상담이나 신경정신과 치료도 거절했습니다. 엄마를 만났지만 경청과 공감 외에 특별한 처방전을 내지 못했어요. 딸보다 엄마가 더 심각한 우울증에 노출됐어요. 죽고 싶단 말도 서슴지 않았습니다.

"목사님! 제가 뭘 잘못했을까요?"
"너무 잘하려고 했던 게 잘못입니다."라고 말하지 못했어요.

물음표가 아닌 느낌표로 대할 것을 부탁했어요. 딸에게 시간을 주어야 해요. 그의 정신세계에서 열이 내리길 기다리면서 본인이 깨닫게 될 것을 믿자고 했어요. 지금은 아이를 위해 어떤 것도 하지 말고 아이의 엄마가 아닌 자신으로 살며 자신을 다스리라 했습니다. 아이만을 쫓던 눈을 돌려서 자신을 먼저 돌아보고 아이를 다시 만날 준비를 하라고요. 예배를 다시 세우고 기도하면서 도움이 될 만한 책을 읽거나 취미생활을 하라고도 권했습니다.

우리가 너무 잘하려고 하는 게 자녀를 숨이 막히게 할 때가 많아요. 때론 관심을 지우고 그냥 옆에 서는 게 더 유익해요. 하나님은 질투하는 분이시고 하나님보다 더 사랑하는 것을 허락하지 않으시거든요. 하나님이 우리의 사랑을 받지 못해서 질투하시는 게 아니에요. 우리가 하나님을 사랑하지 않으면 빗나간 사랑을 하게 되거든요. 우리가 하나님에게서 멀어지면 하나님이 그토록 사랑하시는 자녀의 영혼을 피폐하게 만들기 때문에 하나님을 먼저 사랑하라고 하십니다.

"당신의 삶의 원동력은 무엇인가요?"

"당신의 삶을 이끄는 것은 무엇인가요?"

"당신은 지금 자녀에게 올바른 사랑으로 대한다고 생각하시나요?"

"당신이 자녀 양육에서 부모로서 개선해야 할 부문은 무엇인가요?"

내 삶의 원동력이 돈, 명예, 자녀가 아닌 하나님의 영광이라고 답한다면 돈, 명예, 자녀를 거두어 가셔도 섭섭해 하지 않아야 합니다. 모든 것이 하나님께로부터 왔다면 모든 걸 잃어도 본전인데요. 되레, 모든 걸 주셨습니다. 모든 것의 창조자, 소유권자인 하나님께 마음을 두면 모든 게 우리의 것이 됩니다. 미련한 자는 하나님이 만드신 것에만 마음을 두죠. 이삭까지도 하나님께 드리는 게 아니라 이삭은 이미 하나님의 것입니다.

온유와 무능 사이

이삭이 어떤 사람인지는 성경 속에서 유추와 해석이 가능한데요. 이삭의 아내를 선택하는 과정이 창세기 24장에 기록되어 있습니다. 아브라함은 종을 보내 신붓감을 찾도록 했어요. 이삭의 결혼식에서 주도권을 이삭에게 주지 않았어요. 이삭은 자신의 아내를 구하기 위해 종을 보낸 아버지에게 이의를 제기하지 않고 기다렸어요.

흉년(창세기 26장)이 들었을 때 하나님은 아브라함이 아닌 이삭에게 '그랄에 머물라'라고 하셨는데요. 하나님은 이삭을 특정해서 말씀하셨어요. 고대문화에서는 흔치 않은 일로 굳이 말씀하실 거면 아버지에게 명했어야 하는 것 아닌가요. 이삭의 입장에서는 큰 시험이었지만 하나님의 말씀을 믿었죠. 그랄에 머물며 가족과 가축이 다 죽을 수도 있는 위험을 무릅쓰고 순종합니다. 이때, 하나님은 이삭에게 100배나 거두는 복을 주셔서 마침내 거부가 되게 하셨는데요. 아비멜렉과 그랄 사람이 그가 복 받은 것을 시기해서 이삭을 쫓아냅니다. 인생지사 새옹지마라고 했던가요? 이 시점에서 이삭은 우물을 파는데요. 연간 강수량이 200밀리미터인 그랄 지역에서 우물은 생명과 같았지만 우물을 판다고 물을 얻으란 보장이 없었어요. 고고학자의 연구를 참고하면 그 지역에선 150~200미터를 파야 했어요. 물을 얻기까지 수년이 걸리기도 했죠. 우물을 파는 데는 많은 노력과 시간이 필요했어요. 파는 곳마다 우물이 나오는 것도 아니었죠. 우물을 파는 곳마다 샘물이 나온다면 로또를 맞은 셈이었죠.

이삭의 목자들이 골짜기를 파서 그 어려운 확률을 뚫고 샘 근원을 얻었는데요. 그랄의 목자가 이삭의 목자와 다투며 우물의 소유권을 주장합니다. 이삭에게는 그 땅의 소유권이 없었어요. 남의 땅에 우물을 팠으니 순순히 우물을 양보할 수밖에 없었죠. 온유해서 양보했다기보다 남의 땅에 우물을 팠기에 다른 방법이 없었던 겁니다. 우물 파는 것이 중대사였음에도 그랄 사람의 소송을 예측 못 했다는 건 입체적인 사고가 불가능했다고 보이는데요. 첫 번째 우물은 '다툼'이라는 뜻을 담아 '에섹'이라 이름했습니다. 두 번째 우물에서 물을 얻었을 때도 '적대'라는 의미로 '싯나'라고 부르기만 하고 통째로 내줘야 했어요. 이삭은 다시 이동해서 다른 우물을 팠고 더 이상 다투지 않게 되어 '르호봇'이라 이름 붙였는데요. '충분히 넓다'라는 뜻으로 여기서 이삭의 신앙고백이 나옵니다.

"이제는 여호와께서 우리를 위하여 넓게 하셨으니 이 땅에서 우리가

번성하리로다."(창세기 26:22)

　이삭이 우물을 양보한 것을 하나님을 향한 믿음으로만 보기에는 석연치 않은 점이 있어요. 아브라함의 침묵입니다. 아들 이삭이 우물을 파려고 할 때 방법을 알려주지도 않았어요. 경계 측량을 하고 소유권을 매입해야 한다는 지혜도 빌려주지 않은 채 그냥 지켜보기만 하죠. 이삭이 스스로 배워가기를 기다렸을 수도 있지만 이삭이 하고자 하는 걸 막아서지 못하는 과보호로 보이기도 합니다.

　이삭은 인생 마지막 페이지의 재산을 상속하는데 있어서도 의사 결정의 주도권을 놓고 리브가와 갈등을 빚는데요. 고대 문화로 볼 때 보편적이지 않습니다. 리브가는 자신의 의견을 강하게 표출하며 이삭의 행동을 이끌었어요. 이런 정황으로 볼 때 이삭의 우유부단함이 리브가를 센 여성이자 주도적인 아내로 만들었을 거라 짐작합니다. 성서에서 긍정적인 인물을 만나는 독자는 이삭에게 우호적인 태도를 견지하는데요. '이삭은 온유하다'라고만 정의한다면 지나치게 관대한 겁니다. 이삭의 마음과 행동은 무능할 정도로 답답합니다.

　"애는 참 착혀!"

　이 말을 어떻게 이해하시나요? 충청도의 부드러움과 해학을 담은 말인데요. "걔는 참 바보스럽고 답답하다."라는 의미를 포함합니다. 단지 착하기만 하지 일머리, 지혜, 능력이 턱없이 모자란 사람을 두고 하는 말입니다.

"이삭, 걔는 참 착혀!"

과보호 받은 자녀는 자립성 부족, 심리적 의존성, 부모와 자녀 관계의 긴장, 미성숙한 신앙을 보이는데요. 자녀는 축복이지만 자녀 양육은 하나님께 받은 가장 어려운 과제, 시험입니다.

공자의 제자 진강은 공자가 아들에게는 남다른 가르침을 줄 것이라고 의심했어요. 아버지에게 무엇을 배웠는지 백어에게 물었죠. 백어는 공자가 자신에게 두 가지를 가르쳤다고 했습니다.

"첫째는 시(詩)를 배우라고 했다. 시를 배우지 않으면 말을 잘할 수 없다. 시경(詩經)의 서문에 보면 시언지(詩言志)라 했다. 시는 자신의 뜻을 언어로 표현한다. 시는 인간의 정서를 아름답게 표현한 언어 예술이다. 시를 잘 아는 사람은 언어의 품격이 있고 듣는 사람을 감동시킨다. 시를 배우지 않으면 언어가 삭막하고 거칠고 저속하다."

"둘째는 예(禮)를 배우라 했다. 예는 교양과 생활의 품격을 규정한다. 예를 배우지 않으면 무식하고 교양이 없다. 예를 배우지 않으면 설 수 없다."

진강은 백어의 말을 듣고 기뻐하며 말했습니다.

"하나를 물어보아 세 가지를 얻었다. 시를 듣고 예를 들었다. 또 군자는 그 자식을 다른 제자와 마찬가지로 대하는 것을 들었다."

공자는 아들 백어에게 인간이 배워야 할 꼭 필요한 두 가지를 당부했는데요. 의심을 품고 질문을 낸 제자 진강은 하나를 더 배웠습니다.

가정예배

구약학자 브루스 월트키(Bruce Waltke)는 이삭의 삶에 큰 도전이 많지 않았음을 지적했는데요. 이삭은 독립적으로 하나님과 교감하며 신앙적 결단을 내릴 기회가 부족했어요. 아브라함과 야곱의 삶엔 하나님의 직접 개입과 만남이 허다했지요. 이삭의 삶에서는 하나님의 직접 개입을 찾기가 쉽지 않아요. 그의 삶은 성경 어떤 인물과 비교해도 이상할 정도로 평탄했어요. 평탄한 환경이 하나님의 축복인 것만은 분명하지만 평탄함이 항상 유익한 것은 아닙니다. 창세기의 여러 인물 중 이삭은 하나님의 언약을 이어가는 중요한 매개자인데요. 이삭이 축복의 통로가 되기까지는 가정환경에서 부정적인 면이 상당했어요. 인생의 가장 두려운 순간, 모리아 산에서 아버지가 자신을 희생 제물로 죽이려 했지만 이삭은 침묵으로 순종했습니다. 브루스 월트키는 이 장면을 이삭의 신앙적 정체성이 형성된 결정적 순간으로 봅니다. 이삭의 순종은 자녀의 일반적인 복종이 아니라 부모의 신앙적 전수로 해석하는데요. 하나님의 뜻에 대한 깊은 이해가 있었기에 가능한 일이라고 봅니다. 동시에 이삭은 하나님의 섭리에 대한 믿음을 통해 언약을 이어가는 축복의 통로가 됐어요.

창세기에서 아브라함이 가정예배를 정기적으로 드렸다는 기록을 찾을 수는 없는데요. 신앙 계승에서 가장 중요한 역할을 하는 것이 '가정예배'입니다. 말씀이 삶이 되려면 삶이 예배가 돼야 하고 예배는 가정에서부터 시작합니다. 가정예배를 드리라고 하면 먼저 막연한 부담을 느끼는데요. 시도했는데 중도에 포기한 다음에는 다시 이어가기가 어렵다는 가정도 많습니다. 김기억 목사는 『교회와 함께 가정예배』에서 가정예배의 근거를 다음과 같이 말했어요.

"가정예배는 '공동체적으로' 이해해야 한다. 각 가정은 본래 '흩어진 교회'이기에 각자의 집에서도 예배를 드린다. 독립된 가정이 드리는 독자적인 예배가 아니다. 교회에 모여서 드리는 예배가 있다면, 집에 흩어져서도 예배를 드린다."

초대교회의 첫 번째 예배는 가정에서 시작됐어요. 가정에서 모일 수 없을 만큼 사람이 몰려들 때 예배당이 필요했는데요. 초대교회의 형태가 가정교회였어요. 사도행전에서 초대교회는 '마가의 다락방', 가정에서 탄생했는데요. 사도행전을 닫는 28장에서도 가정교회가 나옵니다.

"들어가 그들이 유하는 다락방으로 올라가니 베드로, 요한, 야고보, 안드레와 빌립, 도마와 바돌로매, 마태와 및 알패오의 아들 야고보, 셀롯인 시몬, 야고보의 아들 유다가 다 거기 있어"(사도행전 1:13)

"바울이 온 이태를 자기 셋집에 머물면서 자기에게 오는 사람을 다 영접하고 하나님의 나라를 전파하며 주 예수 그리스도에 관한 모든 것을 담대하게 거침없이 가르치더라"(사도행전 28:30~31)

마가의 다락방에서 사도바울의 셋집 교회까지 가정교회였어요. 가정교회를 말할 때 고대시대는 가정의 문턱이 낮았다고 생각하기 쉬운데요. 박영호 목사는 『우리가 몰랐던 1세기 교회』에서 다음과 같이 말했습니다.

"고대시대 집은 억압적 공간이었다. 아이들은 아버지의 폭압적 권력 아래 있었고, 아내들 역시 남편을 '주'라 불러야 할 정도였다. 인구의 상당수를 차지하는 초대교회에도 적지 않게 있었던 노예에게 집이라는 공간이 갖는 폭압성은 현대의 어떤 살벌한 직장도 따라가지 못할 정도였다."

가정을 오픈하기가 오늘날보다 더 어려울 수 있겠단 생각이 드는데요. 그럼에도 불구하고 21세기는 이삭의 때보다 신앙을 지키기가 훨씬 더 힘들고 복잡한 시대인 건 분명합니다.

'1/168'

어떤 숫자로 보이시나요? 168시간이라는 한 주간을 살면서 한두 시간 예배당에 가서 받는 성경교육과 기도로 세상을 이길 수 있을까요? 가정예배를 지속하기 힘든 이유를 꼽자면 '함께 드릴 사람이 없다.', '가정예배 드리는 걸 싫어하는 사람이 있다.', '가족의 라이프 스타일이 달라서 가정예배를 지속하기 어렵다.', '가정예배를 드리다가 다툰 적이 있다.', '드리다가 멈췄다가를 반복해서 지쳤다.' 이유가 허다할 텐데요. 이런 이유는 가정예배에 대한 기본적인 이해가 잘못됐기 때문입니다. 가정예배는 한 사람이면 족합니다. 가족회의를 통해 시간을 정하고 동참할 사람이 없다면 혼자 드리는 거예요. 가정예배의 첫 번째 목적은 '예배'인데요. 가정이 교회이고 하나님은 예배 받으시기에 합당한 분이라는 것만으로도 가정예배의 당위성은 충분합니다. 하나님이 가정을 창조하신 첫 번째 목적도 가정에서 예배받기 위함입니다.
　"내 인생의 첫 교회는?"

지금 출석하는 교회인가요? 이사나 기타 이유로 첫 교회가 아닌 교회에 출석하는 분도 계실 텐데요. 태중에서 엄마와 함께 예배를 드렸다면 내 인생의 첫 교회는 '엄마'입니다. 첫 교회의 건강지수가 자녀의 신앙지수에 지대한 영향을 미칩니다.

신앙을 가진 부모가 이중적일 때 자녀는 혼란을 느끼는데요. 부모가 가르치는 하나님이 아니라 부모의 삶의 예배가 먼저입니다. 그러면 자녀도 부모의 삶에서 하나님을 배웁니다. 신앙 계승은 말이 아니라 신앙으로 사는 삶으로 가능합니다.

가족 모두가 모여 예배드리는 것을 하나님이 무척 기뻐하십니다. 하지만 구성원 중 누구도 동의하지 않고 아무도 참여하지 않는다면 기회로 읽으세요. 식탁에 홀로 앉아 성경을 읽고 찬양과 기도로 드리세요. 구성원에게 울림이 클 겁니다. 비정기적으로라도 함께 드리는 가정예배를 설계하는 것도 가능합니다.

인간은 문화를 통해서 내면세계를 표현하고 구성하는데요. 신앙은 인간의 본성에 부자연스러운 영역이기에 문화를 형성하기 위해서는 더 큰 의지와 노력이 필요합니다. 인간은 편한 것을 찾는 죄인인데요. 드리는 것보다 드리지 않는 게 더 편한 건 사실이에요. 멈추었대도 다시 시작하기를 반복하면 습관이 되고 습관이 문화가 됩니다. 귀한 것은 쉽게 정착하기 어려워요. 포기하지 않으면 때가 이르매 열매를 봅니다.

예배를 드리는 것 못지않게 중요한 것은 가족이 함께 예배를 드릴 때 결코 가르치려 해서는 안 된다는 거예요. 각자 자신에게 주시는 하나님의 말씀에 집중해야 하는데 김기억 목사는 'G Massage'로 대화하라고 말합니다. 예를 들겠습니다.

자녀가 학교에 지각을 합니다.

You Massage: 너는 왜 맨날 지각하니?

I Massage: 내가 무엇을 어떻게 도와주면 네가 지각을 하지 않겠니?

G Massage: 하나님은 어떤 사람을 기뻐하실까?

하나님이 주어가 되면 하나님이 주인이 되십니다.

"하나님이 도와주셨구나!"

"너의 노력을 하나님이 기뻐 보셨구나!"

"하나님이 예비하셨구나!"

"예수님이 너를 사랑하셔!"

"예수님이시라면 어떻게 생각하실까?"

"예수님이시라면 어떻게 말씀하실까?"

주의할 것은 부정적인 상황에서의 G Massage인데요. 자칫 율법주의에 빠질 수 있기 때문입니다. 저희 가정의 부정 명령은 세 가지로 첫째, 타인을 괴롭히거나 해를 입히는 것, 둘째, 자신을 괴롭히거나 해롭게 하는 것, 셋째, 정직하지 않고 게으른 것입니다. 그 외엔 너그럽게 대합니다.

가정예배는 신앙 계승의 도구가 아닌 예배 자체가 목적입니다. 부모가 예배자가 될 때 자녀도 예배자가 됩니다. 자녀는 부모가 말한 대로 크지 않고 보여주는 대로 큽니다.

Q1 당신의 부모는 어떤 유형(전제군주형, 자유방임형, 자유민주형)이셨
    나요? 부모의 리더십 유형이 당신에게 어떤 영향을 미쳤나요?

Q2 당신이 부모라면 자녀에게 어떤 유형의 리더십의 소유자인가요? 당
    신이 개선해야 할 부문은 어떤 면이고 어떻게 노력할 것인가요?

Q3 당신의 가정은 가정예배를 드리나요? 드리지 않는다면 언제 드릴
    것인지 결단을 적으시고 3분만 기도하세요.

Q4 최근 'You Massage'로 말했다면 언제 어떤 상황이었고
    'I Massage'와 'G Massage'로 수정해서 대화의 연습을 해 보세요.

Q5 상황을 설정하시고 'G Massage'로 대화해 보세요.

14 아브라함이 아침에 일찍이 일어나 떡과 물 한 가죽부대를 가져다가 하갈의 어깨에 메워 주고 그 아이를 데리고 가게 하니 하갈이 나가서 브엘세바 광야에서 방황하더니

15 가죽부대의 물이 떨어진지라 그 자식을 관목덤불 아래에 두고

16 이르되 아이가 죽는 것을 차마 보지 못하겠다 하고 화살 한 바탕 거리 떨어져 마주 앉아 바라보며 소리 내어 우니

17 하나님이 그 어린 아이의 소리를 들으셨으므로 하나님의 사자가 하늘에서부터 하갈을 불러 이르시되 하갈아 무슨 일이냐 두려워하지 말라 하나님이 저기 있는 아이의 소리를 들으셨나니

18 일어나 아이를 일으켜 네 손으로 붙들라 그가 큰 민족을 이루게 하리라 하시니라

19 하나님이 하갈의 눈을 밝히셨으므로 샘물을 보고 가서 가죽부대에 물을 채워다가 그 아이에게 마시게 하였더라

20 하나님이 그 아이와 함께 계시매 그가 장성하여 광야에서 거주하며 활 쏘는 자가 되었더니

21 그가 바란 광야에 거주할 때에 그의 어머니가 그를 위하여 애굽 땅에서 아내를 얻어 주었더라

좋은 이별

좋은 이별

"당신을 만나는 모든 사람이 당신과 헤어질 때는
더 나아지고 더 행복해질 수 있도록 하라."

마더 테레사(Mother Teresa)

교회를 설립하고 3년이 됐을 때 한 분이 찾아오셨어요. 부탁이 있으니 꼭 들어달라고 하시며 대뜸 목회자 한 명을 해고해 달라고 하셨죠. 그분은 교회의 모든 일에 앞서서 섬겼는데요. 목회자 해고를 원하시는 까닭을 여쭈었더니 자신을 무시한다는 게 이유였어요. 사연을 들어보니 정당한 사유가 아니었죠. 목회자의 잘못이라기보다는 자기 중심성으로 단단히 무장한 상처 깊은 분이었어요. 그럴 수 없다고 했더니 그러면 자기가 교회를 나가겠다고 하더군요. 성도가 교회를 나가겠다고 하니 달래고 설득해서 겨우 붙잡았는데 반년에 한 번씩은 문제를 일으켰어요.

한 번은 2층 본당에서의 안내 위원은 자기 혼자로 족하니 다른 안내

위원은 1층으로 내려 달라고 했어요. 동의하지 않았더니 개국공신 무시한다고 했죠. 성도가 많지 않고 봉사자가 부족할 때는 광적인 열심으로 교회를 섬겼는데요. 교회가 성장하니 홀로 돋보이고 싶은 불온한 속셈을 드러냈어요. 함께함을 배우지 못하고 피해의식으로 무장한 채 결핍을 목회자와 교회로 채우려 하니 감당할 재간이 없었습니다.

삼십 대 초반 설익은 담임목사의 리더십은 흔들렸어요. 며칠씩 잠을 설쳤고 공동체는 몸살을 앓았죠. 그 가정을 붙잡으니 착하고 건강한 가정이 떠났습니다. 매몰 비용을 계산한 건 아니지만 무슨 이유에선지 계속 붙잡았던 게 화근이었어요. 그때 신학박사 과정 중이었는데요. 치유 설교로 논문을 쓰려했다가 리더십으로 연구 주제를 바꾼 건 신랄할 고통이 준 선물이었습니다.

목회자로서 영적인 리더십을 제대로 발휘하지 못한 제 탓이 컸는데요. 그땐 너무 힘들고 원망만이 쌓여갔죠. 그 가정을 잡고 또 잡았더니 급기야 6년이 되던 해에 교회를 공포의 도가니로 몰아넣었어요. 결국 서로에게 큰 생채기를 내고 불편한 이별을 했는데요. 역사상 가장 큰 고통으로 교회 흑역사의 최고봉이 됐습니다. 회복하기까지 큰 대가를 지불했어요.

연약함에서 가혹함으로

이삭이 젖 떼는 날 아브라함이 큰 잔치를 벌였는데요. 이때 이스마엘이 이삭을 놀린 것을 두고 사라가 남편에게 말합니다.

"저 여종과 그 아들을 내보내십시오. 저 여종의 아들은 나의 아들 이삭과 유산을 나누어 가질 수 없습니다."(창세기 21:10, 새번역)

이스마엘은 이집트 여인 하갈의 몸에서 태어났지만 아브라함에겐 장자였어요. 그날 이스마엘의 행동이 옳지는 않은 건 분명해요. 훈육하고 넘길 만한 일이었음에도 사라는 이스마엘을 멀리할 기회로 삼습니다. 이삭의 안전을 걱정한 조치인데요. 속셈은 여종 하갈의 몸에서 태어난 이스마엘과 유산을 나눠 가지는 게 싫었던 겁니다. 자기 몸에서 태어난 이삭이 아브라함의 모든 유산을 상속받기 원하던 차에 이스마엘이 빌미를 제공하자 일을 키워 남편을 압박했어요. 사라와 아브라함이 이삭을 향한 하나님의 언약을 기억했다면 이럴 필요가 없었을 텐데요. 아브라함이 하갈과 이스마엘에게 공존의 비결을 가르쳤어야 했죠. 사라에게 언약을 상기시키며 진정시켰다면 좋았을 텐데요. 사라에게 모든 복은 하나님께 달렸고 이런 처분은 이삭에게도 유익하지 않다고 설득했다면 얼마나 좋았을까요. 가장으로서의 설익은 리더십에 한 아내와 아들이 인생의 길을 잃었어요. 믿음의 조상, 복의 근원으로서의 아브라함에게 갈 길이 아직 멀어 보입니다. 이때 하나님이 개입하세요. 하나님의 특별한 개입은 최후의 수단인데요. 일반적인 방법은 양심과 말씀으로 인도하세요. 개인과 가정, 공동체가 길을 잃으면 구원의 언약을 이루기 위해 직접 개입하십니다.

"그 아들과 그 어머니인 여종의 일로 너무 걱정하지 말아라. 이삭에게서 태어나는 사람이 너의 씨가 될 것이니, 사라가 너에게 말한 대로 다 들어 주어라. 그러나 여종에게서 난 아들도 너의 씨니, 그 아들은 그 아

들대로, 내가 한 민족이 되게 하겠다.”(창세기 21:12~13, 새번역)

하나님의 개입 전에 아브라함이 윈윈전략을 택했다면 하는 아쉬움이 짙어지는데요. 가끔은 아브라함의 우유부단함에 답답함을 느낍니다. 극단적인 결별을 선택하기 전에 이스마엘과 이삭이 거리를 두게 했다면 좋았을 텐데, 시도조차 하지 않아요. 성숙한 사람은 관계를 끊기 전에 거리 두기를 먼저 하죠. 아브라함이 열두 번째 계단을 올랐지만 ‘믿음의 전당’에 명패를 걸려면 시간이 한참 더 필요해 보입니다.

하나님의 정의는 완전합니다. 이삭과의 언약을 지키기 위해 누군가를 광야로 내모는 방법으로 완성되지 않아요. 이삭과 이스마엘의 결별을 허락하신 대목에서 행간을 읽어야 하는데요. 하나님은 졸지도 주무시지도 않으십니다. 하갈과 사라, 이스마엘과 이삭을 하나님의 눈으로 들여다보면 행간에서 하나님의 기다림과 침묵이 읽힙니다. 아브라함이 리더십을 발휘하지 못하자 처방전을 내시는데요. 일방적으로 이삭의 편을 드는 게 아니에요. 이스마엘과 이삭에 대한 윈윈전략을 내놓으십니다.

두 아들의 결별은 인간의 연약함이 충돌을 일으킨 결과인데요. 연약한 어머니가 아들을 연약하게 키웁니다. 사라라 이름하는 어머니는 자식의 인생 걸림돌을 기꺼이 치우는 악역을 당당하게 감당합니다.

네로 황제의 어머니 아그리피나가 생각나는데요. 그녀는 복잡한 남성 편력을 뒤로한 채 클라우디우스 황제와 결혼을 했어요. 네로는 황제의 아들이 아니었어요. 그는 전처 메살리나에게서 낳은 브리타니쿠스를 총애했죠. 아그리피나에게는 불안의 싹이었어요. 황제를 설득해 메살리나가 낳은 딸 옥타비아와 네로의 혼인을 성사시키고 네로를 황제의 양자로 삼습니다. 아들을 황제의 양자로 만들어서 황제로 세우기 위한 법적인 걸림돌을 제거한 겁니다.

A.D. 54년 클라우디우스 황제가 사망하고 네로가 즉위하는데요. 황제의 죽음 뒤에는 아그리피나의 음모가 있었던 것으로 봅니다. 황제를 독살하려 했지만 바로 죽지 않았어요. 아그리피나의 사주를 받은 시의(侍醫) 크세노폰은 황제에게 응급조치를 하는 척하며 독이 묻은 깃털을 목 안에 깊게 밀어 넣어서 죽이는데요. 클라우디우스가 네로를 후계자로 정한 것은 아니었지만 네로는 황제에 옹립됩니다. 그녀의 엽기적인 행각은 여기가 끝이 아니었어요. 아들을 성적인 노리개로 만들어 대낮에 벌이는 모자의 추행을 보고 환관들은 아연실색했어요. 두 사람의 비정상적인 관계가 오래가지 못한 것은 당연한데요. 싫증과 두려움을 느낀 네로가 아그리피나를 안토니아궁으로 쫓아내고 어머니 만나기를 거절합니다. 머지않아 아그리피나는 아들 네로의 사주로 인해 칼에 찔려 죽습니다. 연약함이 독을 먹고 가혹해지는 것은 예나 지금이나 다름이 없습니다.

가장 귀중한 자식, 이삭을 건드리니 직조된 질투가 가족관계까지 단번에 왜곡합니다. 이스마엘이 이삭을 놀리는 것은 아이들이 보이는 평범한 일인데요. 사라는 크게 문제를 삼고 막연한 두려움을 확대 생산하죠. 늘 불안했던 사라의 연약함이 폭주합니다. 이참에 이스마엘과의 관계를 끊어 버릴 기회로 삼는 가혹함으로 발전하는데요. 아브라함은 중재하지 못하고 회피합니다. 자식을 낳은 어머니가 남의 자식도 아닌 남편의 자식에게 이렇게 하는 건 가혹함을 넘은 죄악이에요. 사라의 죄가 아브라함의 우유부단과 만나니 극단적인 결과를 낳습니다.

하나님의 언약이 있는 한 이스마엘이 이삭에게 어떻게 하든지 이삭은 이삭입니다. 아브라함이 하나님의 언약을 믿는다면 이스마엘이 이삭에겐 아무 걸림도 아닌 거죠. 이 또한 합력해서 선을 이룬다고 사라를 설득했으면 하는 건 과도한 바람일까요. 사람은 누구나 연약합니다. 그렇다고 자신의 연약함을 합리화할 순 없어요. 연약함을 방치한 아브라함의 행동은 두 아들이 갈등 구조에서 둘이 함께 성숙할 기회를 빼앗은 겁니다. 후에 하나님은 이스마엘도 한 민족을 이룰 것이란 언약을 주시는데요. 그렇게 두 민족 간의 갈등이 시작된 것은 역사의 비극이에요. 모든 사람이 연약하지만 방치하면 가혹함을 넘어 무서운 죄로 발전합니다.

'아직'에서 '이제'는

이 사건에서는 하나님이 분리를 허락하셨지만 하갈과 사라의 첫 번째 갈등(창세기 16장)에선 '아직' 결별을 허락하지 않으셨었죠. 사라의 권유로 아브라함이 이집트 여종 하갈과 동침했는데요. 사라는 하갈이 아이를 잉태한 후 여종의 신분을 망각하고 선을 넘자 아브라함을 몰아세웁니다.

"내가 받는 모욕은 당신이 받아야 옳도다 내가 나의 여종을 당신의 품에 두었거늘 그가 자기의 임신함을 알고 나를 멸시하니 당신과 나 사이에 여호와께서 판단하시기를 원하노라"(창세기 16:5)

아브라함은 이때도 아내 사라를 설득하지 않았어요. 하갈에 대한 처분을 사라에게 위임하며 비겁하게 회피합니다.

"당신의 여종은 당신의 수중에 있으니 당신의 눈에 좋을 대로 그에게 행하라."(창세기 16:6)

갈등의 두 번째 원인 제공자는 하갈이지만 원인 제공의 원조는 사라였어요. 하갈은 사라의 학대를 피해 도망갔죠. 여호와의 사자가 광야의 샘물 곁 곧 술 길 샘 곁에서 하갈을 만납니다.

"여종 하갈아 네가 어디서 왔으며 어디로 가느냐 그가 이르되 나는 내 여주인 사래를 피하여 도망하나이다 여호와의 사자가 그에게 이르되 네 여주인에게로 돌아가서 그 수하에 복종하라"(창세기 16:8~9)

여기서는 '아직' 결별을 허락하지 않으셨던 하나님이 이제는 허락하시는데요. 창세기 16장의 사라와 하갈의 갈등이 창세기 21장에선 이삭과 이스마엘의 갈등으로 확대됩니다. 21장에서 이별을 허락하신 하나님의 처방전에 담긴 뜻과 이유를 다 알 수는 없어요. '아직' 허락하지 않으셨던 하나님이 '이젠' 둘의 이별을 허락하셨으니 때가 된 걸까요? 하나님의 정의는 치우침이 없으신데요. 사람의 이성으로 하나님의 정의를 다 이해할 수도 없습니다. 하나님이 인간에게 설명하실 필요도 없어요. 사라와 하갈의 이별은 하나님의 통치로 볼 때 최선의 타이밍입니다. 하나님은 완전하세요. 선악과를 따 먹은 아담에게 찾아가실 때도 최선의 타이밍을 택하셨어요. 정해진 어느 날이 아닌 그날, 날이 서늘

할 때였습니다.

고대 그리스인은 시간을 두 개의 헬라어 크로노스(chronos)와 카이로스(kairos)로 이해했는데요. 크로노스는 누구에게나 공평하게 흐르는 객관적인 시간입니다. 카이로스는 주관적으로 의미화한 시간을 뜻하죠. 크로노스는 시간의 경과나 과정을 나타내는 수평적이고 직선적인 개념인데요. 카이로스는 어떤 사건이 일어나는 때나 기회를 의미합니다. 크로노스는 시계 속의 시간으로서 정해진 시간에 얽매여서 살아가는 삶의 방식이죠. 카이로스는 어느 한 가지에 몰두하면 시간 가는 줄도 모를 때를 말합니다. 하나님의 기쁨을 구하고 그분의 말씀에 순종하는 삶이 카이로스라고 할 수 있어요. 이스마엘이 태어난 지 약 14년 만에 이삭이 태어났어요. 이삭의 첫돌 잔치 즈음이었으니 15년 만에 하갈과 사라, 이스마엘과 이삭의 이별을 허락하신 겁니다. 15년 후 분가를 허락할 것이라고 운명론적인 시간을 정하신 게 아닙니다. 하나님의 때는 하나님만이 아십니다. 특정된 어느 날이 아니라 둘에게 유익한 카이로스예요. 하나님께 순종하는 카이로스는 천년이 하루 같습니다. 하나님께 불순종한 자의 크로노스는 하루가 천년 같아요. 어리석은 자는 그 때와 시한을 알고 싶어 하는데요. 수험생이라면 결과를 알고 싶겠지만 결과와 시한을 아는 게 사람에게 유익하다면 허락하셨을 겁니다.

"이르시되 때와 시기는 아버지께서 자기의 권한에 두셨으니 너희가 알 바 아니요"(사도행전 1:7)

우리가 알아야 할 것은 종료 시점이 아니라 일상에서 세미한 하나님의 음성을 듣고 순종하는 삶인데요. 하나님의 때, 뜻을 아는 것보다 더 중요한 건 지금 삶의 자리에서 하나님의 기쁨이 되는 거예요. 사라와 하갈, 이삭과 이스마엘의 이별을 허락하셨지만 이 길이 최선이 아닌 차선으로 보이네요. 그 가정이 최선을 받을 준비가 되지 않아서입니다.

좋은 이별을 위하여

아브라함은 먹거리 얼마와 물 한 가죽 부대를 하갈의 어깨에 메워주고 이스마엘과 함께 내보냅니다. 하갈은 쫓겨난 채로 브엘세바 빈 들에서 정처 없이 헤맸어요. 급기야 가죽 부대에 담아 온 물마저 떨어졌죠. 그녀는 아이를 덤불 아래에 뉘어 놓고서 한탄합니다.

"아이가 죽어 가는 꼴을 차마 볼 수가 없구나"(창세기 21:16, 새번역)

하갈의 비통함이 느껴집니다. 아이를 두고 화살 한바탕 거리만큼 떨어져 주저앉았어요. 엄마의 울음은 아이의 울음이 됐어요. 하나님은 그 아이가 우는 소리를 들으시고 천사를 통해 말씀하십니다.

"하갈아, 어찌 된 일이냐? 무서워하지 말아라. 아이가 저기에 누워서 우는 저 소리를 하나님이 들으셨다. 아이를 안아 일으키고, 달래어라. 내가 저 아이에게서 큰 민족이 나오게 하겠다."(창세기 21:17~18, 새번역)

이스마엘이 자라는 동안 하나님이 늘 함께 계시면서 보호하셨고 이스마엘은 광야에 살면서 활을 쏘는 사람이 됩니다. 아브라함에게 묻습니다.

"이별을 피할 수 없었다면 하갈과 이스마엘을 이렇게 광야에 내보내는 게 최선이었나요?"
"아버지로서 다른 길은 없었나요?"
"하갈과 아이를 내보낼 때 당신에게 무슨 일이 있었기에 이렇게 잔인했나요?"

누구에게나 이별은 유쾌한 경험이 아닌데요. 피할 수 없는 이별이라고 해도 과정과 결과는 아픔입니다. 좋은 이별이란 없다고 해도 최선의 배려는 가능한데요. 피할 수 없는 이별을 좋은 이별로 만들었다면 이삭과 이스마엘의 역사적인 반목은 줄일 수 있었을 테죠. 하갈의 절망과 눈물은 이스마엘이 눈물이 됐어요. 아버지에 대한 상처는 평생을 따라다녔을 겁니다. 환경이 이스마엘을 강하게 했겠지만 독하게도 만듭니다. 이스마엘에게 이렇게 말하지 마세요.

"그래도 아버지이니 용서하는 게 네게 유익이란다."
이스마엘이 아버지를 용서해야 한다는 것, 용서하려는 것도 율법이에요. 미워할 사람은 미워하고 슬퍼할 일은 충분히 애도해야 치유가 가능합니다.

김형경 작가는 애도 심리 에세이 『좋은 이별』에서 애도를 통해 마음을 치유해야 건강하고 성숙한 인간으로 성장한다고 했어요. 하갈과 이스마엘 같은 약자는 물리적, 사회적인 피해가 커서 애도할 것이 상대적으로 많이 쌓이는데요. 자기표현을 통해 고통, 슬픔, 상실, 외로움의 감정을 처리하고 소화해야 합니다. 애도는 애정 대상을 상실한 후에 마음의 평정을 회복하는 과정입니다. 사람, 신념, 가치, 안정감, 관계, 보물, 반려동물, 직위, 영향력의 상실은 피할 수 없지요. 좋은 이별, 건강한 애도 기간을 거치면 타인의 아픔을 공감할 능력이 됩니다. 김형경 작가는 예시를 통해 고발합니다.

"어릴 적 치마를 들치는 남자아이를 선생님께 고했을 때, 남자아이에 대한 적절한 처벌과 위로 대신 '저 아이가 너를 좋아해서 그런다'라는 엉뚱한 소리를 돌려받았다. 작은 행동이나마 성폭력이 분명했건만, 선생님의 해결 의지를 확인하지 못한 것은 오랫동안 나를 고통스럽게 만들었는데 그러한 상실감에도 애도는 필요했다."

목회자로서 참 안타까운 건 여성이 여성을 차별하는 겁니다. 과거 대한민국에서 여성에 대한 차별은 일반화됐던 때가 있었어요. 차별인지 모르고 차별하는 경우가 비일비재했어요. 자신이 과거에 차별받은 상처와 좋은 이별을 하지 못한 분이 많아요. 입은 아픔을 타인에게 되돌려 주며 역기능이 역기능을 낳는 게 반복됩니다. 김형경은 "애도 작업은 내면에서 작동하는 낡은 삶의 플롯, 어린 시절에 머무는 내면의 자기를 함께 떠나보내는 일이다"라고 했는데요. 그 과정에서 치유와 성장이 자연스럽게 일어나 새로운 자신으로 태어납니다.

하갈과 이스마엘이 당한 차별이나 그와 비슷한 경험은 언제 떠올려도 속이 매캐한데요. 성령 충만, 공동체의 사랑, 하나님의 임재 경험,

적정 심리학의 도움을 받아서 애도 기간을 거쳐 치유되면 사명으로 부활합니다.

이스마엘처럼 큰 상처를 받으면 동굴로 숨어버리기 십상인데요. 아버지 아브라함과 좋은 이별을 해야 합니다. 이스마엘에게 이렇게 말해주고 싶습니다.

"아버지에게 분이 풀릴 때까지 충분히 분노하세요. 당신은 그래도 됩니다. 깊게 슬퍼하세요. 그게 정상이예요. 내가 이삭을 놀렸기 때문이라고 책임지려 하지 마세요. 무슨 일이 내게 벌어지는지 내가 선택할 수 없어요. 아버지와 이별하고 이스마엘로 살아갈 때 진정한 내가 됩니다. 어머니 하갈과 내몰린 광야를 부정하지 마세요. 달라질 게 없어요. 현실을 냉혹하게 직시하고 복수를 위한 삶이 아닌 자신으로 살아가세요."

버림받은 상처와 그 사건이나 사람을 마음의 안방에 모실 필요는 없습니다. 내가 나로서 행복하고 성취감을 느낄 때 아버지를 용서할 마음의 여유가 생기죠. 좋은 이별을 하지 못한 채 상처 입은 자아로 사노라면 '또래 집단의 법칙'처럼 상처 입은 자에게 끌립니다. 상처 입은 자의 리그에서 벗어나질 못해요. 아버지 아브라함과 좋은 이별을 해야 합니다. 그럼 내일부터 사랑으로 가득 찬 경이로운 인생을 경험할 첫걸음을 떼는 거예요. 인생 여정에서 만나는 친구, 연인, 배우자, 가족, 소유하는 모든 것과 언젠가는 이별하는데요. 준비된 사람은 좋은 이별을 맞이하지만 준비하지 못한 사람은 이별을 당합니다.

"맞이하실래요? 당하실래요?"

아픈 이별에서 배우고 성장하면 정의로운 사람이 됩니다. 십자가의 보혈, 주님의 긍휼과 용서로 녹여낸 사람에겐 준비된 은혜를 허락하시죠. 당신이 그 슬픔을 되씹고 곱씹는다면 더 큰 상실이 찾아오는데요. 삶은 상처로 점철된 자리에서 벗어나지 못합니다. 스스로 자유를 누리고 자신을 아끼고 사랑한다면 더 아름다운 사랑이 찾아옵니다. 창조주 하나님의 눈으로 나를 보고, 고통을 훈련의 장으로 받아들인다면 당신과 더 깊은 사랑에 빠질 겁니다. 그런 당신에게 매력을 느낀 사랑이 당신에게 옵니다.

좋은 이별을 못한 게 믿음의 결핍이었다는 걸 알기까진 참 오랜 시간이 필요했어요. 누군가 내게 해를 입혀도 하나님이 나를 사랑하신다는 믿음이 있다면 담대해지고 소망이 삶을 두릅니다. 서두에 언급한 역기능의 가정과 좋은 이별을 했다면 교회는 더 건강하고 행복했을 텐데요. 그땐 그렇게 하지 못했지만 지금이라도 깨달았으니 다행이고 감사합니다.
하나님은 그럼에도 불구하고 하갈과 이스마엘을 돌보고 인도하셨어요. 어떤 상황과 상실에도 하나님의 인도하심과 사랑을 신뢰할 때 자신을 사랑할 수 있죠. 나는 하나님의 형상이고 보물입니다. 사랑은 이미 여기에 있습니다. 아버지 아브라함에게 내주었던 내 마음의 주인을 하나님으로 교체하세요. 오늘, 상처 입은 결별과 버림받은 감정이 이스마엘에게는 고통이지만 하나님만 더 바라볼 기회입니다. 결핍은 하나님으로 채울 공간입니다.

Q1 당신의 삶에서 경험한 가장 큰 상실은 언제, 무엇이었고 지금 그
  일을 생각할 때 당신의 마음은 어떻습니까?

Q2 당신이 받은 차별은 무엇이고 그 차별을 이겨내고 당신은 얼마나
  정의로운 사람이 됐나요?

Q3 좋은 이별을 하지 못한 이유는 믿음의 결핍이란 명제를 어떻게 생
  각하시나요. 당신의 삶에 믿음을 어떻게 적용할 것인가요?

Q4 당신의 지인 중에 이스마엘은 누구이고 그분을 어떻게 도울 겁니
  까? 작은 적용점 하나만이라도 구체적으로 말씀해주세요.

창세기 22:1~12

1 그 일 후에 하나님이 아브라함을 시험하시려고 그를 부르시되 아브라함아 하시니 그가 이르되 내가 여기 있나이다

2 여호와께서 이르시되 네 아들 네 사랑하는 독자 이삭을 데리고 모리아 땅으로 가서 내가 네게 일러 준 한 산 거기서 그를 번제로 드리라

3 아브라함이 아침에 일찍이 일어나 나귀에 안장을 지우고 두 종과 그의 아들 이삭을 데리고 번제에 쓸 나무를 쪼개어 가지고 떠나 하나님이 자기에게 일러 주신 곳으로 가더니

4 제삼일에 아브라함이 눈을 들어 그 곳을 멀리 바라본지라

5 이에 아브라함이 종들에게 이르되 너희는 나귀와 함께 여기서 기다리라 내가 아이와 함께 저기 가서 예배하고 우리가 너희에게로 돌아오리라 하고

6 아브라함이 이에 번제 나무를 가져다가 그의 아들 이삭에게 지우고 자기는 불과 칼을 손에 들고 두 사람이 동행하더니

7 이삭이 그 아버지 아브라함에게 말하여 이르되 내 아버지여 하니 그가 이르되 내 아들아 내가 여기 있노라 이삭이 이르되 불과 나무는 있거니와 번제할 어린 양은 어디 있나이까

8 아브라함이 이르되 내 아들아 번제할 어린 양은 하나님이 자기를 위하여 친히 준비하시리라 하고 두 사람이 함께 나아가서

9 하나님이 그에게 일러 주신 곳에 이른지라 이에 아브라함이 그 곳에 제단을 쌓고 나무를 벌여 놓고 그의 아들 이삭을 결박하여 제단 나무 위에 놓고

10 손을 내밀어 칼을 잡고 그 아들을 잡으려 하니

11 여호와의 사자가 하늘에서부터 그를 불러 이르시되 아브라함아 아브라함아 하시는지라 아브라함이 이르되 내가 여기 있나이다 하매

12 사자가 이르시되 그 아이에게 네 손을 대지 말라 그에게 아무 일도 하지 말라 네가 네 아들 네 독자까지도 내게 아끼지 아니하였으니 내가 이제야 네가 하나님을 경외하는 줄을 아노라

열네 번째 계단

비극

비극

"무슨 시험이 내게 닥칠지 내가 선택할 수 없지만
그 시험에 어떻게 반응할지는 내가 선택할 수 있다."

교회가 설립된 지 약 6년 만에 목회 에너지가 고갈됐는데요. 가장 큰 이유는 사람으로 인한 시험이었어요. 교회가 첫 번째 부흥의 파도를 탈 때 몇 사람이 떠났어요. 자신들이 떠나는 이유를 정당화하며 리더십에 흠집을 냈어요. 불온한 속셈으로 편을 짜고 의기투합하더니 몇 사람을 엮어서 함께 떠났죠. 그들이 떠나고 약 3년 후, 한 가정으로 인한 역기능의 폭풍우가 교회를 휘감았는데요. 첫 번째 화살의 상처가 채 아물기도 전이었습니다. 두 번째 화살은 퍼펙트 스톰처럼 강력했고 그즈음, 한 교회로부터 담임목사로 청빙 의뢰가 들어왔어요. 인사위원장이 오셔서 단독 후보이니 상견례 차원의 설교를 한 차례 부탁하셨죠. 하나님께 여쭈었는데 답은 안 주시고 질문만 내셨어요.

“개척할 때 로고스에서 은퇴하는 복을 달라고 기도하더니 그 기도는
어떻게 된 거니?”
“좋을 때 떠나라고 가르쳤는데 지금이 좋은 때니?”
“청빙 받아 부임하면 그 교회에서도 유사한 위기가 올 터인데 그때
는 어떻게 할 거니?”

질문에 반응하기도 전에 말씀이 생각하게 하셨습니다.

“엘리사가 자기 사환에게 이르되 너는 그에게 이르라 네가 이같이
우리를 위하여 세심한 배려를 하는도다 내가 너를 위하여 무엇을 하랴
왕에게나 사령관에게 무슨 구할 것이 있느냐 하니 여인이 이르되 나는
내 백성 중에 거주하나이다 하니라”(열왕기하 4:13)

수넴 여인은 엘리사가 그곳을 지날 때마다 숙식을 제공했는데요. 엘
리사를 위해서 방을 만들고 침상, 책상, 의자, 촛대를 두었다는 상세한
묘사는 그녀의 세심한 배려를 보여줍니다. 감동한 엘리사는 여인이 청
하는 대로 들어주겠다고 소원을 묻습니다.

“나는 내 백성 중에 거주하나이다”

자족으로 직조된 그녀의 영성이 돋보이는 부분입니다. 엘리사는 그
여인에게 아들이 없음을 알고 하나님께서 아들을 주실 것이라고 약속
했죠. 약속한 아이가 태어났고 자라던 어느 날 죽었어요. 여인은 아이
를 엘리사의 침상에 두고 문을 닫고 나와 서둘러 하나님의 사람 엘리사

를 만나러 갈멜산으로 갑니다.

"너는 달려가서 저를 맞아 이르기를 너는 평안하냐 네 남편이 평안하냐 아이가 평안하냐 하라 하였더니 여인이 대답하되 평안하다 하고"
(열왕기하 4:26)

죽은 아이를 두고 온 여인의 대답도 대답이려니와 그저 사실을 전하고 엘리사에게 부탁하는 수넴 여인의 태도에서 깊은 품격마저 느낍니다. 엘리사가 당도해 죽은 아들 위에 엎드려 기도할 때 하나님께서는 그 아들을 살리셨습니다. 주검에 몸을 덮은 사랑입니다.

말씀이 깊숙이 박혔는데요. "내 백성 중에 거주하나이다." 이 말이 내가 어디에 있어야 하는지, 누구를 살려야 하는지를 깨닫게 하셨어요. 하지만 설익었던 때라 참 힘에 겨웠습니다. 영적인 피로 누적은 해소되지 않았어요. 재충전하지 않으면 계속되는 청빙에 응할 것 같았어요. 안식년으로 떠날 것을 계획하고 교회의 동의를 구했는데요. 교회는 흔쾌히 허락을 해주었습니다. 캐나다 토론토에서 안식년을 보내며 세 달이 지나니 교회를 향한 그리움이 깊어졌어요. 빨리 들어가서 목회하고 싶었는데요. 교회를 향한 그리움은 그간의 사역으로 인해 상처 입은 마음의 병을 치유했습니다.

안식년을 마치고 교회로 복귀하려니 감사함이 큰 산으로 자리했어요. 4인 가족이 토론토에서 공부하면서도 생활비가 부족하지 않았습니다. 교회, 성도, 현지에서 기적같이 채워주셨죠. 대략 소요 비용이 1억 원이었는데 이때 말씀이 들어왔어요.

“내게 주신 모든 은혜를 내가 여호와께 무엇으로 보답할까”(시편 116:12)

아내에게 말했습니다.

“교회 개척 때에 전 재산을 헌금한 것은 당신과 나의 희생이 아니었어요. 부모님께 물려받은 유산이었죠. 이렇게 아무것도 아닌 사람이 가족과 함께 토론토에서 1년간 안식년을 보냈어요. 하나님과 교회에 이 은혜를 갚읍시다. 가족이 1년간 쓴 비용을 채워주신 것이 정말 감사할 뿐예요. 교회의 미래 비전을 위해 삼 년간의 사례비를 전액 드립시다.”

아내는 제안을 충분히 이해하고 감화 감동이 크지만 현실적으로 생활이 불가하다고 했어요. 일주일만 기도해 본다고 하더니 며칠 만에 대안까지 내놨어요. 장모님께 무이자로 3천만 원을 빌리고 모자랄 터이니 아내가 3년간 일을 하기로 했죠. 목사관, 관리비, 차량은 제공되니 어떻게든 살아보겠답니다. 그래도 부족한 것은 하나님이 까마귀를 통해 공급하실 것을 믿었습니다. 그런데 아내가 일을 찾던 중 위암이 발병했어요. 위장의 30퍼센트만 남기는 수술을 했는데 회복 중인 아내가 병실에서 가늘어진 목소리로 말했습니다.

“보험금 3천만 원 나오면 헌금하세요. 그럼 2년 만에 약정한 헌금이 끝나요. 애들 교육에 조금은 더 신경 쓸 수 있어요.”

아내의 얼굴을 볼 수가 없어 병실 계단으로 나가서 하염없이 울었습니다. 하나님께 토로했습니다.

"하나님! 제게 너무 잔인하신 겁니다. 이것까지 필요하시다면 다 가져가세요."

분노와 원망을 쏟아 내면서도 괴로움이 컸는데 지금은 압니다. 저의 분노에 하나님도 얼마나 아파하셨는지 말입니다.

그 일 후에

아리스토텔레스는 문학 장르를 비극, 희극, 서사시로 구분했는데요. "비극은 연민과 공포를 환기하는 사건에 의해 감정의 카타르시스를 행한다."라고 했죠. 비극은 불행, 슬픔, 비참함을 그 내용으로 합니다. 셰익스피어가 쓴 서른일곱 편의 희곡 가운데 대표적인 작품에는 4대 비극과 5대 희극이 있는데요. 4대 비극 중 『맥베스』 한 구절로, 죽음을 앞둔 맥베스의 회한 머금은 독백입니다.

"인생은 걸어가는 그림자에 불과하다. 자기 시간에는 무대 위에서 장한 듯이 떠들어 대지만 지나고 나면 아무도 알아주는 이 없는 가련한 배우에 지나지 않는다. 그것도 백치가 떠드는 일장의 이야기, 소란으로 가득 찬 아무 의미도 없는 것이다."

맥베스는 왕이 되겠다는 야심에 살인과 악행을 일삼다가 결국 목이 잘리는 비극의 주인공이 됩니다. 사람들이 희극보다 비극을 더 사랑하는데요. 주인공의 고통에 감정이입을 통한 카타르시스를 경험하기 때문입니다. 희극의 결말보다는 비극의 파멸이 실제 삶에서도 큰 교훈을 주기 때문이죠. '독서광'으로 유명한 교황 프란치스코는 예비 사제들에게 보낸 글에서 자신이 가장 사랑하는 문학 장르는 비극이라고 말하며 독서에 더 많은 시간을 할애해서 시와 소설을 읽으라고 권했습니다.

구약성서의 4대 비극은 아브라함, 요셉, 모세, 욥으로 생각합니다. 믿음의 영웅에게 비극은 필수과정으로 보이는데요. 하나님은 아브라함에게는 인신 제사를 요구하시는 폭군으로 등장하십니다. 언약의 아들, 이삭을 제물로 요구하신 하나님은 이전까지 성경이 계시하는 하나님의 모습은 아닙니다. 하나님이 거두어 가신 것도 아니고 아브라함에게 아들을 직접 제물로 바치라고 하십니다.

"그 일 후에 하나님이 아브라함을 시험하시려고 그를 부르시되 아브라함아 하시니 그가 이르되 내가 여기 있나이다"(창세기 22:1)

창세기 22장은 '그 일 후에'로 시작하는데 여기서 '그 일'은 무슨 일일까요? 하갈과 이스마엘을 떠나보낸 것일 수도 있고, 그 무렵 아비멜렉의 종들과의 우물 분쟁으로 볼 수도 있는데요. 넓은 의미로는 아브라함이 지금까지 오른 열세 개의 계단, 그의 모든 삶의 시험으로 봅니다. 그렇다면 '인생은 시험이다.'라는 명제는 창세기에서 출발하는데요. 아담과 하와는 뱀의 시험에 직면했고 노아는 방주라는 시험 앞에 섰죠. 아브라함은 구약의 대표 영웅으로 등재되기까지 시험의 연속인데요. '그 일 후에'를 기억에 담아두시길 바랍니다. 일상에서 시험이 찾아올 때마다 '그 일 후에'를 묵상한다면 시험을 대하는 관점이 달라질 겁니다. 시험을 피할 수 없어도 쉬 넘어지지 않을 수 있어요. 시험을 바라보는 관점이 구원받으면 시험은 하나님 앞에서 내가 성장할 기회입니다.

격투기에서 수비 태세로 맞으면 충격을 흡수하지만 공격하려는 순간에 맞으면 충격이 더 큽니다. 일명 카운터 펀치(Counter Punch)라고 하는데요. '그 일 후에'라는 수식어는 삶의 자리에서의 시험을 대비하게 합니다. 인생이라는 사각의 링에서 카운터 펀치를 맞고 쉬 쓰러지지 않을 준비를 하게 하죠. 열세 번째 시험까지 이겼으니 인생 시험 8부 능선을 얼추 넘었는데요. '이만하면 됐다.' 싶을 때의 시험은 충격이 훨씬 더 큽니다.

아브라함은 사라와 하갈의 갈등, 이삭과 이스마엘의 갈등도 해결했고 그즈음 주위 사람들은 "당신이 무슨 일을 하든지 하나님이 당신과 함께하실 것입니다."라고 복을 빌어주었죠. 정착민들이 나그네였던 아브라함의 마음을 사고 싶어 안달이 날 때였어요. 인생 시험이 끝나간다고 방심할 만도 합니다.

골프선수 최경주 프로가 2011년 아시아 선수로는 처음으로 제5의 메이저대회로 불리는 미국프로골프(PGA) '더 플레이어스 챔피언십(The Players Championship)'을 제패했어요. 시상대로 걸어갈 때 미국의 중계방송 아나운서는 "그가 지금 미국의 상류사회로 걸어간다."라고 했죠. 아브라함에게도 지지리 수고하고 고생했던 시절이 지났어요. 시상대 앞으로 한 걸음 더 나아간 것이나 진배없는 때예요. 한숨 돌리려는 그때에, 또 다시 시험을 만납니다.

내가 여기 있나이다

"그 일 후에 하나님이 아브라함을 시험하시려고"에서 '시험하다'라고 번역된 히브리어 동사 '니사(nissah)'는 특별한 의미를 지닙니다. 배철현 교수의 『신의 위대한 질문』에서 신은 아무나 시험하지 않으시고 선택한 몇몇 영웅만이 도달 가능한 미션을 부여한다고 했는데요. 하나님이 위임하신 임무를 수행할 수 있는지를 살피면서 이 시험을 통해 자신이 선택한 인물이 믿음의 영웅이란 점을 증명하십니다.

하나님이 아브라함을 부르시자 아브라함은 "내가 여기 있나이다."라고 대답했어요. 히브리어로 '힌네니(hinneni)'라는 단어인데요. '이삭의 희생'에서 세 번 등장합니다. 첫 번째는 하나님이 아브라함을 시험하려고 부르실 때(1절)였어요. 두 번째는 이삭이 아브라함에게 질문하려고 아버지를 불렀을 때(7절)입니다. 세 번째는 이야기의 정점에서 칼을 들고 이삭을 바치려 하자 아브라함을 멈추게 하려고 부르실 때(11절)였습니다. '힌네니'는 특별한 인물에게 특별한 임무를 부여하려는 하나님의 부르심에 반응하는 정형화된 대답인데요. 아브라함을 부를 때만이 아니라 '이삭의 결박'의 현장에서 이삭이 아버지를 부를 때 아버지가 아들에게 '힌네니'라고 대답했습니다. 아브라함이 이삭을 어떻게 생각했는지 여실히 보여주는 대목인데요. '힌네니'는 공간을 밝히는 게 아니라 기꺼이 자신의 몸을 바칠 준비가 된 사람의 대답이에요. 어떤 사명을 주셔도 따를 준비가 됐다는 신앙고백입니다.

하나님이 모세를 불타는 떨기나무 가운데서 부르실 때 "힌네니"라고 대답했죠. 어린 사무엘을 세 번 부르셨는데 마지막에서야 "힌네니, 제가 듣겠습니다!"라고 반응했어요. 이사야에게 "누가 나를 위해 갈꼬?"라고 물으실 때도 "힌네니! 나를 보내소서!"라고 고백했어요. 하나님께 사명을 듣고 나서 드린 대답이 아니에요. 부르실 때 어디든지 무엇이든지 목숨을 바쳐 감당할 준비가 됐다는 고백입니다.

'힌네니'는 하나님이 하실 일을 친히 말씀하실 때도 사용하신 단어인데요. 하나님께서 자신을 내어주는 막대한 대가를 치르겠다는 의지이기에 복음입니다. '힌네니'는 희생의 언약을 담았기에 무엇과도 비교할 수 없는 은혜입니다. 예언서에서는 '보라, 내가... 할 것이다.'라고 번역했는데요. '보라, 내가 여기 있다, 이 일을 하고 있단다!'라는 의미입니다.

하나님은 언제 어디서나 우리의 도움이십니다. 성경에서 위대한 믿음의 영웅에게 내신 질문을 오늘 우리에게 내십니다.

"내가 너를 위해 무엇을 해 주랴?"

얼핏 말도 안 돼 보입니다. 삶의 전 영역에서 우리가 하나님을 사용하도록 모든 것을 내어주셨어요. 창조, 위임, 구원이 '힌네니'인데요. 우리의 아픔, 상실, 고통, 절망, 배신의 현장에서 임재하심이 '힌네니'입니다. 하나님은 우리를 대신해서 직접 싸우십니다. 다윗과 요나단의 우정이란 단어에도 '힌네니'가 배어 있습니다.

"요나단이 다윗에게 이르되 네 마음의 소원이 무엇이든지 내가 너를 위하여 그것을 이루리라"(사무엘상 20:4)

'힌네니'는 준비된 완전한 헌신과 드림인데요. 다윗을 향한 요나단의 고백이 그랬어요. 요나단의 전폭적인 사랑을 받은 다윗이 왕이 되고 격변의 초기를 지나 안정기에 접어들었습니다. 궁궐에서 평안하게 보낼 때 하나님의 언약궤를 모실 성전을 건축하려 했는데요. 불허하신 하나님이 다윗의 자손에서 왕을 내고 메시야를 주시겠다는 언약을 하십니다. 다윗에게 모든 것을 주신 건데요. 솔로몬이 하나님께 일천번제를 드렸을 때도 물으십니다.

"내가 내게 무엇을 줄꼬 너는 구하라"(열왕기상 3:5)

백지위임인데요. 솔로몬은 듣는 마음을 구했습니다. 이날까지 그의 중심에 백성이 자리했다는 증거입니다. 오직 백성을 바르게 이끌기 위한 지혜를 구한 게 하나님의 마음을 기쁘게 했어요. 하나님은 솔로몬이 구하지 않은 부귀, 영광까지 주셨죠. 지혜가 아닌 백성을 사랑하는 마음이 우선인데요. 오늘도 주님의 '힌네니'는 우리를 향합니다. 자신의 전부를 내어주신 그분께 우리가 "내가 여기 있나이다."라고 고백하지 않는다면 큰 죄입니다. 주님이 부르실 때 '힌네니'로 답하지 못한다면 하나님의 '힌네니'를 경험하지 못했든지 하나님을 떠났던지 둘 중 하나입니다. 우리를 위해 '힌네니'해야 하는데요. 자기 사용권을 내어주신 하나님께 '힌네니'로 나의 사용권을 드리지 않는다면 끔찍한 죄를 범한 겁니다. 우리를 향한 하나님의 '힌네니'는 숨이 멎게 하는 충격과 은혜입니다.

준비하시는 하나님

아들 이삭을 제물로 드려야 할 날이 밝았어요. 아브라함은 아내와 의논하지 않았어요. 사라가 알았다면 이삭을 내어줄 리는 만무했겠죠. 어떤 아들입니까? 아내의 동의를 거치지 않고 모리아 산을 오른 것은 하나님께 받은 명령을 완수하기 위한 준비였어요. 이른 아침에 출발합니다. 불 항아리, 번제에 쓸 쪼갠 나무, 제물을 잡는데 쓰는 큰 칼, 단 하나의 칼을 준비했어요. 함께할 종들도 선택했죠. 준비된 종들입니다. 모리아산 제단 적절한 거리에 함께한 종들은 두고 올라갑니다. 혹여, 하나님께 이삭 희생제물로 드리는데 맞닥뜨릴 반대 요소를 제거했어요. 미친 아버지의 행동을 종에게 설명해야 할 불필요한 에너지를 줄였어요. 역시 준비된 행동인데요. 준비된 모든 것을 가지고 사흘 길을 갑니다. 아버지 아브라함은 철저히 준비했지만 아들 이삭은 그 준비를 알아채지 못했죠. 이삭이 질문을 합니다.

"불과 나무는 있는데 번제할 어린 양은 어디 있습니까?"
"내 아들아 번제할 어린 양은 하나님이 자기를 위하여 친히 준비하셨다."

이삭은 번제 보조자로 따라갔는데요. 가장 중요한 제물이 준비 안 된 걸 본 거예요. 아버지는 회피 대답이 아닌 믿음의 대답을 한 후, 마침내 이르러 제단을 쌓고 나무를 벌여 놓았어요. 이삭을 결박해 제단 나무 위에 올립니다. 이삭은 저항하지 않았어요. 여기선, 이삭이 준비된 겁니다.

'이삭의 희생'이라 부르는 것보다 '이삭의 결박'이 더 정확한 정의인데요. 이삭은 희생당한 것이지 희생의 주체가 아닙니다. 결박, 히브리어로 '아케다'라고 하는데요. 하나님이 오늘 우리의 일터, 사업장, 관계를 결박하신다면 결박을 통해 말씀하십니다. 아케다 사건은 이삭이 나이 열여섯 즈음에 발생했는데요. 아브라함이 116세, 사라는 107세 되던 해였어요. 사라가 127세에 헤브론의 기럇 아르바에서 사망했는데요. 아케다 사건 이후 20년째 되던 해입니다. 아브라함은 브엘세바, 사라는 헤브론에 살았는데 둘은 별거 중이었어요. 이삭의 결박이 가정 해체의 주된 원인으로 봅니다.

하나님은 아케다 사건을 통해 아브라함과 이삭을 훈련하셨는데요. 가족은 그 일 후에 해체됩니다. 하나님의 명령에 순종한 결과가 현실의 보상으로 이어지진 않았는데요. 산에서 내려와 가정으로 복귀했을 때 사라가 그날 일을 몰랐을 리는 없었을 겁니다. 아브라함을 인신 제사의 흉측한 아버지로 몰아세웠을 게 분명한데요. 사라의 외아들 사랑은 끔찍함을 넘어 우상 숭배수준이었어요. 아들밖에 모르는 어긋난 모성은 이삭을 복을 잇는 후계자로 삼으시려는 하나님의 목적은 보지 못했을 테죠. 아브라함의 가문이 복의 모델, 믿음의 조상으로 부름 받았지만 이삭이 태어나자 이기적인 사랑은 하나님의 목적과 대척점에 섰습니다. 하나님 나라의 위기였어요.

하갈과 이스마엘을 사막으로 추방하도록 아브라함을 부추겼어요. 사라가 하갈과 이스마엘에게 그렇게 해서는 안 되는 거였죠. 가족 이기주의를 해체할 방법은 아케다의 시험으로 가족을 해체하는 길 외에 다른 선택지는 없어 보입니다. 아브라함과 이삭을 보편 이타적인 바다로 인도하신 게 아케다입니다. 사라의 소천 후, 후처를 들였는데요. 그두라에게서 많은 이방 민족이 생겨났습니다. 아브라함과 이삭, 이삭과 그두라를 통해 주신 사람들 사이에서 도톰하게 살이 오른 보편적인 인간관계를 배웠습니다.

이삭의 개인주의, 사라의 가족주의는 유대 민족주의로 발전했는데요. 아케다는 유대의 민족주의를 여지없이 깨뜨렸어요. 아브라함, 이삭, 야곱의 하나님이 이방인의 하나님으로 발전합니다. 열방을 구원하려는 하나님의 위대한 계획에 개인주의, 가족주의, 민족주의는 설 자리가 없습니다. 아브라함에게 이삭을 요구하신 하나님이 신약에선 자신의 외아들 예수 그리스도를 제단에 번제물로 올리셨습니다. 우리 죄를 담당하시고 십자가에서 죽으심으로 인류의 구원을 이루기 위해 희생제물이 되셨어요. 아브라함은 이삭을 준비했고 이날 하나님은 자신을 희생제물로 제단에 올릴 준비를 마치셨습니다.

인생 시험 진단과 적용 질문

Q1 당신의 삶에서 가장 큰 비극은 무엇이었고 어떤 깨달음을 얻었나
요?

Q2 '그 일 후에' 아브라함이 또 시험을 받았는데, '인생은 시험이다'라
는 명제에 동의한다면 당신의 인생 시험에 어떤 관점으로 임할 것
인가요?

Q3 하나님이 이브라함을 부를 때 '내가 여기 있나이다'라고 대답했는
데요. 이 대답이 당신에게 주는 감화와 감동은 무엇인가요?

Q4 '이삭의 결박'을 통해 하나님이 이삭을 보편적인 사람으로 만드셨
다는 지점이 당신에게 주는 교훈은 무엇인가요?

창세기 23:4~9

4 나는 당신들 중에 나그네요 거류하는 자이니 당신들 중에서 내게 매장할 소유지를 주어 내가 나의 죽은 자를 내 앞에서 내어다가 장사하게 하시오

5 헷 족속이 아브라함에게 대답하여 이르되

6 내 주여 들으소서 당신은 우리 가운데 있는 하나님이 세우신 지도자이시니 우리 묘실 중에서 좋은 것을 택하여 당신의 죽은 자를 장사하소서 우리 중에서 자기 묘실에 당신의 죽은 자 장사함을 금할 자가 없으리이다

7 아브라함이 일어나 그 땅 주민 헷 족속을 향하여 몸을 굽히고

8 그들에게 말하여 이르되 나로 나의 죽은 자를 내 앞에서 내어다가 장사하게 하는 일이 당신들의 뜻일진대 내 말을 듣고 나를 위하여 소할의 아들 에브론에게 구하여

9 그가 그의 밭머리에 있는 그의 막벨라 굴을 내게 주도록 하되 충분한 대가를 받고 그 굴을 내게 주어 당신들 중에서 매장할 소유지가 되게 하기를 원하노라 하매

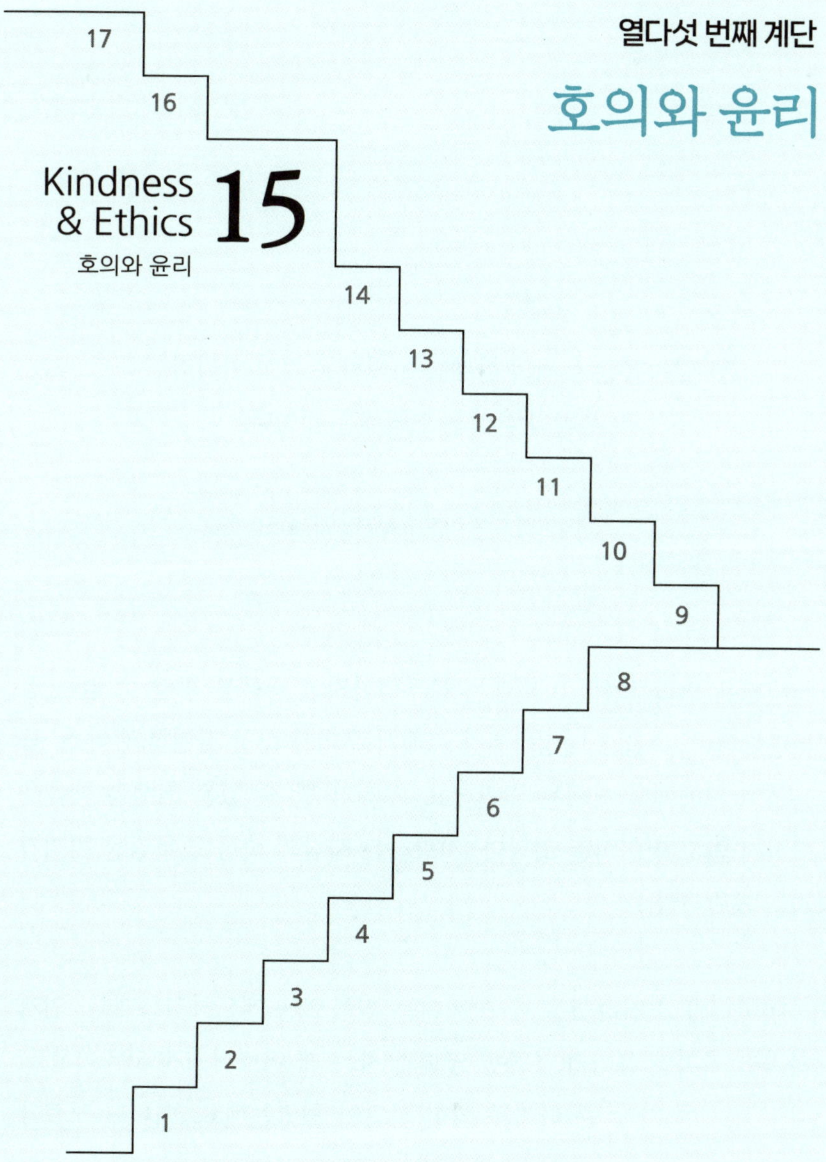

열다섯 번째 계단

호의와 윤리

호의와 윤리

"죽음은 우리의 한계를 초월하는 것이 아니라,
우리의 본질을 드러내는 것이다"

에밀리 디킨슨(Emily Dickinson)

생명은 변화무쌍하고 미래는 불투명하지만 죽음을 피할 수 없는 건 분명합니다. 죽음은 매정하지만 그래서 우리가 삶을 사랑하게 하죠. 죽음은 누구에게나 닥치는 일인데요. 우리가 할 수 있는 최선은 죽음을 당하지 않고 맞이하는 겁니다. 사랑하는 사람의 죽음도 우리를 비껴가지는 않습니다.

어머니가 소천하셨을 때 아버지는 침묵으로 애도하셨는데요. 인자하지만 거절할 용기가 부족한 남편과 사는 게 어머니에겐 고역이셨죠. 가정 경제에 가장 큰 타격을 입힌 사건이 있었는데요. 어머니 모르게 한 사람에게 두 번이나 보증을 섰다가 책임을 져야 했습니다. 경제적인 손실이 꽤 컸습니다. 보증을 부탁한 분은 여우, 부친께선 양 같은 분이 셨어요. 당한 분에게 두 번째 보증을 선 후 다시 손실을 입자 어머니는 마음의 병이 깊어지셨어요. 어머니는 아버지가 안긴 부채와 아버지의 불편한 신체까지 보듬으셨죠. 육 남매를 튼실하게 키워야 한다는 사명감으로 초인처럼 사셨는데요. 큰 과수원을 두 개나 경작하며 처연하게 사셨습니다. 기대수명을 못 채우고 떠난 아내의 임종을 맞닥뜨린 아버지는 애써 슬픔을 참으셨어요. 염습을 마치고 고인의 얼굴에 두건을 씌울 때 딱 한 마디 하셨죠.

"미안하네. 다 잊고 가시게."

장례식장 문화가 정착하기 전이었어요. 임종하신 시골집에서 염습과 발인을 했는데요. 제가 직접 염습을 했기에 그 순간 아버지의 긴 한숨에 담긴 나지막한 사죄의 고백은 잊을 수 없습니다. 혹 제가 아내의 임종을 지켜본다고 할지라도 마지막 인사는 아버지처럼 하지 말자고 다짐했습니다.

상실과 애도

인생 최악의 고통은 문화권마다 다른데요. 일반적으로 자식을 상실하는 고통이 가장 큽니다. 다음이 배우자를 잃는 슬픔이라고 하는데요. 남아시아권에서는 남편이 아내를 잃는 것보다 아내가 남편을 잃는 고통을 더 크게 느낀답니다. 아브라함의 아내 사라가 소천했어요. 아브라함 생애 최고의 슬픔과 고통입니다. 성서를 보면 아내의 임종을 지키지 못한 것으로 보입니다.

"사라가 가나안 땅 헤브론 곧 기럇아르바에서 죽으매 아브라함이 들어가서 사라를 위하여 슬퍼하며 애통하다가"(창세기 23:2)

사라가 죽으매 아브라함이 기럇아르바로 들어갔는데요. '들어가다'라는 동사가 사용된 걸 볼 때 사라의 임종을 지키지 못한 것은 확실해 보입니다. 더 불행한 가정환경까지 예상 가능한데요. 함께 살았으나 임종을 지키지 못했다면 '집에 들어가서'라고 했을 겁니다. '기럇아르바에서 죽으매 아브라함이 들어가서'라고 기록하지 않았을 거예요. 히브리어 성경을 직역하면 '와야보 아브라함'은 '아브라함이 왔다', '리스포드'는 '문상하러'입니다. '월리브코타흐'에서 동사 '바카'는 '울다'라는 뜻인데요. 거기에 '그녀를'이란 접미어가 붙었죠. 아브라함이 사라로 인해 통곡했다는 말입니다. 직역하겠습니다.

"아브라함은 사라가 죽었다는 부고를 받고 아내의 빈소에 들어와 문상하는데 시신 앞에서 대성통곡을 했다."

열네 번째 계단에서 언급했듯이 이삭의 결박 사건이 가정 해체의 원인으로 생각하는데요. 한 가지 더 관찰할 것은 창세기 22장에서 이삭의 결박 이후 모리아 산에서 내려온 아브라함이 브엘세바에 거주했다는 점입니다.

"이에 아브라함이 그의 종들에게로 돌아가서 함께 떠나 브엘세바에 이르러 거기 거주하였더라."(창세기 22:19)

23장에서 사라는 헤브론(기럇아르바)에서 죽었는데 아브라함이 브엘세바에서 헤브론으로 이주한 기록은 없습니다. 사라가 헤브론에서 죽음을 맞이한 이유에 관한 기록도 찾을 수 없어요. 이삭의 결박 사건 이후 가정이 해체된 것으로 보입니다. 참고 자료도 가정 해체를 기록합니다. 고대 유대 문헌 미드라쉬 탄후마(Midrash Tanhuma), 창세기 23장에서는 사라가 천사를 통해 이삭이 번제로 드려질 뻔했다는 소식을 듣고 큰 충격을 받아 결국 죽었다고 합니다.

아내의 죽음은 피할 수 없는 인생 최대의 고통인데요. 가족해체 이후라면 슬픔의 무게는 배가 됩니다. 되돌릴 수 없는 미안함, 이해와 동의가 불가한 행동으로 상처 준 것에 대한 괴로움이 실립니다. 하나님이 기뻐하시는 일이지만 아들을 인신 제사로 드리려 했던 남편의 행동을 어느 어머니가 이해할까요?

20년 전, 시골의 작은 교회에서 부흥회를 인도했어요. 받은 사례비를 그 교회에 헌금하고 왔더니 생활고에 시달리던 아내가 이렇게 말했습니다.

"당신은 하나님께 칭찬받을 일을 하고 왔지만 그런 당신을 미워할 수밖에 없는 저를 하나님이 속물로 여기실 것 같아서 더 괴로워요. 처자식 피 빨아먹고 목회하세요."

언젠가 아내가 저보다 먼저 소천한다면 이 한마디는 평생 마음에 걸릴 것 같습니다. 해서, 회개하는 마음으로 수혈하는 중입니다.

아브라함은 곡을 하며 울었는데요. 슬픔을 뒤로하고 장례를 치러야 하는데도 아직 아내의 시신을 모실 묘지 한 평 마련 못 했죠. 장지를 구하러 움직이는 가장의 뒷모습은 한없이 초라해 보입니다.

부친께선 임종 몇 년 전에 손수 묘지를 구입하셨어요. 목사인 아들에게 짐을 지우지 않으시려 통장에 장례비까지 담아 주셨죠. 부친은 죽음을 당한 게 아니라 맞이하셨습니다. 아브라함이 가족무덤 하나 준비하지 못한 걸 보면 아내의 죽음을 당한 것으로 보이는데요. 경제적인 이유로 묘지를 마련 못 한 게 아니라 생각보다 빠른 이별로 생각합니다. 누군가는 먼저 떠납니다. 떠나는 자는 죽음을 맞고 남은 자는 고독을 맞이합니다. 하나님의 언약을 따르는 자, 믿음의 조상, 복의 모델도 인간적 슬픔을 피할 수는 없었죠. 경건한 신앙의 모범을 보이는 자도 고통, 상실, 애도를 경험하는데요. 중요한 것은 그 슬픔을 하나님 앞에서 어떻게 읽고 해석하는가의 문제입니다.

존 골딩게이(John Goldingay)는 "구약에서 애도는 단순한 감정 표현이 아니라 하나님과의 관계 속에서 진행되는 과정"이라고 했는데요. 아브라함의 애도는 신앙인의 자연스러운 감정이며, 하나님에 대한 신뢰 속에서 이뤄집니다.

"천국에 갔으니 너무 슬퍼하지 마라."

이렇게 말하는 것은 위로가 아닙니다. 상실을 겪는 자를 더 깊은 수렁으로 몰아넣는 건데요. 애도를 유예하면 수심이 깊어져 병이 되죠. 건강한 신앙인은 천국에 소망을 두지만 인간으로서의 애도를 숨기지 않습니다. 하나님께 정직한 감정 표현은 신앙인의 건강한 모습입니다.

아브라함의 생애에서 행복한 모습은 이삭이 태어난 그 며칠 외에 찾아보기 어렵습니다. 모진 시험을 이겨낸 결과는 가족해체의 아픔과 사별의 고통만 남았다고 하면 지나친 말일까요? 이삭의 결박 이전에도 사라에겐 상처가 컸습니다. 사랑했던 남편은 애굽에서 자기를 누이라고 속이더니(창세기 12장) 그랄에서도 같은 일을 반복(창세기 20장)했어요. 그것도 모자라 멍울이 깊은 사라에게 금지옥엽 하나밖에 없는 아들 이삭을 제물로 바치려고 또 속였습니다. 사라는 슬픔과 한을 해소하지 못한 채 그렇게 떠났는데요. 아브라함이 사라의 장례를 엄수하며 무슨 생각을 했을까요?

호의 앞에서 세운 윤리

"그 시신 앞에서 일어나 나가서 헷 족속에게 말하여 이르되 나는 당신들 중에 나그네요 거류하는 자이니 당신들 중에서 내게 매장할 소유지를 주어 내가 나의 죽은 자를 내 앞에서 내어다가 장사하게 하시오"
(창세기 23:3~4)

아브라함이 눈물을 훔치고 일어나 헷 족속에게 말합니다.

"나는 당신들 중에 나그네요 거류하는 자입니다."

아브라함이 사라의 죽음을 통해 삶의 현 주소지를 밝힙니다. '나그네'라는 고백은 헷 사람에게 그들의 땅에 대한 어떤 욕심도 없이 단지 묘지만 매입하겠다는 뜻을 밝힌 건데요. 한편으로는 하나님께 드리는 신앙고백입니다. 아브라함의 지향점이 땅이 아닌 하늘임을 보여줍니다. 우리는 모두 나그네입니다. 아브라함에게 제안에 헷 사람이 대답합니다.

"어른은, 하나님이 우리 가운데 세우신 지도자입니다. 우리의 묘지에서 가장 좋은 곳을 골라서 고인을 모시기 바랍니다. 어른께서 고인의 묘지로 쓰시겠다고 하면, 우리 가운데서 그것이 자기의 묘 자리라고 해서 거절할 사람은 없습니다."(창세기 23:6, 새번역)

아브라함이 일어나서 헷 사람들에게 큰절을 합니다. 값을 지불하고 에브론의 밭에 있는 막벨라 굴을 사겠다고 매입 의사를 재차 밝힙니다.

"값은 넉넉하게 쳐서 드릴 터이니, 내가 그 굴을 사서, 여러분 앞에서 그것을 우리 묘지로 삼도록 해주시기 바랍니다."(창세기 23:9, 새번역)

에브론이 그의 땅에 대한 매입 의사를 듣고 아브라함에게 대답합니다.

"그러실 필요가 없습니다. 제가 드리는 말씀을 들어 보시기 바랍니다. 제가 그 밭을 드리겠습니다. 거기에 있는 굴도 드리겠습니다. 백성이 보는 앞에서 그것을 드리겠습니다. 거기에다가 돌아가신 부인을 안장하시기 바랍니다."(창세기 23:11, 새번역)

두 번에 걸쳐 땅값을 지불하겠다는 아브라함의 의사 표명에 두 번의 무상제공을 하겠다고 밝혔는데요. 아브라함이 다시 한번 그 땅 사람에게 큰절을 하며 협상을 이어갑니다.

"좋게 여기신다면, 값을 지불하고자 하는 마음을 받아주십시오. 그 값을 받으셔야만, 내가 나의 아내를 거기에 묻을 수 있습니다."(창세기 23:13, 새번역)

에브론은 드디어 호의에 숨긴 속내를 드러냅니다.

"그 땅값을 친다면, 은 사백 세겔은 됩니다. 그러나 어른과 저 사이에 무슨 거래를 하겠습니까? 거기에다가 그냥 돌아가신 부인을 안장하시기 바랍니다."(창세기 23:15, 새번역)

아브라함을 향한 에브론의 마지막 제안은 무상제공 하겠다는 건데요. 아브라함은 기어이 값을 지불합니다. 성서는 아브라함이 에브론의 말을 따랐다고 합니다. 아브라함은 에브론의 속마음을 읽었어요. 에브론이 밝힌 밭 값 그대로 은 사백 세겔을 지불했어요. 마므레 근처 막벨라에 있는 에브론의 밭, 그 안에 있는 굴, 경계 안에 있는 모든 나무까지 구체적으로 매입했어요. 개인 간의 거래인데 마을 법정에 있는 모든 헷 사람이 보는 앞에서 공식화합니다. 아브라함과 에브론의 거래는 성서에서 중요한 윤리적 원칙을 제공하는데요. 헷 족속은 아브라함을 '하나님이 세우신 지도자'(창세기 23:6)라고 부르며 존경을 표했어요.

브루스 월트키는 "헷 사람의 반응은 하나님께서 이방인의 마음에도 선한 영향을 미칠 수 있음을 보여주는 예"라고 했는데요. 일반 은총입니다. 하나님의 백성이 타인과의 관계에서 신뢰와 정직을 보일 때, 하나님은 그와 사건을 통해 세상에 긍정적인 영향을 미칩니다.

게르하르두스 보스(Geerhardus Vos)는 "아브라함이 땅을 사겠다고 고집한 것은 단순한 거래가 아니라 하나님이 주신 약속의 땅을 정당하게 소유하려는 의지 때문"이라고 했습니다. 아브라함이 정당한 거래를 통해 호의를 주고받는 모습은 신앙인이 세상 속에서 어떻게 살아야 하는지를 보여줍니다.

2005년 캐나다 토론토에서 안식년을 마치고 돌아올 때 하나님이 주신 감동에 따라 3년 치 사례비 1억을 헌금하기로 했다고 말씀드렸잖아요. 쉽지 않은 결정이었지만 하나님은 1억의 헌금이 아닌, 하나님께 올인한 저희 부부의 마음을 보셨기에 오늘을 허락하셨습니다. 몇 개월 후, 얘기를 들은 한 부부가 찾아왔어요. 사례비를 헌금하고 어떻게 살거냐고 걱정이 태산이었죠. 매월 300만 원씩 3년간 개인 후원을 약속하셨어요.

"저희 부부의 희생이 담기지 않은 헌신은 하나님께 의미 없습니다."

이런 제안은 목회 윤리에도 어긋나고 독이 든 성배입니다. 부드럽게 거절했는데요. 크게 섭섭해 하셨습니다. 개인적으로 담임목사의 차를 구입해 주겠다는 호의도 거절했어요.

"고맙지만 사양하겠습니다. 담임목사는 모든 성도의 희생이 담긴 헌금으로 차를 타는 게 좋습니다."

호의를 하나님이 보내주신 천사라고 생각하는 것은 무척 위험합니다.

호의를 넘어선 언약의 성취

에브론은 소유한 땅을 아브라함에게 무상제공 하겠다고 했는데요. 호의일까요? 시험일까요? 그가 마지못해 제안한 은 400세겔은 합리적인 땅값일까요? 다윗이 오르난의 타작마당을 50세겔에 구입할 걸 보면 400세겔은 상당히 큰 액수입니다. 예레미야가 17세겔에 땅을 샀던 것과 비교해 봐도 터무니없는 가격이에요.

고대 근동 지역에서는 흔한 협상 방식인데요. 겉으로는 후한 척하면서도 실제로는 높은 가격을 제시하는 전략이죠. 당진 합덕에서 개척교회를 섬길 때 장날 사과를 사러 갔어요. 한 박스를 살 형편은 못되고 다섯 개 묶음을 흥정하며 싸게 달라고 했는데요. 아주머니가 걸쭉한 사투리로 한마디 쏘십니다.

"어이쿠, 젊은 양반 그냥 가져 가슈, 이 사과가 어디 돈을 주고 살 사과간디유!"

아브라함은 가격 협상 없이 곧바로 지불했어요. 에브론은 아브라함에게 다른 선택지가 없다는 것을 알았죠. 유리한 협상의 고지를 점령하고 단단히 한몫 챙겼습니다. 아브라함이 막벨라 굴을 구입한 사건은 단순한 묘지 매입이 아닙니다. 하나님의 언약이 구체적으로 성취되는 과정의 하나로 해석하는데요. 창세기 12장에서 하나님은 아브라함에게 가나안 땅을 약속하셨어요. 아브라함은 사라가 소천하기까지 그 흔한 땅 한 평 소유하지 못했죠. 사라의 매장지를 직접 매입함으로 언약이 부분적으로 성취됩니다.

쇠렌 키르케고르(Søren Kierkegaard)는 "아브라함이 땅을 소유하려 한 것은 단순한 경제적 거래가 아니라 하나님이 주신 약속을 확신하고 받아들이는 행위"라고 했죠. 하나님의 언약이 아내의 소천과 장례식이라는 무대에서 반영됩니다. 값을 치르고 땅을 샀다는 것은 하나님의 언약의 완성인데요. 하나님의 언약의 성취 과정에서 사람의 책임과 구체적인 행동이 필요하다는 결론이에요. 하나님이 아브라함에게 약속하신 기업을 향한 첫 번째 산 증거는 이삭이에요. 두 번째 증거는 묘지로 쓸 토지 매입입니다. 오늘을 사는 우리가 하나님의 축복과 언약을 믿는다면 현실에서 어떤 태도와 어떤 윤리를 가지고 얼마나 적극적으로 행동해야 하는지를 시사합니다.

하나님의 언약이 성취하는 과정에서 아브라함이 막벨라 굴을 사지 않고 무상제공을 받았다면 특별한 축복일까요? 가끔 무상제공 받은 땅에 예배당을 지었다가 제공자가 소천하고 자녀의 반환 청구에 직면한

교회를 봅니다. 정당한 비용을 지불하지 않은 것으로 인해 훗날 아브라함의 후손이 치러야 할 법정 다툼은 하나님의 언약의 성취를 통째로 뒤흔들 수도 있습니다.

열다섯 번째 시험은 우리의 삶에서 피할 수 없는 슬픔 가운데서도 언약의 성취를 이뤄 가시는 섭리에 우리의 할 바를 다하는 겁니다. 눈앞의 호의에 넘어지지 않고 혜안을 가지고 믿음으로 반응하는 거예요. 하나님만을 의지하면 지나친 호의와 시험을 분별하는 지혜가 열립니다. 타인과의 관계에서 신뢰와 공의를 실천하죠. 아브라함처럼 하나님의 언약을 현실에서 이루어 가야 합니다.

Q1 배우자가 소천했다면 가장 큰 고마움은 무엇인지 구체적인 사례를
들어 말씀해주세요.

Q2 당신이 배우자의 임종을 지킨다면 고별인사 한마디는 무엇이며 어
떤 의미인가요?

Q3 배우자가 소천한다고 할 때 가장 후회되는 것은 무엇일까요? 그 후
회를 줄이기 위해 오늘, 삶에서 변화해야 할 것은 무엇이며 어떻게
할 것인가요?

Q4 당신이 호의를 받을 때 세운 윤리가 있다면 무엇이고 앞으로 예상되는 호의는 무엇이며 세워야 할 윤리는 무엇인가요?

11 그 낙타를 성 밖 우물 곁에 꿇렸으니 저녁 때라 여인들이 물을 길으러 나올 때였더라

12 그가 이르되 우리 주인 아브라함의 하나님 여호와여 원하건대 오늘 나에게 순조롭게 만나게 하사 내 주인 아브라함에게 은혜를 베푸시옵소서

13 성 중 사람의 딸들이 물 길으러 나오겠사오니 내가 우물 곁에 서 있다가

14 한 소녀에게 이르기를 청하건대 너는 물동이를 기울여 나로 마시게 하라 하리니 그의 대답이 마시라 내가 당신의 낙타에게도 마시게 하리라 하면 그는 주께서 주의 종 이삭을 위하여 정하신 자라 이로 말미암아 주께서 내 주인에게 은혜 베푸심을 내가 알겠나이다

15 말을 마치기도 전에 리브가가 물동이를 어깨에 메고 나오니 그는 아브라함의 동생 나홀의 아내 밀가의 아들 브두엘의 소생이라

16 그 소녀는 보기에 심히 아리땁고 지금까지 남자가 가까이 하지 아니한 처녀더라 그가 우물로 내려가서 물을 그 물동이에 채워가지고 올라오는지라

17 종이 마주 달려가서 이르되 청하건대 네 물동이의 물을 내게 조금 마시게 하라

18 그가 이르되 내 주여 마시소서 하며 급히 그 물동이를 손에 내려 마시게 하고

19 마시게 하기를 다하고 이르되 당신의 낙타를 위하여서도 물을 길어 그것들도 배불리 마시게 하리이다 하고

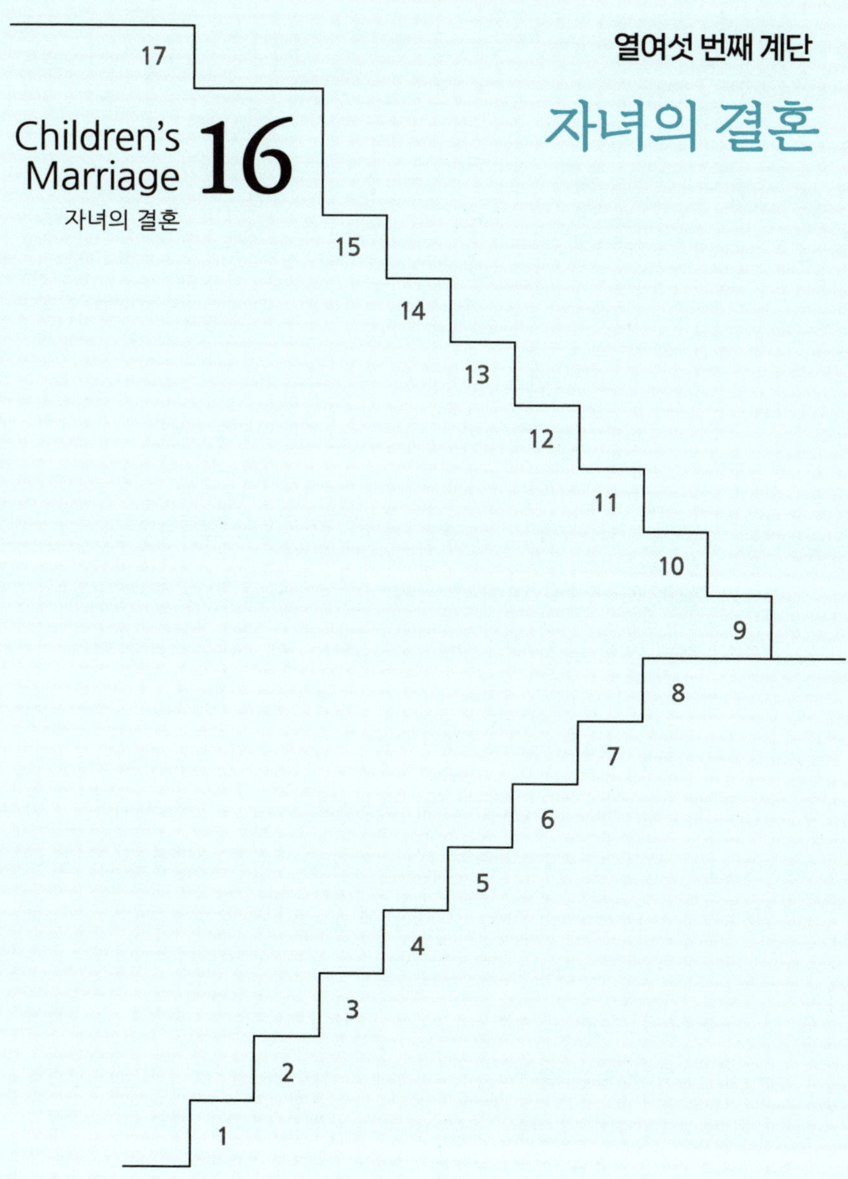

자녀의 결혼

자녀의 결혼

"필연적인 만남의 건강지수가
선택적인 만남의 건강지수를 결정한다."

자녀가 결혼 전이어서 열여섯 번째 시험은 아직 경험 못 했는데요. 둘째인 아들은 현재 벤처사업가로 결혼을 약 5년 후로 생각합니다. 그럼 삼십 대 중반이 됩니다. 남성의 결혼 적령기라고 하네요. 첫째는 딸인데요. 삼십 대 초반 여성 직장인입니다. 이 녀석이 걱정이에요. 모태 솔로인데요. 배우자의 조건은 딱 하나만 본답니다. 그 조건에 맞는 남성을 만나지 못하면 커리어를 쌓으며 비혼주의자로 살 결심이라는데요. 할아버지는 손녀에게 결혼 안 해도 괜찮으니 지금의 속도를 유지해서 정상에 서 보라고 권하시네요. 장인께서는 손주를 보시고 저는 손주를 못 보게 하실 요량이십니다.

자녀의 혼사를 치른 분은 홀가분하다고 하는데요. 끝나지 않는 영원한 과제가 자녀이며 혼인을 해도 마찬가지입니다. 잘 싸우고 잘 사는

지, 다름을 존중하며 사랑을 배워가는지, 한눈 팔지 않고 혼인 서약을 지킬 것인지, 출산하면 육아는 어떻게 하려는지 끝이 없습니다.

부친께선 수시로 세 아들 들으라고 일상에서 몇 마디를 흘리셨는데요. 백 번도 더 들은 것 같아요.

"여자 조심해라. 선 넘으면 책임져야 하고 조혼은 이혼확률이 높다. 여자의 수준에 갇혀 인생 막히는 사람 많이 봤다. 못생긴 여성은 고칠 수 있어도 미련한 여성은 못 고친다. 씨 다 버린다."

사실 시장 용어로 말씀하셨는데 일상 용어로 수정한 겁니다.

부모의 역할과 책임

사라가 소천하고 아브라함은 아들의 배우자를 찾습니다. 고대 근동 사회에서는 부모가 자녀의 결혼을 주도하는 게 일반이었는데요. 아버지가 자녀의 결혼에서 선택의 주도권을 행사했어요. 아브라함이 직접 가지 않고 가장 신뢰하는 종으로 맹세하게 하고 며느리를 구하러 보냅니다.

"너는 나의 아들의 아내가 될 여인을, 이곳 가나안 사람의 딸에게서 찾지 말고 나의 고향, 나의 친척이 사는 곳으로 가서, 거기에서 나의 아들 이삭의 아내 될 사람을 찾겠다고 나에게 맹세하여라."(창세기

24:3~4, 새번역)

"며느님 되실 여인이 저를 따라오지 않겠다고 거절하면, 어떻게 해야 합니까? 제가 주인어른의 아드님을 데리고, 주인께서 나오신 그 고향으로 가야 합니까?"(창세기 24:5, 새번역)

아브라함은 엘리에셀에게 하나님의 언약을 들어 가장 중요한 당부를 합니다.

"절대로 나의 아들을 그리로 데리고 가지 말아라. 하나님이 나에게 맹세하여 '내가 이 땅을 너의 씨에게 주겠다'라고 하셨다. 주님께서 천사를 너의 앞에 보내셔서 거기에서 내 아들의 아내 될 사람을 데려올 수 있도록 도와주실 것이다. 그 여인이 너를 따라오려 하지 않으면 너의 책임은 없어진다."

배우자와의 만남은 필연적인 만남일까요? 선택적인 만남일까요?

사람의 선택을 통해 필연적인 만남으로 인도하신다고 믿는데요. 아브라함은 하나님이 이삭의 배우자를 예비하셨다는 믿음을 가지고 엘리에셀을 보냈어요. 그는 곧 자신이나 진배없기 때문이죠. 이삭이 가나안 여인과 결혼하는 것을 원하지 않아서 자신의 고향에서 찾게 했죠. 신앙의 가치를 최우선에 두고 신앙 공동체에서 배우자를 선택하고자 했습니다.

로마 여행을 할 때 가이드였던 자매는 3대째 기독교 집안이었어요. 부친이 장로셨는데요. 카타콤베에서 나와 무거운 마음으로 걷는데 다가오더니 가볍지 않은 질문을 냈습니다.

"목사님! 믿지 않는 형제와 결혼해서 그 영혼을 구원한다면 하나님이 기뻐하지 않으실까요?"

"자매님! 그렇게만 된다면야 하나님이 기뻐하실 테죠. 그런데 믿는 형제와 결혼을 해도 잘 살기가 쉽지 않거든요. 세계관이 다른 형제와 결혼을 해서 행복하게 살 확률은 급격히 떨어집니다. 하나님은 경건한 형제와 자매가 결혼해서 믿음의 명가를 세우는 걸 더 기뻐하세요. 결혼을 두고 승산 낮은 도박을 하지는 마세요."

부모가 자녀의 결혼에서 고려해야 할 최우선은 신앙인데요. 현대는 고대사회와 달리 자녀의 결혼에서 부모의 주도권이 약화했지만 지도권의 책임은 무한대입니다. 신앙이 중요한 이유를 무한 반복해야 하는데요. 인생은 리허설이 없고 배우자를 반품한다면 지독한 고통을 수반하기 때문이에요. 게다가 자녀가 태어나면 책임을 져야 합니다. 결혼 생활이 힘들어도 혼인 서약은 지켜야 합니다. 자녀를 위해 의무감으로 사는 것도 인생이죠. 자녀에게는 최고의 삼촌과 이모보다 최악의 아버지 어머니가 더 유의미한 가치를 지닙니다. 딸에게 수시로 말합니다.

"어떤 조건의 사람이라도 괜찮다. 사회적 잣대로는 어떠하든지 주일성수하고 십일조 하면 아빠는 허락한다."

극단적인 기준에 걸친 사람이라도 딸의 만남과 사랑을 존중할 겁니다. 하지만 주일성수와 십일조는 양보할 수 없습니다. 딸은 웃으면서 대답했어요.

"엄마 생각은 다를걸요. 저 결혼 안 할 거예요. 제 걱정은 마세요."

아브라함은 이삭의 결혼에 깊숙이 개입했지만 이삭은 야곱과 에서의 결혼에 개입하지 않았어요. 그들은 스스로 배우자를 선택했죠. 결과론적이지만 이삭과 달리 야곱과 에서는 결혼 생활에서 다양한 갈등을 양산했습니다.

작금, 자녀의 결혼에서 고대사회처럼 부모의 주도권을 행사할 수 없는데요. 부모가 주도권을 행사해서 자녀의 잘못된 결혼을 막을 방법은 자녀 양육을 통해서입니다. 건강한 자녀로 양육하면 건강한 배우자를 만날 확률이 높아지죠. 자녀를 양육할 때 그들의 선택을 존중하면 자율과 자기 주도적인 사람으로 성장합니다. 명확하게 금지해야 할 가르침도 분명히 합니다. 자녀 양육에서 부부간의 존중과 신뢰도, 부모의 인격이 큰 영향을 미치는데요. 자녀가 탁월한 배우자를 만나게 해달라는 유치한 기도는 수정해야 합니다. 내 자녀가 누군가에게 탁월한 배우자가 되길 기도하며 준비시켜야 하죠. 좋은 사람을 넘어 위대한 자녀로 키우는 방법은 직접 교육보다는 간접 교육의 효과가 큽니다. 말이 아닌 모범이 먼저예요. 건강한 가정을 꾸리라는 백 마디 말보다는 건강한 가정을 세운다면 자녀도 보고 배운 대로 건강한 가정을 세웁니다. 자녀는 부모가 말하는 대로 크지 않고 보여 주는 대로 큽니다.

미들맨(Middleman)의 수준과 결과

아브라함의 종은 주인의 낙타 열 마리에 온갖 좋은 지참금을 가득 싣고 아람나하라임을 거쳐 나홀이 사는 성에 도착했습니다. 낙타를 우물 곁에서 쉬게 했어요. 해가 뉘엿뉘엿 질 때 여인들이 물을 길으러 왔죠. 주인의 며느리를 선택하는 과업은 일생일대의 가장 무겁고 중요한 일이었어요. 과제를 수행하는 엘리에셀의 첫 번째 방법은 기도였는데요. 단순하지만 구체적이었습니다.

"오 주님, 저의 주인이신 아브라함의 하나님, 오늘 일이 잘 풀리게 해 주십시오. 저의 주인 아브라함에게 은혜를 베풀어 주십시오. 보십시오. 제가 지금, 이 우물가에 서 있습니다. 그리고 성 사람들의 딸들이 물을 길으러 나오고 있습니다. 제가 한 아가씨에게 '물동이를 내려서 물 좀 마시게 해 주시오.'라고 하겠습니다. 만약 그 아가씨가 '드십시오, 낙타들에게도 제가 물을 주겠습니다.'라고 말하면, 그 아가씨를 주님의 종 이삭의 아내로 정해 주신 것으로 알겠습니다. 이렇게 해 주시면 주께서 제 주인님께 은혜를 베푸신 줄로 알겠습니다."(창세기 24:12~14, 새번역)

기도를 미처 마치기도 전에 리브가가 물동이를 어깨에 메고 나왔는데요. 매우 아리따운 처녀였어요. 소녀가 물동이에 물을 채워서 올라올 때에 말을 건넵니다.

"이 물동이에 든 물을 좀 마시게 해 주시오."
"할아버지, 드십시오."
"제가 물을 더 길어다가, 낙타에게도, 실컷 마시게 하겠습니다."

바로 이 자매였어요. 엘리에셀은 확신합니다. 순탄하게 이삭의 아내 감을 만났어요. 화살기도, 단 하나의 조건이었어요. 물을 길으러 온 처녀에게 물을 달라고 할 때 낙타에게도 물을 먹인다면 그녀가 바로 그 사람입니다. 단 하나의 기도 제목은 아브라함에게 배운 것도 아니에요. '낙타에게까지도 물을 주는 것'은 단순한 조건이 아니었죠. 열 개에서 하나도 못 보는 사람도 허다한데요. 늙은 종은 하나에 모든 걸 담았습니다.

아브라함의 이너 서클(Inner Circle)에는 엘리에셀과 이삭이 자리했는데요. 아브라함과 엘리에셀의 수준이 이삭의 아내를 선택하는 데 유의미하게 작동합니다. 엘리에셀은 주인에게 위임받은 난제를 푸는 지혜가 탁월했어요. 아브라함의 위임은 틀리지 않았습니다. '무슨 일을 하느냐?'도 중하지만 '누구와 함께하느냐?'가 더 중요한데요. HP사의 빌 휴렛(Bill Hewlett)과 데이비드 패커드(David Packard)는 말합니다.

"안 해 본 게 없다. 하지만 두 사람이 함께 했기 때문에 오늘이 있다."

기도 응답을 받았는지 못 받았는지도 모를 기도를 드리는 분도 봤어요. 측정 가능하거나 구체적이지 않으면 그렇습니다. 엘리에셀은 이렇게 기도하지 않았어요.

"신앙이 좋은 배우자를 만나게 해 주세요."
"인격과 능력을 갖춘 배우자를 만나게 해 주세요."
"좋은 선생님을 만나게 해 주세요."

좋다는 것의 기준은 주관적이죠. 모호합니다.

"낙타에게도 물을...."

부친께서 큰 누님의 혼담이 오갈 때 매형 될 분의 평판을 체크 하셨어요. 사람을 보내서 정보를 수집하셨는데요. 아버지의 질문은 단 두 가지였죠.

"사돈 되실 분이 바람을 피지는 않았는지, 사윗감이 어릴 때 중병을 앓지는 않았는지."

두 가지 요건이 충족되자 부친은 결혼을 허락하셨어요. 매형은 누님과 오늘까지 행복하고 건강한 가정을 세우셨어요. 큰 누님과 지금까지

사시는 것만 봐도 매형은 훌륭한 분입니다. 매형이 참전과 해외 파견 근무로 모은 재산을 누님의 실수로 큰 손실을 봤음에도 가정을 해체하지 않고 지켜냅니다.

진단의 조건을 설정하는 것도 중요하지만 누구를 보내느냐는 더 중요합니다. 책임을 다하지 않고 정보 수집에 게으른 사람, 가설이나 질문을 잘못 설정하고 정보를 수집한 사람, 편협한 관점으로 보고 싶은 것만 보는 사람은 잘못된 정보를 가져오거나 수집한 정보를 오염시키기도 하거든요.

세심한 배려, 넉넉한 마음, 순종

예수님은 마태복음 10장에서 '상 받는 사람'에 대한 가르침을 주셨는데요. 제자를 맞아들이는 사람은 주님을 맞아들이는 것, 주님을 맞아들이는 사람은 하나님을 맞아들이는 것이라고 하셨습니다. 예언자를 예언자로 맞아들이는 사람은 예언자의 상, 의인을 의인이라고 해서 맞아들이는 사람은 의인의 상을 받을 것이라고 하셨어요. 이어서 강조 어법으로 결론을 지으십니다.

"내가 진정으로 너희에게 말한다. 이 작은 사람들 가운데 하나에게, 내 제자라고 해서 냉수 한 그릇이라도 주는 사람은, 절대로 자기가 받을 상을 잃지 않을 것이다."(마태복음 10:42, 새번역)

예수님은 하나님과 제자들을 동일 선상에 올려놓으셨는데요. 목적은 제자에게 냉수 한 그릇이라도 베푸는 자가 되라고 가르치기 위함입니다. 하나님, 예수님, 제자를 동일시하신 주님께서 제자를 '작은 자'라 하셨죠. 작은 자에게 냉수 한 그릇이라도 대접하는 것은 하나님을 대접하는 것이라 하셨어요. 성서에서 작은 자는 가난하고 소외된 자인데요. 그렇다면 작은 자는 물이 필요한 목마른 자가 아닌 배고픈 자입니다. 작은 자에게 '떡 한 덩이'라도 주라고 하지 않으셨어요. 단지 '냉수 한 그릇'이라고 하셨죠. 고대 근동 지방의 문화나 풍습을 보면 손님이나 작은 자를 맞이할 때 기본은 발 씻을 물과 냉수 한 그릇인데요. 최소한의 것, 작은 것부터 섬기라는 메시지입니다. 여기서 한 걸음만 더 들어가겠습니다.

"작은 자에게 냉수 한 그릇이 섬김의 전부일까요?"
"냉수로 목을 적시게 하고 떡을 제공할까요?"

냉수는 기본, 그 이후 떡이나 빵을 베풉니다. 세심한 배려는 기본을 지키는 것에서 출발하죠. 작은 것 하나, 할 수 있는 것 하나를 섬기는 것에서 시작해요. 리브가는 기본을 아는 사람이었어요. 사람에서 낙타에게까지 세심한 배려를 합니다. 리브가는 여기서 멈추지 않았습니다.

"우리 집에는, 겨와 여물도 넉넉하고, 하룻밤 묵고 가실 수 있는 방도 있습니다."(창세기 24:25, 새번역)

세심한 배려는 낙타에게도 물을 먹이는 것에서 그치지 않았어요. 낙타와 노인이 밤을 지낼 숙소를 배려하는데요. 사람과 짐승에게 동일한 섬김을 제안합니다. 일이 이쯤 되니 엘리에셀은 이렇게 일을 이루신 하나님을 찬양합니다. 여기에서 주어가 주인에서 자신으로 바뀔 만한데요. 오직 주님의 이름으로 감사를 드립니다.

"나의 주인 아브라함을 보살펴 주신 하나님, 주님을 찬양합니다. 나의 주인에게 주님의 인자와 성실을 끊지 않으셨으며, 주님께서 저의 길을 잘 인도하여 주셔서, 나의 주인의 동생 집에 무사히 이르게 하셨습니다"(창세기 24:27, 새번역)

이삭의 결혼을 주제로 한 드라마는 세심한 배려, 넉넉한 마음으로 막을 내리지 않습니다. 3막이 열리는데요. 마지막 장은 순종입니다. 소녀가 달려가서 식구에게 이 일을 알렸어요. 엘리에셀이 리브가의 집에 도착했을 때 환대를 받습니다. 특별한 일이 아니라 나그네를 천사처럼 대접하는 문화에 기인한 건데요. 발을 씻고 밥상을 차려주었습니다. 음식을 먹지 않고 방문 목적을 알렸어요. 아브라함과 사라, 이삭의 상황에 대해 소상히 설명하며 임무를 밝힙니다.

"주님은 저를 바른 길로 인도하셔서, 주인 동생의 딸을 주인 아들의 신부감으로 만날 수 있게 하셨습니다. 어른들께서 저의 주인에게 인자하심과 진실하심을 보여 주시려거든, 저에게 그렇게 하겠다고 말씀을 해주시고, 그렇게 하지 못하시겠거든, 못하겠다고 말씀을 해주시기 바랍니다. 그렇게 하셔야, 저도 어떻게 결정을 내려야 할지를 생각해 볼 수 있을 것입니다."(창세기 24:48~49, 새번역)

가족은 순종합니다. 하지만 아직은 아닙니다.

"이 일은 주님이 하시는 일입니다. 우리로서는 좋다거나 나쁘다거나 말할 수가 없습니다. 리브가를 데리고 가서, 주님이 지시하신 대로, 주인 아들의 아내로 삼으십시오."(창세기 24:50, 새번역)

아브라함에게 절대 순종한 엘리에셀은 절대 순종하는 리브가와 그의 가정을 만납니다. 다음 날 아침에 엘리에셀이 리브가를 데리고 길을 나서려 하는데요. 오라버니와 어머니는 적어도 열흘만이라도 함께 있기를 청합니다. 그러자 아브라함의 종은 대답합니다.

"저를 더 붙잡지 말아 주십시오. 주님께서 이미 저의 여정을 형통하게 하셨으니 여기를 떠나서 주인에게로 갈 수 있게 해 주십시오."(창세기 24:56, 새번역)

그들은 리브라를 불러 물었습니다.

"이 어른과 같이 가겠느냐?"
"예, 가겠습니다."

영민한 리브가는 이별의 정을 나누는 것보다 하나님의 언약을 온몸으로 받은 사명자로 순종합니다. 며칠을 유하고 석별의 정을 나누고 싶었겠지만 리브가는 지체하지 않았어요. 말씀이 주어지고 감동이 밀려오며 확신에 차면 즉시 순종해야 합니다. 자칫 냉정하고 무정해 보일지

몰라도 하나님의 사람은 결단을 실행에 옮깁니다. 열흘 후 떠나도 되겠
지만 미래 지향적인 사람은 열흘을 먼저 출발합니다. 석별의 정을 열흘
더 나눈다고 달라지는 건 없어요. 축하하며 보낼 줄 아는 것도 영성입
니다. 떠날 줄 아는 리브가는 모든 면이 아름답습니다. 순종은 준비된
사람의 행동입니다.

Q1 당신이 자녀의 결혼에서 강조하는 첫 번째 핵심 가치는 무엇이고 그 이유는 무엇인가요?

Q2 주인의 배우자를 구하는 과정에서 엘리에셀의 기도, 태도, 결단에서 무엇을 배웠나요?

Q3 리브가의 세심한 배려와 넉넉한 마음에서 당신이 배우고 실천할 것은 무엇인가요?

Q4 어머니가 제안한 이별을 위한 열흘의 체류를 거절하고 떠나는 리브가의 결단에서 무엇을 느끼고 배웠으며 삶에 어떻게 적용할 것인가요?

7 아브라함의 향년이 백칠십오 세라

8 그의 나이가 높고 늙어서 기운이 다하여 죽어 자기 열조에게로 돌아가매

9 그의 아들들인 이삭과 이스마엘이 그를 마므레 앞 헷 족속 소할의 아들 에브론의 밭에 있는 막벨라 굴에 장사하였으니

10 이것은 아브라함이 헷 족속에게서 산 밭이라 아브라함과 그의 아내 사라가 거기 장사되니라

11 아브라함이 죽은 후에 하나님이 그의 아들 이삭에게 복을 주셨고 이삭은 브엘라해로이 근처에 거주하였더라

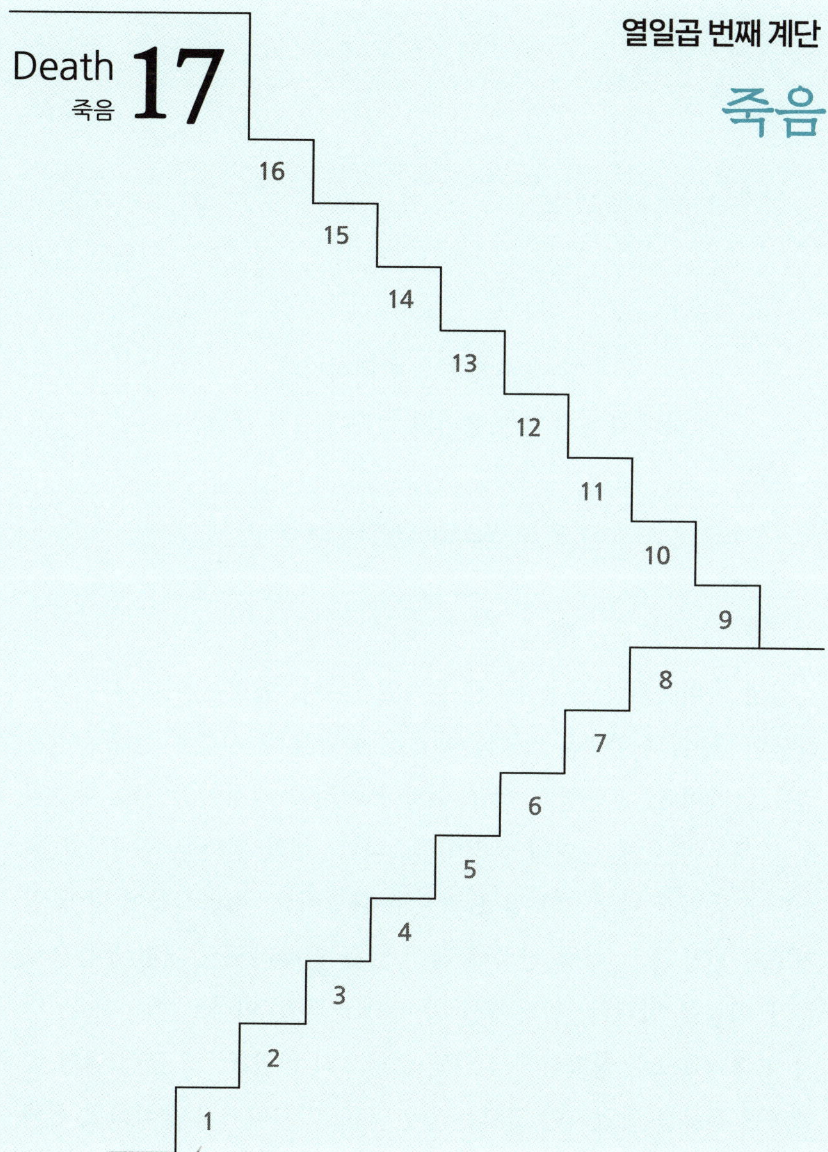

죽음

죽음

"죽음은 인간을 파멸시킨다.
그러나 죽음에 대한 올바른 이해가 그를 구원한다."

E. M. 포스터(E. M. Forster)

평생 아버지의 눈물을 두 번 목격했습니다. 한번은 어머니가 소천하셨던 때, 다른 한번은 저 때문이었죠. 중학생 때 서울로 전학해서 중병을 앓았어요. 고등학교 정규 수업이 어려울 지경이었어요. 수업일수를 채우려는 게 등교의 목적이었습니다. 대학 진학은 차치하고 최소한 고등학교 졸업장만 딸 요량으로 다녔어요. 수업시간에 앉아 있기조차 힘들었죠. 무릎 안쪽에 혹이 났다 싶다가도 반대편 무릎으로 순간 이동을 합니다. 한방에선 '주마담(走馬痰)'이라고 했는데요. 당시 현대의학으로 정확하게 진단명이 나오지 않았죠. 몇 군데 대형 종합병원 진료를 받았지만 결과는 같았어요. 마지막이라 생각하고 신뢰도 높은 병원을 찾았는데요. 최종 결과를 보는 날은 아버지가 동행하셨어요. 부정적인 결과를 예측하셨던지 과정에 함께 하셨던 어머니를 대신하셨죠. 부정적인 소견을 들은 아버지는 끝내 눈물을 머금고 말씀하셨어요.

"너를 괜히 서울로 전학 보냈나 보다. 고생이 병이 됐구나. 아비가 해 줄 수 있는 게 겨우 이것뿐이구나."

부모가 자녀에게 해 줄 수 있는 것은 제한적입니다. 배우자를 위한 배려와 섬김도 한계가 여실하죠. 인간과 하나님의 경계선은 분명한데요. 과거와 미래를 생각하는 감각은 주셨지만 일의 시작과 끝을 아는 것은 허락하지 않으셨어요. 미리 결과를 안다고 유익할 것이 없기 때문이에요. 일에 집중할 필요가 없을 테고 과정에서 리더십이 견실해지는 유익도 얻지 못할 겁니다. 결과가 부정적일 것을 미리 안다면 실망과 절망이 먼저 찾아올 테고 어떤 일은 아예 도전조차 하지 않겠죠. 하나님은 미래를 설계하고 예상하는 감각만 주셨지 미래의 결과와 실현 시점을 알도록 허락하지는 않으셨어요. 현재에 미래를 아는 예지력을 주셨다면 현재가 오염될 확률도 높습니다. 인간이 죽음의 날을 안다면 어떻게 될까요? 일상의 평범함과 소중함이 사라질 텐데요. 현재는 현재로서의 경험을 제공하지 못할 테죠. 생명을 연장하려는 비윤리적인 작태가 곳곳에서 속출할 겁니다. 미래의 그날, 생명을 연장하기 위한 명분으로 현재를 포기해야 할지도 모릅니다. 죽음이란 불멸의 하나님과 유한한 인간 사이의 가장 중요하고 결정적인 경계선입니다. 인간은 죽음을 향해 가는 존재인데요. 해서, 삶의 시계를 죽음으로 설정하고 살아야 죽음을 당하지 않고 맞이합니다.

죽음이란 무엇인가?

　하이데거는 "인간은 그의 삶을 시작하는 순간부터 이미 죽음과 함께 살며, 죽음을 향하여 산다. 인간은 '죽음을 향한 존재(Sein zum Tode)'이다. 죽음은 삶의 마지막 시간에 일어나는 사건이 아니라, 삶 자체와 함께 진행된다. 인간의 '현 존재'는 '세계-안에-던져진-존재'로서 언제나 죽음에 넘겨졌다. 인간은 자기의 죽음을 향하여 존재하면서, 마지막 소진에 아직 이르지 않은 한, 사실적으로 그리고 항상 죽는다. 따라서 인간은 언제나 어떤 형태로든지 죽음과 관계할 수밖에 없다." 라고 했습니다.

　예일대학교 셸리 케이건(Shelly Kagan)교수의 『죽음이란 무엇인가』는 미국의 아이비리그 3대 명강의 중 하나인데요. 1995년부터 예일대에서 진행해 온 교양 철학 정규강좌 'DEATH'를 새롭게 구성했습니다. '죽음'의 본질과 '삶'의 의미 그리고 '생명'의 존엄성을 고찰했죠. 삶에서 유일하게 확실한 '사실'은 "나는 언젠가 '반드시' 죽는다."라는 건데요. 그는 영생은 죽음을 두려워하는 인간이 만들어 낸 것으로 봅니다. 그는 영혼이 있다 할지라도 영원히 산다는 것은 증명할 수 없다고 했습니다. 그에게 제가 질문을 드립니다.

　"인간이 자연과 지구에 대해서 얼마나 이해하고 증명하며 살 수 있을까요?"

우주까지 포함한다면 채 1퍼센트도 안 될 겁니다. 죽음을 두려워하는 것을 '박탈 이론'이라고 하는데요. 가족, 재산, 영향력, 선한 것, 아름다운 것을 죽음으로 인해 다 잃습니다. 케이건 교수는 죽음으로 인해 나쁜 것도 잃으니 그리 두려워할 것도 못 된다고 했습니다. 하지만 나쁜 걸 잃는 것보다 소중한 걸 잃는 아픔이 더 깊고 오래갑니다. 나쁜 걸 잃어서 죽음을 두려워하지 않아도 된다는 철학자의 말이 죽음을 앞둔 사람에겐 그리 힘이 되지 않을 겁니다.

구약성서의 죽음관을 볼까요? 인간의 삶에 커다란 가치를 두는데요. 많은 자손, 풍요로움, 장수하는 삶을 하나님의 선물로 봤습니다. 생명에 대한 강력한 긍정과는 대조적으로 죽음에 대해서는 모호한 태도를 보입니다.

서울신학대학교 소형근 교수는 논문 「구약성서의 죽음과 사후의 세계(The Death and the Afterlife of the Old Testament)」에서 인간은 운명론적인 존재라고 했어요. 인간은 '흙'과 하나님의 '생명 호흡'(창세기 2:7)으로 만들어졌기에 다시 '흙'으로 돌아갑니다. 창조주 하나님이 원하시면 언제든지 '생명 호흡'을 거두어 가십니다. 고대 이집트에 비하면 고대 이스라엘은 죽음 이후 세계에 대한 관심이 크지 않았어요. 구약성서에서 인간의 '영생'에 대한 언급은 단 두 번뿐입니다.

구약성서는 인간이 죽으면, '쉐올', '보르', '샤하트', '케베르'로 내려간다고 했는데요. 죽은 자는 '조상에게로 돌아간다', '자기 열조에게로 돌아간다'라고 기록합니다. 고대 이스라엘 사람은 가족묘를 만들었죠.

함께 매장하는 관습 때문인데요. 죽은 자가 사후에 조상의 모임에 들어감으로 민족의 정체성을 이어가려는 것으로 이해합니다.

구약성서에서 부활 사상을 볼 수 있는 본문은 이사야 26:19과 다니엘 12:2입니다. 두 본문은 묵시문학이란 공통점을 가지는데요. 구약성서에는 죽은 자의 다음 세계에 관한 묘사는 없습니다. 키르베트엘-콤에서 나온 명문에서는 야훼를 '나의 수호신'이라고 명명했습니다. 이 명문은 구약성서의 전통 야훼 신앙을 반영한 것이 아니라, 사자(死者)에 대한 민간 신앙으로 봅니다. 한마디로 정의하면 구약성서에서 죽음은 '모호한 것으로서의 죽음'입니다.

신약성서는 죽음관을 볼까요? 하나님의 권능이 나사렛 예수를 죽은 자들부터 일으킨 사건을 통해서 죽음의 의미를 재해석했는데요. 예수 그리스도의 부활로 인해 죽음과 관련된 모호성이 제거됐습니다. 하지만 죽음에 대한 부정적 측면이 사라진 것은 아닌데요. 히브리서 기자는 죽음을 인간의 마음에 두려움을 불러일으키는, 사탄의 권세 아래 있는 악한 세력으로 묘사했습니다.

죽음에 대한 부정적인 평가는 바울에게서 두드러졌는데요. 바울은 죽음과 죄를 직접적으로 연결시켰어요. 죽음은 인간의 죄로 말미암아 세상에 들어왔고 지금도 여전히 죄의 결과입니다. 하지만 죽음은 끝이 아닌데요. 하나님은 죽음의 권세보다 더 크십니다. 신약성서는 죽음의 권세에도 불구하고 그리스도께서 다음과 같이 선언하십니다.

"이제는 우리 구주 그리스도 예수의 나타나심으로 말미암아 나타났으니 그는 사망을 폐하시고 복음으로써 생명과 썩지 아니할 것을 드러

내신지라"(디모데후서 1:10)

구약의 성도가 궁금했던 영생의 길이 신약에서 예수 그리스도 안에서 제시됐습니다. 그를 보내신 하나님을 우리가 믿고 그의 말씀을 지킨다면 이미 죽음으로부터 생명으로 옮겨 간 건데요. 죽음을 보지 않습니다.

아브라함이 남긴 것

아브라함은 이삭에게 모든 소유를 물려주었는데요. 다른 자식에게도 재산을 나누었습니다. 죽기 전에 그들이 이삭을 떠나 동쪽 땅으로 가게 했어요. 자녀들에게 거리 두기를 지도했는데요. 갈등을 예방하기 위한 지혜로 해석합니다. 그렇게 분배를 하고 백칠십오 세에 열조에게 돌아갑니다. 이삭과 이스마엘이 그를 마므레 앞 헷 족속 소할의 아들 에브론의 밭에 있는 막벨라 굴에 장사했습니다. 성서는 이삭이 복을 받은 기점을 '아브라함이 죽은 후에'로 봅니다.

"아브라함이 죽은 후에 하나님이 그의 아들 이삭에게 복을 주셨고 이삭은 브엘라해로이 근처에 거주하였더라"(창세기 25:11)

하나님은 아브라함이 죽은 후에 이삭에게 복을 주셨는데요. 고대 히브리인은 부모로부터 상속받은 재산이라 할지라도 부모가 죽기 전에는 행사하지 못했습니다. 이삭이 받은 복의 출처는 아버지 아브라함이고 아버지가 받은 복의 근원은 하나님입니다. 복의 모델이 되게 하겠다는 언약의 첫 연결은 아브라함이 죽고 이삭에게로 넘어가는데요. 훗날 솔로몬의 경우를 보더라도 자식을 잘못 키우면 삼대를 가지 못하고 분열을 맞이합니다.

"그 사람이 창대하고 왕성하여 마침내 거부가 되어"(창세기 26:13)

아브라함이 죽은 후에 당연히 복을 받은 게 아닌데요. '마침내'는 이삭의 삶의 모든 애환이 직조한 단어입니다. 아버지가 물려준 모든 복에 복을 더해 마침내 복을 받았습니다.

복은 눈물, 태풍, 서리, 땡볕, 타는 목마름의 결과물인데요. '마침내'에는 그런 모든 걸 담았습니다. 챔피언이 올림픽 시상대에 서서 소감을 단 한마디에 담지만 그 소감에 걸린 처연한 자기와의 싸움은 우리를 숙연하게 합니다. 영화로 제작하기 전까지 그의 '마침내'를 이해하는 타자는 존재할 수 없습니다. 아브라함은 '마침내' 복을 받을 이삭 외에 한 가지를 더 남겼는데요. 족보입니다.

"아브라함과 다윗의 자손 예수 그리스도의 계보라 아브라함이 이삭을 낳고 이삭은 야곱을 낳고 야곱은 유다와 그의 형제들을 낳고"(마태복음 1:1~2)

아브라함의 자손으로 예수 그리스도가 오셨습니다. 그리스도는 말씀이 육신이 되어 이 땅에 오신 분인데요. 성령으로 잉태된 하나님의 아들, 바로 하나님입니다. 하나님이 인간의 몸을 입고 인간의 혈통을 따라오셨다는 걸 어떻게 이해해야 할까요? 인류의 구원자 예수께서 인간의 몸을 입고 이 땅에 오시는데요. 창세기 3장 15절에 따르면 하나님께서 '여인의 후손으로 세상에 보내심으로 사단의 머리를 치실 것'을 계획하셨어요. 예수는 여인의 후손, 아브라함의 혈통으로 이 땅에 오셨습니다. 예수 그리스도는 하나님 자신이셨어요. 아버지의 품속에 영원히 계셨던 독생하신 하나님이셨죠. 하늘에서 천상회의를 통해 인류를 창조하고 구원하셨는데요. 성삼위 하나님을 통해 우리의 하나님의 길을 제시하셨죠.

"본래 하나님을 본 사람이 없으되 아버지 품속에 있는 독생하신 하나님이 나타내셨느니라"(요한복음 1:18)

하나님은 누군가를 통해 계획을 이루셔야 했는데요. 그가 아브라함입니다.

"내가 네게 큰 복을 주고 네 씨가 크게 번성하여 하늘의 별과 같고 바닷가의 모래와 같게 하리니 네 씨가 그 대적의 성문을 차지하리라 또 네 씨로 말미암아 천하 만민이 복을 받으리니 이는 네가 나의 말을 준행하였음이니라 하셨다 하니라"(창세기 22:17~18)

여기서 '네 씨'라고 하신 아브라함의 자손에 대해 바울은 기록합니다.

"이 약속들은 아브라함과 그 자손에게 말씀하신 것인데 여럿을 가리켜 그 자손들이라 하지 아니하시고 오직 한 사람을 가리켜 네 자손이라 하셨으니 곧 그리스도라"(갈라디아서 3:16)

아브라함은 이 목적을 입었습니다. 그의 씨로부터 메시야를 탄생시키려는 하나님의 언약과 섭리를 타고났어요. 아브라함을 갈대아 우르에서 부르신 것도 인간의 몸을 입고 이 땅에 오실 통로를 선택하신 겁니다. 아브라함과의 언약은 짐승 언약인데요. 그는 믿음으로 의롭다함을 받았습니다. 아브라함 언약에는 복음이 담겼습니다. 그의 믿음은 메시야의 언약에 대한 믿음이었죠.

"그런즉 육신으로 우리 조상된 아브라함이 무엇을 얻었다 하리요 만일 아브라함이 행위로서 의롭다하심을 얻었으면 자랑할 것이 있으려니와 하나님 앞에서는 없느니라 성경이 무엇을 말하느뇨 아브라함이 하나님을 믿으매 이것이 저에게 의로 여기신 바 되었느니라"(로마서 4:1~3)

그리스도는 참 것의 그림자인 손으로 만든 성소에 들어가지 아니하셨어요. 오직 참 하늘에 들어가사 이제 우리를 위해 하나님 앞에 나타나셨는데요. 구약에선 율법을 따라 거의 모든 물건이 피로써 정결케 됐습니다. 피 흘림이 없이는 죄 사함이 없습니다. 이 율법 정신이 그리스도로 말미암아 온전히 성취됐는데요. 아브라함과 다윗의 자손 예수 그리스도를 통해서입니다.

어떻게 살 것인가?

죽음은 인간이 당하는 최대 비극이 아닌 하나님의 선물일 수 있는데요. 죽음을 기억하고 살 때 일상과 남은 삶의 시간을 소중하게 생각합니다.

로고스교회 개척 12년 만에 일산으로 이전을 했습니다. 큰 부채로 인해 버거운 몇 해를 보내던 중에 익명으로 고액의 헌금이 답지 됐어요. 은행으로 달려가 부채를 갚았더니 숨을 쉴 수 있었는데요. 다음날 새벽기도 시간에 하나님의 음성을 듣습니다.

"좋니?"
"네, 하나님 너무 좋아요. 찬양이 마르지 않고 감사가 끊이질 않아요."
"그래, 내가 오늘 밤 재림하면 뭘 제일 후회 하겠니?"
"어이쿠! 빚 갚은 것이요."

결단했습니다. '빚이 이끄는 삶'을 살지 않기로 했습니다. 부채를 갚지 않고 다 쓰며 사역한다는 게 아니라 선을 베풀며 갚아가기로 했어요. 함께 사역한 동역자가 담임이나 개척을 나갈 때면 징검다리 하나를 놔 주는 일을 했어요.

"전도자가 이르되 헛되고 헛되며 헛되고 헛되니 모든 것이 헛되도다"(전도서 1:2)

"사람들이 사는 동안에 기뻐하며 선을 행하는 것보다 더 나은 것이 없는 줄을 내가 알았고"(전도서 3:12)

모든 걸 가지고 누려 본 솔로몬의 때늦은 후회인데요. 역사상 최고의 부자였고 처와 첩이 천 명이었어요. 지혜를 들으러 열방이 몰려왔죠. 그런 솔로몬의 후회이기에 무척 안타깝습니다. 노년의 솔로몬은 죽음의 그림자가 드리울 때 회한 담은 후회를 기록합니다. 솔로몬보다 화려한 삶을 살 순 없어도 아름다운 임종을 맞이할 순 있습니다. 인생이 헛되다고 말하지 않고 복되다고 말하며 죽어야 할 텐데요.

"복되고 복되며 복되고 복되니 모든 것이 복되도다"

그의 고백이 이렇게 바뀌는 걸 기대하는 건 욕심일까요? 죽음 앞에서서 깨닫습니다. 행복은 소유가 아닌 누림이라는 걸요.

"사람들이 사는 동안에 기뻐하며 선을 행하는 것보다 더 나은 것이 없는 줄을 내가 알았다."

누림은 시간과 물질을 자신과 타인을 위해 쓰는 균형 잡힌 자에게 미소를 짓습니다. 하루하루 바쁘게 살아가느라 정작 하고 싶은 일, 참으로 의미 있는 일, 잘 먹고 잘 쉬는 일을 하지 못한다면 솔로몬의 후회가 나의 후회가 될 겁니다. 그레고리 스톡(Gregory Stock)은 『질문의 책』에서 이렇게 질문합니다.

"만일 당신에게 5분의 시간이 남아 있다면 당신은 무엇을 하겠는 가?"

이 질문 밑에 몇 줄의 여백을 둔 뒤에 또 하나의 질문을 던집니다.

"그런데 왜 그 일을 지금 하지 않는가?"

헬렌 켈러는 『사흘만 볼 수 있다면』에서 "사흘만 세상을 볼 수 있다면 첫째 날은 사랑하는 이의 얼굴을 보겠다. 둘째 날은 밤이 아침으로 변하는 기적을 보리라. 셋째 날은 사람들이 오가는 평범한 거리를 보고 싶다. 단언컨대 본다는 건 가장 큰 축복이다."라고 했는데요. 그녀는 시력이 온전한 친구에게 숲을 산책하고 무엇을 보았냐고 물었죠. 친구는 별거 없었다고 했는데요. 정작 아무것도 보지 못하는 그녀는 나뭇잎이 대칭인 것, 소나무의 거친 몸을 느낍니다. 우리는 많이 볼 수 있음에도 아주 적게 봅니다. 아니, 보고 싶은 것만 보며 오늘을 삽니다.

첫째 날, 그녀는 소중한 사람, 특히 애니 설리번 메이시 선생님을 오랫동안 바라보고 싶다고 했어요. 그리고 강아지의 눈을 보고 싶어 했죠.

둘째 날, 태양이 잠든 대지를 깨우는 것을 본 후에는 자연사 박물관, 인간 영혼을 볼 수 있는 미술관을 가고 싶다 했어요.

셋째 날, 현재를 살아가는 모습을 보려 뉴욕에 가고자 했어요. 환상적인 고층 건물 중 하나인 엠파이어 스테이트 빌딩 위에서 그녀는 상상과 실제를 비교하고 싶어 했습니다. 마지막으로 연극을 본다고 했습니다.

헬렌 켈러는 도전을 줍니다. "내일 당장 시력을 잃을 것처럼 당신의 눈을 사용하세요. 다른 감각을 사용하는 데도 똑같이 그렇게 해 보세요. 내일 청각을 상실할 것처럼 음악 소리, 새의 노랫소리, 오케스트라의 강렬한 선율에 귀를 기울이세요. 내일 당신의 촉각이 모두 마비될 것이라고 생각하고 모든 물건을 만져보세요."

로고스교회 어머니 독서클럽에서 『사흘만 볼 수 있다면』을 읽고 '사흘만 살 수 있다면'이란 질문을 과제로 던졌는데요. 한 어머니의 글입니다.

"첫째 날, 천정에 가서 고향 마을을 어머니와 둘이 걷는다. 준비해 간 재료로 저녁 밥상을 차려드리고 엄마 품에 안겨서 잠을 잔다. 엄마에게 이틀 후 죽을 것이라고 말하지 않고 둘째 날 아침 집으로 돌아온다.
둘째 날, 아꼈던 예쁜 옷을 꺼내 입고 꼭 가보고 싶었던 식당에 가서 혼자 식사를 한다. 은행에 가서 적금을 깨고 떼어먹은 십일조 헌금을 드린 후 예배당에서 낮잠을 한숨 자고 아이들을 위해 기도를 한 후, 아이들 방에서 재잘거리며 함께 잔다.
셋째 날, 애들에게 유서를 남기고 애들이 좋아하는 음식으로 저녁 밥상을 준비한다. 식사를 마치고 죽음을 통보한 후 마지막 가정예배를 드리고 한방에서 잠을 자고 천국에 간다."
카르페 디엠(Carpe diem), '오늘을 잡아라, 내일을 너무 믿지 말라'

란 의미인데요. 단순히 삶을 즐기라는 것보다는 시간은 덧없으니 지금이 순간, 오늘에 충실하라는 행동 중심의 메시지입니다.

메멘토 모리(Memento mori), 고대 로마에서 유래했는데요. 중세 수도원 문화나 르네상스 시대 예술에서도 자주 등장합니다. '죽음을 기억하라'라는 의미인데요. 성찰 중심의 메시지입니다.

성서는 정의를 추구하며 행복하고 의미 있게 잘 사는 게 잘 죽는 것이라고 가르치는데요. 하나님의 나라, 하나님의 통치를 오늘 받는 게 잘 사는 겁니다. 하루를 사는데 감화, 감동이 없다면 교통이 없죠. 진리, 자연, 관계, 역사를 통해 일하시는 하나님의 임재를 경험하면 감화, 감동으로 춤추는 하루, 축제 같은 인생을 즐깁니다. 하나님과 나, 자연과 나, 나와 사람 사이의 교통은 우리를 감탄케 합니다. 죽은 자는 내일을 사는 자를 가장 부러워하는데요. 당신이 솔로몬이 모든 재산을 다 털어서 사고 싶은 내일과 미래를 산다면 아침에 눈을 뜨는 것조차 감탄할 일입니다.

"카르페 디엠(Carpe diem), 메멘토 모리(Memento mori)." 두 마디로 인생 시험 열일곱 계단을 함께 걸은 당신께 인사 올립니다.

Q1 당신에게 죽음은 무엇이며 어떻게 정의하나요?

Q2 지인 중에 잘 살고 잘 죽은 사람은 누구이며 무엇 때문에 그렇다고
생각하나요?

Q3 사흘만 살 수 있다면 무엇을 할지 세 가지를 적어보고 지인과 나누
세요.

1.

2.

3.

Q4 오늘 세상은 떠난다면 무엇을 남길 건가요? 10년 후 세상을 떠난다면 무엇을 남기고 싶고, 그것을 남기기 위해 무엇을 어떻게 할 것인가요?

Epilogue
에필로그

인생이란 무엇인가? '시험'입니다. 무엇에 관한 시험인가? 사랑과 믿음에 관한 시험입니다. 그 시험을 어떻게 이기는가? 답은 간단하지 않습니다. 생각보다 복잡하고 다양한데요. 먼저 시험에 관한 정의와 이해가 필요하죠. 시험은 평가를 통한 검증인데요. 공인된 시험은 기준과 관리가 엄격합니다. 고대 중국은 세계 최초로 과거(科擧)라는 표준화된 국가시험을 구현했죠. 유능한 인물을 선별해서 적소에 배치함으로 국가에 유익을 끼치기 위함입니다.

국가 공인 시험은 실력과 능력을 평가하기 위한 건데요. 성서에서의 시험은 목적이 다릅니다. 하나님을 경외하고 믿음이 성장해서 마침내 복을 받게 하기 위함이에요. 여기서 복은 구원과 사명입니다. 국가나 공인된 기관의 시험은 과거와 현재를 평가하지만 성서의 시험은 과거에서 배웁니다. 현재에서 경험하며, 미래를 기대하게 합니다.

아브라함의 생애는 단순히 한 사람의 전기가 아닌데요. '하나님과 함께하는 삶'이라는 거대한 서사 속에서 끊임없는 시험과 응답으로 점철된 인내의 보고서이자 믿음의 비서(祕書)입니다. 아브라함은 175년간

17번의 크고 작은 시험을 겪었는데요. 그 시간이 아브라함에겐 더없이 길게 느껴졌을 겁니다. 영겁의 시간이 지났을 때쯤 믿음과 사랑이 무언지 희끄무레하게 보였어요. 하나님은 첫 번째 계단에서 열일곱 번째 계단을 오를 때까지 믿음과 사랑을 처연하게 정련시키셨어요.

'믿음의 조상'이라는 영광스러운 수식어는 너무나 많은 삶의 질곡을 내포합니다. 아브라함은 하나님께서 주신 약속을 의지하며 지난한 기다림을 배웠고, 때론 의심하고 실수했어요. 그는 넘어졌지만 주저앉지는 않았습니다. 그때마다 하나님이 손 내밀어 주셨죠. 아브라함이 지나는 모든 과정마다 하나님이 함께였어요. 그가 완전해서가 아니라 죄인이며 유한한 인간이 하나님을 믿고 의지할 때 하나님이 일하십니다. 하나님을 의지하고 따르는 아브라함을 통해 하나님의 능력을 명징하셨어요.

성서에서 시험의 종류는 세 가지(test, trial, temptation)인데요. 야고보서에선 '시험을 만나면 기뻐하라'라고 하시며 이어서 '하나님은 아무도 시험하시지 않으신다.'라고 말씀합니다.

첫 번째 시험(Test)은 원하지 않는 상황과 환경에도 온전히 하나님을 신뢰하는지 확인하시는 시험입니다. 영적 성장을 위한 시험이죠. 두 번째 시험(Trial, Sufferings)은 하나님이 사명을 부여하신 모든 인간에게 허락하시는 연단 혹은 훈련인데요. 하나님의 형상을 회복하고 하나님의 성품으로 무장하게 하기 위함이죠. 첫 번째 시험은 믿음의 영웅을 만들고 두 번째 시험은 온유한 하나님의 성품으로 무장시키는 걸 목적으로 합니다. 세 번째 시험(Temptation)은 유혹이나 미혹입니다. 사람을 파괴, 멸망시키려는 목적으로 사탄의 목적에 인간의 욕망이 반응하는 건데요. 유혹을 이겨내지 못하면 파멸에 이릅니다. 아브라함이 받은 시험은 첫 번째와 두 번째 유형의 시험으로 봅니다. 그렇다고 세 번째 시험인 유혹과 무관한 삶을 살았다고 볼 수는 없습니다.

신앙생활을 하며 '시험에 들었다.'라는 말을 쉽게 하는데요. 기원과 출처를 알 수 없는 이 말을 습관처럼 내뱉습니다. 시험을 거부하겠다는 소리로 들리기도 하고, 믿음이 성장하고 하나님의 성품으로 변화되는 시험에 응하지 않겠다는 소리로도 들리는데요. 하나님의 훈련을 피해 동굴로 들어가겠다는 선전 포고 같습니다.

"하나님이 나를 시험하시니 나는 당신으로부터 숨겠어요."
"난 지금, 하나님께 삐졌어요."

국가 공인 시험은 어려운 시험일수록 선호하는데요. 누구나 자격을 취득할 수는 없습니다. 사법, 행정, 외무고시에 합격한 사람은 큰 환영과 박수를 받는데요. 정작, 하나님 나라 영웅의 반열에 세우는 최고 시험을 불편해하는 이유는 뭘까요? 시험을 불편해한다면 시험이 없이 성장하기를 기대하는 어리석은 철부지입니다. 그런 사람에게 하나님이 무엇을 위임하실 수 있으실까요? 하나님이 어떤 사람을 쓰셨는지 성서를 통해 조금만 이해한다면 시험을 대하는 태도가 구원받을 겁니다.

시험은 누구에게든지 힘든 일이죠. 피한다고 될 일이 아니에요. '시험을 기뻐하라'라는 말씀은 시험받는다는 게 구원받은 사람의 특권이기 때문인데요. 시험으로 인한 성장과 성숙을 보라는 겁니다.

"인생이 왜 이렇게 힘드냐?"
"내게는 왜 이렇게 험하고 힘든 시험만 주시느냐?"

묻는 분께 되레 여쭙겠습니다.

"인생이 힘들지 않을 거라고 누가 말했나요?"
"내가 당하는 시험만 유독 힘들다고 생각한다면 타인이 받는 시험은 다 경험해 보셨나요?"

인생이 힘들지 않기를 바라는 마음을 내려놓으면 인생이 당신을 향해 미소 짓습니다. 힘든 시험, 인생의 큰 산을 만났을 때 현재의 어려움보다 미래를 기대한다면 믿음의 영웅의 반열에 선 겁니다.

"시험에 들었다."

시험의 주체인 하나님의 목적을 생각하지 않았기 때문입니다.

"시험지 받았다."

단어 하나만 바꿔도 시험을 대하는 마음이 변화하는데요. 시험에 들지 말고 시험지를 받았을 뿐, 하나님의 출제 의도를 생각하고 그분이 기뻐하시는 답을 찾으면 됩니다.

1990년, 당진 합덕에서 교회를 설립하고 담임 목회자로서 받은 첫 번째 시험을 잊을 수 없습니다. 주관이 강한 분과 착하지만 고집이 센 분이 줄의 끝에 섰어요. 의견 조율에 실패했는데요. 20대 후반의 풋내기 사역자는 다 내려놓고 숨고 싶었어요.

성 어거스틴(St. Augustine)은 "본질엔 일치를, 비본질엔 관용을, 모든 것엔 사랑을 더 하라"라고 했는데요. 비본질에 목숨을 거는 모습을 보니 곤혹스러웠죠. 비본질엔 답이 없는 경우가 많습니다.

목회자의 사례비는 얼마큼이 적당한가?
목회자의 승용차 배기량은?
예배당이 너무 크다는 것의 기준은?
목회자의 취미는 무엇까지 이해하는가?
예배당 건축이나 리모델링의 비용 수준은?

이래도 되고 저래도 되는 건데요. 이런 시험에 빠지면 공동체는 길을 잃습니다. 사랑하면 다 허용하지만 사랑이 없으면 어떤 것도 허용되지 않습니다. 감정이 섞이면 늦은 시간까지 싸우고 새벽 기도하고 새 힘 받아 새롭게 또 싸웁니다.

이제 우리의 삶을 돌아볼까요? 오늘도 삶의 시험은 계속됩니다. 크든 작든 그 시험은 믿음과 사랑이 실제로 작동하는지 끊임없이 검증하죠. 시험은 하나님과의 친밀한 관계로의 초대장입니다. 한가지는 분명합니다. 하나님이 누군가를 쓰기로 작정하셨다면 냉혹하리만큼 철저하시다는 겁니다.

탈고하기까지 5년이란 세월이 흘렀습니다. 그 새 두 권의 책을 출간했는데요. 동안, 기독교대한성결교회 117년 역사상 초유의 일로 시험을 당했습니다. 하나님은 이 또한 인생 시험을 집필하는데 최고의 재료로 수용하게 하셨어요. 믿음의 영웅은 아니지만 세우실 것을 믿습니다.

책을 마치며, 아브라함의 여정에 저의 여정을 비추어 봅니다. 제가 책을 써 내려가는 동안 하나님도 저의 여정을 써 내려가셨습니다. 시험은 지금, 여기에, 이미 왔습니다.

이 책과 함께 오늘도 한 계단 오르시길 기원합니다.

2025년 5월. 일산 설촌공원 옆 서재에서

안병수 목사

인생 시험 열일곱 계단

©2025 피플스북스

인쇄일	2025년 5월 20일
발행일	2025년 5월 28일
발행처	피플스북스
발행인	안성우
책임편집	정은수
교 정	김현주 차진권
표지 디자인	김은하
내지 디자인	김경아
인 쇄	아름다운기획
펴낸곳	도서출판 피플스북스

출판등록. 2015년 8월 13일 (제 396-2015-000160호)
주소.　경기도 고양시 일산동구 일산로 286번길 36
이메일.　logoslife21@naver.com
문의전화. 031)978-3211　팩스. 031)906-3214

ISBN　979-11-982952-3-1